ナツメ社
やる気ぐんぐん
シリーズ

「知ってる」から「使える」へ！

オールカラー
マンガで身につく！

ことわざ辞典

筑波大学附属小学校教諭
青山由紀 監修

ナツメ社

目《もく》次《じ》

この本《ほん》の使《つか》い方《かた》…… 8
マンガ「ことわざ」ってなあに？…… 10

あ行《ぎょう》

秋《あき》の日《ひ》はつるべ落《お》とし …… 14
悪銭《あくせん》身《み》につかず …… 15
明日《あした》は明日《あした》の風《かぜ》がふく …… 16
当《あ》たってくだけろ …… 17
頭《あたま》かくして尻《しり》かくさず …… 18
当《あ》たるも八卦《はっけ》当《あ》たらぬも八卦《はっけ》 …… 20
あちら立《た》てればこちらが立《た》たぬ …… 21
暑《あつ》さ寒《さむ》さも彼岸《ひがん》まで …… 22
後《あと》は野《の》となれ山《やま》となれ …… 23
あばたもえくぼ …… 24
雨降《あめふ》って地固《じかた》まる …… 25
案《あん》ずるより産《う》むが易《やす》し …… 26
石《いし》の上《うえ》にも三年《さんねん》 …… 27
石橋《いしばし》をたたいて渡《わた》る …… 28
医者《いしゃ》の不養生《ふようじょう》 …… 29
急《いそ》がば回《まわ》れ …… 30
一事《いちじ》が万事《ばんじ》 …… 32
一難去《いちなんさ》ってまた一難《いちなん》 …… 33
一年《いちねん》の計《けい》は元旦《がんたん》にあり …… 34
一富士二鷹三《いちふじにたかさん》なすび …… 35
一寸先《いっすんさき》は闇《やみ》 …… 36
一寸《いっすん》の虫《むし》にも五分《ごぶ》の魂《たましい》 …… 37
犬《いぬ》も歩《ある》けば棒《ぼう》に当《あ》たる …… 38
命《いのち》あっての物種《ものだね》 …… 39
井《い》の中《なか》の蛙大海《かわずたいかい》を知《し》らず …… 40
鰯《いわし》の頭《あたま》も信心《しんじん》から …… 41
言《い》わぬが花《はな》 …… 42
魚心《うおごころ》あれば水心《みずごころ》 …… 43
牛《うし》に引《ひ》かれて善光寺参《ぜんこうじまい》り …… 44
嘘《うそ》から出《で》たまこと …… 45
嘘《うそ》つきはどろぼうの始《はじ》まり …… 46
嘘《うそ》も方便《ほうべん》 …… 47
鵜《う》のまねをする烏《からす》 …… 48
馬《うま》には乗《の》ってみよ人《ひと》には添《そ》うてみよ …… 49
馬《うま》の耳《みみ》に念仏《ねんぶつ》 …… 50
噂《うわさ》をすれば影《かげ》がさす …… 52
えびで鯛《たい》を釣《つ》る …… 53

縁《えん》の下《した》の力持《ちからも》ち …… 54
鬼《おに》に金棒《かなぼう》 …… 55
鬼《おに》の居《い》ぬ間《ま》に洗濯《せんたく》 …… 56
鬼《おに》の目《め》にも涙《なみだ》 …… 57
帯《おび》に短《みじか》したすきに長《なが》し …… 58
おぼれる者《もの》はわらをもつかむ …… 60
思《おも》い立《た》ったが吉日《きちじつ》 …… 61
親《おや》の心子《こころこ》知《し》らず …… 62
終《お》わりよければすべてよし …… 63
やってみよう① …… 64
マンガ 体《からだ》の部分《ぶぶん》が出《で》てくることわざ …… 66

か行《ぎょう》

蛙《かえる》の子《こ》は蛙《かえる》 …… 70
蛙《かえる》の面《つら》に水《みず》 …… 71
学問《がくもん》に王道《おうどう》なし …… 72
風《かぜ》がふけば桶屋《おけや》がもうかる …… 73
風邪《かぜ》は万病《まんびょう》のもと …… 74
火中《かちゅう》の栗《くり》を拾《ひろ》う …… 75
勝《か》ってかぶとの緒《お》をしめよ …… 76
金《かね》の切《き》れ目《め》が縁《えん》の切《き》れ目《め》 …… 78
金《かね》は天下《てんか》の回《まわ》りもの …… 79
壁《かべ》に耳《みみ》あり障子《しょうじ》に目《め》あり …… 80
果報《かほう》は寝《ね》て待《ま》て …… 81
亀《かめ》の甲《こう》より年《とし》の功《こう》 …… 82
鴨《かも》がねぎをしょってくる …… 83
枯《か》れ木《き》も山《やま》のにぎわい …… 84
かわいい子《こ》には旅《たび》させよ …… 85
かわいさ余《あま》って憎《にく》さ百倍《ひゃくばい》 …… 86
聞《き》いて極楽《ごくらく》見《み》て地獄《じごく》 …… 87
聞《き》くは一時《いっとき》の恥《はじ》聞《き》かぬは一生《いっしょう》の恥《はじ》 …… 88
きじも鳴《な》かずば撃《う》たれまい …… 90
窮《きゅう》すれば通《つう》ず …… 91
窮鼠《きゅうそ》猫《ねこ》をかむ …… 92
木《き》を見《み》て森《もり》を見《み》ず …… 93
苦《く》あれば楽《らく》あり …… 94
くさっても鯛《たい》 …… 95
口《くち》はわざわいの門《かど》 …… 96
苦《くる》しいときの神頼《かみだの》み …… 97
君子《くんし》危《あや》うきに近寄《ちかよ》らず …… 98
芸《げい》は身《み》を助《たす》ける …… 99
光陰矢《こういんや》のごとし …… 100
後悔先《こうかいさき》に立《た》たず …… 101
孝行《こうこう》のしたい時分《じぶん》に親《おや》はなし …… 102
郷《ごう》に入《い》っては郷《ごう》にしたがえ …… 104

弘法筆《こうぼうふで》を選《えら》ばず …… 105
子《こ》どものけんかに親《おや》が出《で》る …… 106
子《こ》はかすがい …… 107
転《ころ》がる石《いし》に苔《こけ》は生《は》えない …… 108
転《ころ》ばぬ先《さき》の杖《つえ》 …… 109
コロンブスの卵《たまご》 …… 110
子《こ》を持《も》って知《し》る親《おや》の恩《おん》 …… 111
やってみよう② …… 112
マンガ 動物《どうぶつ》や植物《しょくぶつ》が出《で》てくることわざ …… 114

さ行《ぎょう》

猿《さる》も木《き》から落《お》ちる …… 118
さわらぬ神《かみ》に祟《たた》りなし …… 119
山椒《さんしょう》は小粒《こつぶ》でもぴりりと辛《から》い …… 120
三度目《さんどめ》の正直《しょうじき》 …… 121
三人寄《さんにんよ》れば文殊《もんじゅ》の知恵《ちえ》 …… 122
地震雷火事親父《じしんかみなりかじおやじ》 …… 124
親《した》しき仲《なか》にも礼儀《れいぎ》あり …… 125
失敗《しっぱい》は成功《せいこう》のもと …… 126
釈迦《しゃか》に説法《せっぽう》 …… 127
朱《しゅ》に交《まじ》われば赤《あか》くなる …… 128
初心忘《しょしんわす》るべからず …… 129
知《し》らぬが仏《ほとけ》 …… 130
心頭《しんとう》を滅却《めっきゃく》すれば火《ひ》もまた涼《すず》し …… 131
好《す》きこそものの上手《じょうず》なれ …… 132
捨《す》てる神《かみ》あれば拾《ひろ》う神《かみ》あり …… 134
住《す》めば都《みやこ》 …… 135
急《せ》いては事《こと》を仕損《しそん》じる …… 136
背《せ》に腹《はら》はかえられぬ …… 137
栴檀《せんだん》は双葉《ふたば》より芳《かんば》し …… 138
船頭多《せんどうおお》くして船山《ふねやま》に上《のぼ》る …… 139
善《ぜん》は急《いそ》げ …… 140
袖振《そでふ》り合《あ》うも多生《たしょう》の縁《えん》 …… 142
備《そな》えあれば憂《うれ》いなし …… 143
やってみよう③ …… 144
マンガ 反対《はんたい》のことわざ …… 146

た行《ぎょう》

大山鳴動《たいざんめいどう》してねずみ一匹《いっぴき》 …… 150
大《だい》は小《しょう》を兼《か》ねる …… 151
立《た》つ鳥跡《とりあと》を濁《にご》さず …… 152
棚《たな》からぼた餅《もち》 …… 153
旅《たび》は道連《みちづ》れ世《よ》は情《なさ》け …… 154
便《たよ》りがないのはよい便《たよ》り …… 155

短気《たんき》は損気《そんき》……156
塵《ちり》も積《つ》もれば山《やま》となる……158
月《つき》とすっぽん……159
鉄《てつ》は熱《あつ》いうちに打《う》て……160
出《で》る杭《くい》は打《う》たれる……161
天災《てんさい》は忘《わす》れたころにやってくる……162
天《てん》は二物《にぶつ》を与《あた》えず……163
天《てん》は自《みずか》ら助《たす》くる者《もの》を助《たす》く……164
灯台下暗《とうだいもとくら》し……165
遠《とお》くの親類《しんるい》より近《ちか》くの他人《たにん》……166
時《とき》は金《かね》なり……168
所《ところ》変《か》われば品《しな》変《か》わる……169
となりの花《はな》は赤《あか》い……170
とびが鷹《たか》を生《う》む……171
捕《と》らぬ狸《たぬき》の皮算用《かわざんよう》……172
どろぼうを捕《と》らえて縄《なわ》をなう……173
どんぐりの背比《せいくら》べ……174
やってみよう④……176
マンガ「いろはかるた」ってなあに？……178

な行《ぎょう》

長《なが》いものには巻《ま》かれろ……182
泣《な》き面《つら》に蜂《はち》……183
泣《な》く子《こ》と地頭《じとう》には勝《か》てぬ……184
なくて七癖《ななくせ》……185
情《なさ》けは人《ひと》のためならず……186
なせば成《な》る……188
名《な》は体《たい》を表《あらわ》す……189
生兵法《なまびょうほう》は大《おお》けがのもと……190
習《なら》うより慣《な》れよ……191
二階《にかい》から目薬《めぐすり》……192
逃《に》がした魚《さかな》は大《おお》きい……193
憎《にく》まれっ子《こ》世《よ》にはばかる……194
二度《にど》あることは三度《さんど》ある……195
二兎《にと》を追《お》う者《もの》は一兎《いっと》をも得《え》ず……196
糠《ぬか》に釘《くぎ》……198
濡《ぬ》れ手《て》で粟《あわ》……199
猫《ねこ》にかつおぶし……200
猫《ねこ》に小判《こばん》……201
猫《ねこ》を追《お》うより魚《さかな》をのけよ……202
念《ねん》には念《ねん》を入《い》れる……203
能《のう》ある鷹《たか》は爪《つめ》をかくす……204

残《のこ》りものには福《ふく》がある……206
喉元過《のどもとす》ぎれば熱《あつ》さを忘《わす》れる……207
やってみよう⑤……208
マンガ 世界《せかい》のことわざ……210

は行《ぎょう》

はえば立《た》て立《た》てば歩《あゆ》めの親心《おやごころ》……214
箸《はし》にも棒《ぼう》にもかからない……215
働《はたら》かざる者食《ものく》うべからず……216
話《はな》し上手《じょうず》は聞《き》き上手《じょうず》……217
花《はな》より団子《だんご》……218
早起《はやお》きは三文《さんもん》の得《とく》……220
腹《はら》が減《へ》っては戦《いくさ》ができぬ……221
針《はり》の穴《あな》から天《てん》をのぞく……222
必要《ひつよう》は発明《はつめい》の母《はは》……223
人《ひと》の噂《うわさ》も七十五日《しちじゅうごにち》……224
人《ひと》の口《くち》には戸《と》は立《た》てられぬ……225
人《ひと》の振《ふ》り見《み》て我《わ》が振《ふ》り直《なお》せ……226
人《ひと》を呪《のろ》わば穴二《あなふた》つ……228
火《ひ》のないところに煙《けむり》は立《た》たぬ……229
ひょうたんから駒《こま》……230
武士《ぶし》は食《く》わねど高楊枝《たかようじ》……231
下手《へた》な鉄砲《てっぽう》も数撃《かずう》ちゃ当《あ》たる……232
下手《へた》の考《かんが》え休《やす》むに似《に》たり……234
下手《へた》の横好《よこず》き……235
ペンは剣《けん》よりも強《つよ》し……236
仏作《ほとけつく》って魂《たましい》入《い》れず……237
仏《ほとけ》の顔《かお》も三度《さんど》……238
骨折《ほねお》り損《ぞん》のくたびれもうけ……239
やってみよう⑥……240
マンガ 性格《せいかく》を表《あらわ》すことわざ……242

ま行《ぎょう》

まかぬ種《たね》は生《は》えぬ……246
負《ま》けるが勝《か》ち……248
馬子《まご》にも衣装《いしょう》……249
待《ま》てば海路《かいろ》の日和《ひより》あり……250
丸《まる》い卵《たまご》も切《き》りようで四角《しかく》……251
ミイラ取《と》りがミイラになる……252
身《み》から出《で》た錆《さび》……254
見《み》ざる聞《き》かざる言《い》わざる……255
三《み》つ子《ご》の魂百《たましいひゃく》まで……256
実《みの》るほど頭《あたま》の下《さ》がる稲穂《いなほ》かな……257
身《み》を捨《す》ててこそ浮《う》かぶ瀬《せ》もあれ……258

六日《むいか》の菖蒲《あやめ》、十日《とおか》の菊《きく》 …… 259
昔取《むかしと》った杵柄《きねづか》 …… 260
無理《むり》が通《とお》れば道理《どうり》が引《ひ》っ込《こ》む …… 261
目《め》くそ鼻《はな》くそを笑《わら》う …… 262
目《め》の上《うえ》のたんこぶ …… 263
目《め》は口《くち》ほどにものを言《い》う …… 264
餅《もち》は餅屋《もちや》 …… 266
元《もと》の木阿弥《もくあみ》 …… 267
もの言《い》えば唇寒《くちびるさむ》し秋《あき》の風《かぜ》 …… 268
ものも言《い》いようで角《かど》が立《た》つ …… 269
桃栗三年柿八年《ももくりさんねんかきはちねん》 …… 270
門前《もんぜん》の小僧習《こぞうなら》わぬ経《きょう》を読《よ》む …… 271
やってみよう⑦ …… 272
マンガ がんばる気持《きも》ちになることわざ …… 274

や行《ぎょう》

安物買《やすものが》いの銭失《ぜにうしな》い …… 278
柳《やなぎ》の下《した》にいつもどじょうはいない …… 280
藪《やぶ》をつついて蛇《へび》を出《だ》す …… 281
病《やまい》は気《き》から …… 282

ら行《ぎょう》

来年《らいねん》のことを言《い》えば鬼《おに》が笑《わら》う …… 283
良薬《りょうやく》は口《くち》に苦《にが》し …… 284
類《るい》は友《とも》を呼《よ》ぶ …… 286
ローマは一日《いちにち》にしてならず …… 287
論語読《ろんごよ》みの論語知《ろんごし》らず …… 288
論《ろん》より証拠《しょうこ》 …… 289

わ行《ぎょう》

若《わか》いときの苦労《くろう》は買《か》ってでもせよ …… 290
渡《わた》る世間《せけん》に鬼《おに》はない …… 291
笑《わら》う門《かど》には福来《ふくき》たる …… 292
やってみよう⑧ …… 294
やってみよう 答《こた》え …… 295
マンガ ことわざっておもしろい！ …… 296
さくいん …… 300

この本《ほん》の使《つか》い方《かた》

覚《おぼ》えておきたい
いろいろな情報《じょうほう》が
書《か》いてあります。

ことわざの
意味《いみ》が
書《か》いてあります。

マークが多《おお》いほど
覚《おぼ》えておきたい
ことわざです。

あばたもえくぼ

あばた…天然痘《てんねんとう》という病気《びょうき》で残《のこ》った皮膚《ひふ》のくぼみ
えくぼ…笑《わら》ったときの小《ちい》さなほおのくぼみ

意《い》味《み》
好《す》きになると、その人《ひと》の欠点《けってん》でさえもよく見《み》えてしまうということ。

覚《おぼ》え得《とく》！
天然痘《てんねんとう》の皮膚《ひふ》の跡《あと》もえくぼに見《み》えて、かわいいと思《おも》えるという意味《いみ》。

えへっ

使《つか》い方《かた》
好《す》きになってしまえば、あばたもえくぼで、失敗《しっぱい》しているところも先生《せんせい》におこられているところも、かわいく思《おも》えて仕方《しかた》ない。

アイドルのあいりちゃん、かわいいな～
歌《うた》がヘタじゃね？
そこがいいんだよ～
ドラマの演技《えんぎ》ひどかったよ
そこがいいんだよ～
イケメン俳優《はいゆう》とつきあってるんだって
熱愛スクープ!!
そこが……エ～ン
それでもスキ…！

●似《に》た意味《いみ》のことわざ
・ほれた欲目《よくめ》
●反対《はんたい》の意味《いみ》のことわざ
・坊主《ぼうず》憎《にく》けりゃ袈裟《けさ》まで憎《にく》い

英語《えいご》でことわざ
似《に》ている意味《いみ》の英語《えいご》のことわざ
Love covers many infirmities.
(愛《あい》は多《おお》くの欠点《けってん》をかくす)

問題《もんだい》5の答《こた》え　友《とも》

24

このページで
紹介《しょうかい》する
ことわざです。

言葉《ことば》の意味《いみ》が
書《か》いてあります。

ことわざを
使《つか》った例文《れいぶん》が
書《か》いてあります。

前《まえ》のページの
問題《もんだい》の答《こた》えです。

英語《えいご》のことわざが
書《か》いてあります。

クイズやワークもいっぱい！楽《たの》しみながら、ことわざが身《み》につく！

ことわざの問題《もんだい》や、ことわざかるたや新聞《しんぶん》の作《つく》り方《かた》などがのっているよ。

ことわざがどうやって生《う》まれたか書《か》いてあります。

ことわざは五十音順《ごじゅうおんじゅん》にのっています。

ことわざをマンガで楽《たの》しく覚《おぼ》えられます。

似《に》た意味《いみ》や反対《はんたい》の意味《いみ》の、ことわざや四字熟語《よじじゅくご》などが書《か》いてあります。

ことわざの問題《もんだい》です。□の中《なか》に入《はい》る言葉《ことば》を考《かんが》えましょう。

ことわざに関《かん》するまめちしきです。

あ

雨《あめ》降《ふ》って地《じ》固《かた》まる

意《い》味《み》
悪《わる》いことやもめごとがあった後《あと》は、かえって前《まえ》よりもよくなるということ。

由《ゆ》来《らい》
雨《あめ》が降《ふ》った後《あと》は、かえって地面《じめん》が固《かた》くなっていることから。

カタイ

使《つか》い方《かた》
昨年《さくねん》の試合《しあい》はさんざんな結《けっ》果《か》で負《ま》けたけど、**雨《あめ》降《ふ》って地《じ》固《かた》まる**で、あれから練習方法《れんしゅうほうほう》を変《か》えたおかげで今年《ことし》は快《かい》勝《しょう》した。

ソラ君《くん》とケンカしたんだって？
うん
でもとっくに仲直《なかなお》りした
むしろ前《まえ》より仲《なか》よくなったかも
良《よ》かった
雨《あめ》降《ふ》って地《じ》固《かた》まるね！
つまりケンカやもめごとの後《あと》にかえっていい結果《けっか》になるってことよ
あ！それそれ
雨《あめ》の中《なか》でケンカしたから長《なが》ぐつのどろもかちかちに固《かた》まった
中《なか》もカチカチ

似《に》た意味《いみ》のことわざ
- 雨《あめ》の後《あと》は上天気《じょうてんき》
- けんかの後《あと》の兄弟名乗《きょうだいなの》り
- やぶれりゃ固《かた》まる

まめちしき
江戸時代《えどじだい》には、すでによく使《つか》われていたことわざです。“友《とも》だちとけんかした後《あと》に前《まえ》よりも仲《なか》よくなった”というときなどにもよく使《つか》われます。また、悪《わる》いことが起《お》きて落《お》ち込《こ》んでいる人《ひと》を、はげまして元気《げんき》づけるときなどに使《つか》うこともできます。

25　**問題《もんだい》6**　泣《な》き面《つら》に□　□に入《はい》る虫《むし》は何《なに》？

「ことわざ」ってなあに？

わが学校《がっこう》の図書室《としょしつ》には本《ほん》の妖精《ようせい》がいるといううわさがある。
さやか、急《いそ》いでくれよ この後《あと》、友《とも》だちの サッカーの試合《しあい》 見《み》に行《い》くんだから
わかった でも、なんで しょうたは 図書係《としょがかり》に なったの？
本《ほん》も ほとんど 読《よ》まないくせに
わっ
どさ どさ
ほら あわてるから
どさっ
げっ
いたた
え？ 妖精《ようせい》!?

妖精《ようせい》ってこんなきたないじいさんなのか？
さあ？
きたないとはなんじゃ！
しゅわっ
わしはことわざ仙人《せんにん》じゃ
そこの若者《わかもの》よ「急《いそ》がば回《まわ》れ」ということわざを知《し》らんかの
なんだそれ
はーい知《し》ってまーす！
歩《ある》きにくい近道《ちかみち》より遠《とお》くても整《ととの》った道《みち》を行《い》くほうが、かえって早《はや》く着《つ》く……みたいな
みごとじゃ
つまり急《いそ》いでいるときこそ確実《かくじつ》な方法《ほうほう》をとるほうがよいということじゃ
あわてて本《ほん》を落《お》とすとかえって時間《じかん》がかかるってことね

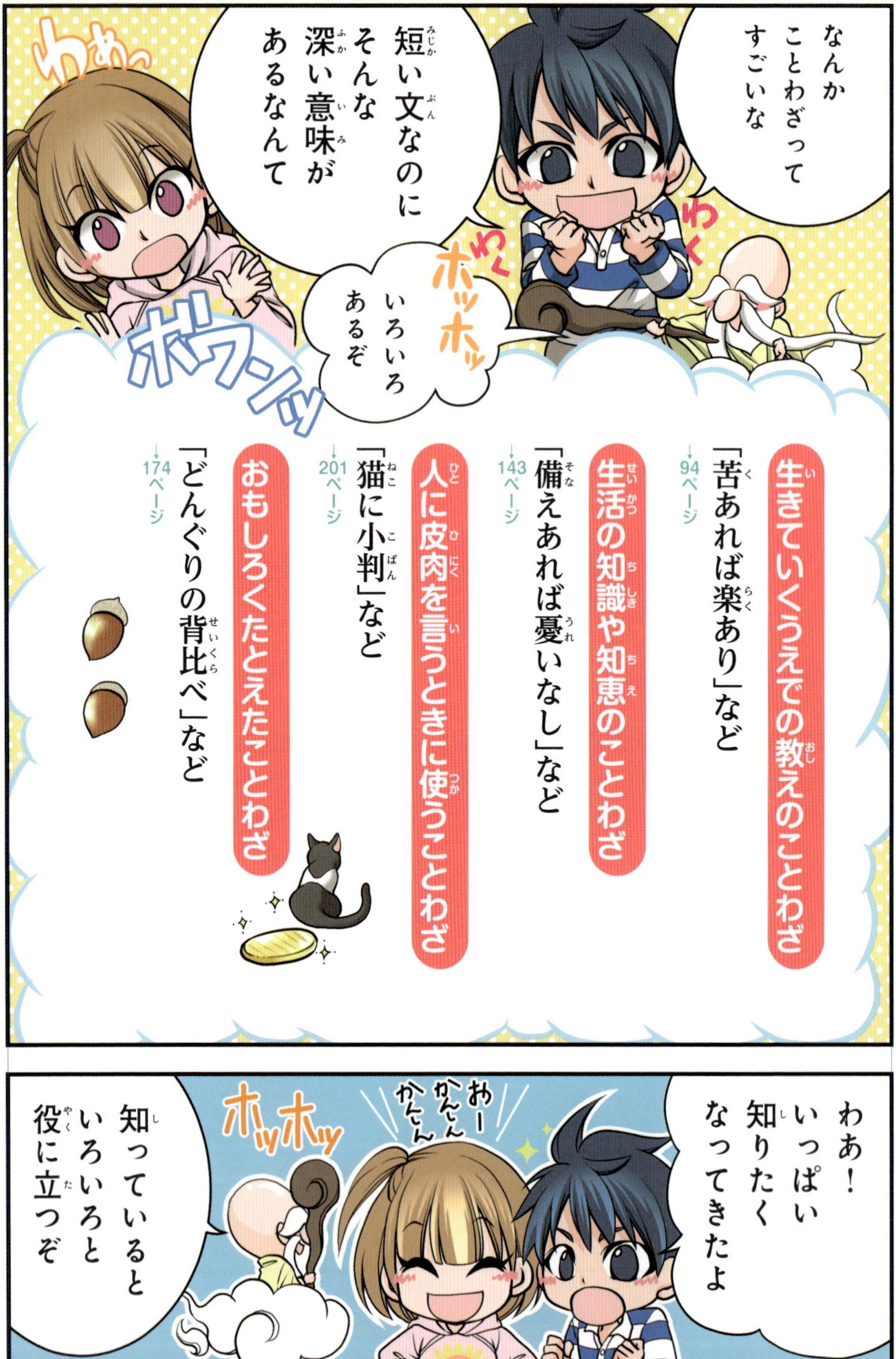
なんか ことわざって すごいな
わく わく
短《みじか》い文《ぶん》なのに そんな 深《ふか》い意味《いみ》が あるなんて
わあっ
ホッホッ
いろいろ あるぞ
ボワーンッ
生《い》きていくうえでの教《おし》えのことわざ
↓94ページ
「苦《く》あれば楽《らく》あり」など
生活《せいかつ》の知識《ちしき》や知恵《ちえ》のことわざ
↓143ページ
「備《そな》えあれば憂《うれ》いなし」など
人《ひと》に皮肉《ひにく》を言《い》うときに使《つか》うことわざ
↓201ページ
「猫《ねこ》に小判《こばん》」など
おもしろくたとえたことわざ
↓174ページ
「どんぐりの背比《せいくら》べ」など
わあ! いっぱい 知《し》りたく なってきたよ
おー かんしん かんしん
ホッホッ
知《し》っていると いろいろと 役《やく》に立《た》つぞ

ことわざは昔《むかし》の人《ひと》が暮《く》らしの中《なか》で得《え》た知識《ちしき》や経験《けいけん》から生《う》まれたものが言《い》い伝《つた》えられてきたんじゃからの
いろんな時代《じだい》を経《へ》ていまの時代《じだい》でも通用《つうよう》することがすばらしい!!
ことわざの仲間《なかま》に慣用句《かんようく》や故事成語《こじせいご》もあるぞい
ホイ
ボワン
慣用句《かんようく》
二《ふた》つ以上《いじょう》の言葉《ことば》がくっついて特別《とくべつ》な意味《いみ》になる言葉《ことば》「顔《かお》が広《ひろ》い」「耳《みみ》が痛《いた》い」など
故事成語《こじせいご》
昔《むかし》あったできごとや本《ほん》に書《か》かれたことからできた言葉《ことば》で、中国《ちゅうごく》からのものが多《おお》い「蛇足《だそく》」「五十歩百歩《ごじっぽひゃっぽ》」など
仲間《なかま》と言《い》えば……
!
あ〜サッカー忘《わす》れた!!
ことわざ仙人《せんにん》また後《あと》でね〜
ピューー
こらー!!「立《た》つ鳥跡《とりあと》を濁《にご》さず」よー!!
かたづけてってー!!
ホッホッホッ

秋《あき》の日《ひ》はつるべ落《お》とし

意味《いみ》

秋《あき》の日暮《ひぐ》れは早《はや》く、すぐに暗《くら》くなってしまうということ。

由来《ゆらい》

井戸《いど》の水《みず》をくみ上《あ》げる、なわなどがついたおけ（つるべ）がストンと落《お》ちる様子《ようす》を秋《あき》の日《ひ》暮《ぐ》れにたとえている。

使《つか》い方《かた》

さっきまで明《あか》るかったのに、外《そと》はもう暗《くら》いよ。**秋《あき》の日《ひ》はつるべ落《お》とし**と言《い》うけれど、あっというまに日《ひ》が暮《く》れるね。

ゲームしに来《こ》ない？
いいね～行《い》く行《い》く！
YOU LOOSE
あ～また負《ま》けた…もう一回《いっかい》やろう！
もちろんさ！
ぼくが勝《か》つまでやろう！
なぁ～もう暗《くら》いぞ
秋《あき》の日《ひ》はつるべ落《お》としだから暮《く》れるのが早《はや》いのよ！早《はや》く帰《かえ》りなさい
はーい
はーい

まめちしき

つるべを使《つか》う井戸《いど》は、いまの水道《すいどう》のかわりで、昔《むかし》はみんなでいっしょに使《つか》っていました。生活《せいかつ》に欠《か》かせない井戸《いど》の周《まわ》りには、家事《かじ》のためによく女性《じょせい》たちが集《あつ》まっていました。その女性《じょせい》たちが、水《みず》くみや洗濯《せんたく》をしながら、井戸《いど》の近《ちか》くでいろいろな話《はなし》をして楽《たの》しんでいたことから、『井戸端会議《いどばたかいぎ》』という言葉《ことば》が生《う》まれました。

●似《に》た意味《いみ》のことわざ

・秋《あき》の日《ひ》のなた落《お》とし

●反対《はんたい》の意味《いみ》のことわざ

・春《はる》の日《ひ》は暮《く》れそうで暮《く》れぬ

悪《あく》銭《せん》身《み》につかず

意《い》味《み》

人《ひと》をだましたり、悪《わる》いことをしたりして、苦労《くろう》せずに手《て》に入《い》れたお金《かね》は、結局《けっきょく》はむだづかいをしてすぐになくなってしまうということ。

使《つか》い方《かた》

強盗《ごうとう》した人《ひと》が大金《たいきん》を使《つか》ってつかまったらしいけど、まさに、**悪銭《あくせん》身《み》につかず**だね。急《きゅう》にお金《かね》が増《ふ》えて、派手《はで》な暮《く》らしになったんだろうね。

悪銭《あくせん》…悪《わる》いことをして手《て》に入《い》れたお金《かね》

ゲームセンター
あれっ
お兄《にい》ちゃん今日《きょう》バイトじゃないの？
しまった！
おこづかいやるからママには言《い》わないでくれ！
1000
やったー！
いいよ
楽《らく》してもうかった〜♪
食《た》べすぎた…！
いたたたた
悪銭《あくせん》身《み》につかずだ〜

●似《に》た意味《いみ》のことわざ

- あぶく銭《ぜに》は身《み》につかず
- 人《ひと》あかは身《み》につかぬ

まめちしき

悪銭《あくせん》の「銭」は、「せん」「ぜに」と読《よ》み、お金《かね》のことです。昔《むかし》の日本《にほん》で使《つか》われていたお金《かね》の単位《たんい》(1円《えん》の100分《ぶん》の1)で、いまはふだんの生活《せいかつ》では使《つか》われていません。しかし、お金《かね》を借《か》りたり預《あず》けたりしたときに、決《き》まった割合《わりあい》で支払《しはら》わなければならないお金《かね》(利子《りし》)の計算《けいさん》などでは、現在《げんざい》も使用《しよう》されています。

問題《もんだい》1　棚《たな》から＿＿　＿＿に入《はい》る言葉《ことば》は何《なに》？

明日《あした》は明日《あした》の風《かぜ》がふく

意味《いみ》

先《さき》のことをくよくよ考《かんが》えすぎず、ものごとの流《なが》れに身《み》をまかせなさいということ。

覚《おぼ》え得《とく》!

風《かぜ》のふく方向《ほうこう》が変《か》わるように、ものごともどうなるかわからない。だから、先《さき》のことを心配《しんぱい》しすぎるな、ということ。

使《つか》い方《かた》

終《お》わったテストの点数《てんすう》を心配《しんぱい》しても仕方《しかた》ない。**明日《あした》は明日《あした》の風《かぜ》がふく**だ。テストの結果《けっか》が出《で》たら、考《かんが》えよう。

元気《げんき》ないわね
うんちょっと…
ま、あまり先《さき》のことを心配《しんぱい》してもね!
明日《あした》は明日《あした》の風《かぜ》がふくよ!
あ!
ヘラヘラ
そうだよねー遊《あそ》んでて割《わ》っちゃったけど心配《しんぱい》しすぎもね〜
穴《あな》あけちゃってどうすんの!?
まあまあ
明日《あした》の風《かぜ》はあまり強《つよ》くないらしいよ!

まめちしき

「風《かぜ》がふけば桶屋《おけや》がもうかる」(73ページ)、「もの言《い》えば唇寒《くちびるさむ》し秋《あき》の風《かぜ》」(268ページ)、「馬耳東風《ばじとうふう》」(人《ひと》に言《い》われたことを全《まった》く気《き》にかけないこと)、「順風満帆《じゅんぷうまんぱん》」(ものごとが順調《じゅんちょう》に進《すす》んでいること)など、風《かぜ》を使《つか》ったことわざや慣用句《かんようく》、四字熟語《よじじゅくご》はほかにもあります。

●似《に》た意味《いみ》のことわざ

・明日《あした》は明日《あした》の神《かみ》が守《まも》る
・明日《あす》のことは明日《あす》案《あん》じよ
・案《あん》ずるより産《う》むが易《やす》し(26ページ)

問題《もんだい》1の答《こた》え ぼた餅《もち》

当《あ》たってくだけろ

意《い》味《み》

先《さき》を考《かん》えすぎず、思《おも》い切《き》って挑戦《ちょうせん》してみようということ。

覚《おぼ》え得《とく》！

積極的《せっきょくてき》な意味《いみ》のことわざで、挑戦《ちょうせん》し、だめだったらだめで仕方《しかた》ないと覚悟《かくご》を決《き》めて行動《こうどう》しなさいという意味《いみ》もある。

使《つか》い方《かた》

柔道《じゅうどう》の試合《しあい》の相手《あいて》は優勝経験者《ゆうしょうけいけんしゃ》だ。きんちょうはするけれど、ぼくもできるだけの努力《どりょく》はした。後《あと》は当《あ》たってくだけろだ。

かんとく
一《いっ》か月後《げつご》、レギュラーメンバーを選《えら》ぶテストを行《おこな》う！
はいっ
万年補欠《まんねんほけつ》のオレなんかどうせ…
ふっ
何《なに》言《い》ってるの？当《あ》たってくだけろよ！
う…うん 結果《けっか》はどうでもやるだけやってみる
うおおおお
一《いっ》か月間《げつかん》、必死《ひっし》に練習《れんしゅう》したかいあって…
やった〜！レギュラー合格《ごうかく》だ〜！
わーっ
おめでとう〜っ
全員《ぜんいん》レギュラーなのはまだないしょにしておこう…
かんとく

●似《に》た意味《いみ》のことわざ

・案《あん》ずるより産《う》むが易《やす》し（26ページ）

●反対《はんたい》の意味《いみ》のことわざ

・石橋《いしばし》をたたいて渡《わた》る（28ページ）

ABC 英語《えいご》でことわざ

同《おな》じ意味《いみ》の英語《えいご》のことわざ

Go for broke.

（当《あ》たってくだけろ）

問題《もんだい》2　＿＿度目《どめ》の正直《しょうじき》　＿＿に入《はい》る数字《すうじ》は？

頭《あたま》かくして尻《しり》かくさず

おかーさん
お金《かね》ちょーだい！
何《なに》買《か》うの？
ザー
ザー
ザー
社会《しゃかい》の参考書《さんこうしょ》を…
あれ？
この前《まえ》も買《か》わなかった？
ザー
やばい！
ドキ！
いや…
大化《たいか》の改新《かいしん》の
先《さき》が知《し》りたくて…

まぁ〜いいわ…
勉強《べんきょう》してくれるなら…
いってきま〜す！

もう～こんなに散《ち》らかして…
ん!?
!
タイヘンダ…!!

意味《いみ》

全部《ぜんぶ》かくしたつもりが、一部分《いちぶぶん》だけ外《そと》から見《み》えているということ。

由来《ゆらい》

草《くさ》むらにかくれたきじが、頭《あたま》だけ草《くさ》むらにつっこんで全身《ぜんしん》かくれたつもりになっているが、尾《お》が丸見《まるみ》えになっていることから。

使《つか》い方《かた》

うまくかくしたつもりだろうけど、テストの点数《てんすう》が見《み》えているよ。**頭《あたま》かくして尻《しり》かくさず**だね。

江 江戸《えど》いろはがるた

まめちしき

江戸《えど》いろはがるたの「頭《あたま》かくして尻《しり》かくさず」の絵札《えふだ》の絵《え》は、きじではなく、ふんどし姿《すがた》の男《おとこ》のお尻《しり》が見《み》えている絵《え》になっています。頭《あたま》がつくことわざは、「鰯《いわし》の頭《あたま》も信心《しんじん》から」(41ページ)、「実《みの》るほど頭《あたま》の下《さ》がる稲穂《いなほ》かな」(257ページ)などがあります。

●似《に》た意味《いみ》のことわざ

・柿《かき》を盗《ぬす》んで核《さね》をかくさず

※ 核《さね》は種《たね》のこと

問題《もんだい》3 失敗《しっぱい》は□のもと　□に入《はい》る言葉《ことば》は何《なに》？

当《あ》たるも八卦《はっけ》当《あ》たらぬも八卦《はっけ》

八卦《はっけ》…うらない

意味《いみ》

うらないは、当《あ》たるときもあれば、はずれるときもあるということ。

覚《おぼ》え得《とく》!

「八卦《はっけ》」は、「はっか」とも読《よ》む。

うらないのこと。または古《ふる》く中国《ちゅうごく》から伝《つた》わるうらないの中《なか》で表《あらわ》れる八《やっ》つの形《かたち》のこと。

占
易

使《つか》い方《かた》

去年《きょねん》引《ひ》いたおみくじでは、あまりいいことが書《か》いてなかったけど、楽《たの》しい一年《いちねん》だった。**当《あ》たるも八卦《はっけ》当《あ》たらぬも八《はっ》卦《け》**というもんだ。

今日のうらない
○○の人
大当たりのラッキーデー
今日《きょう》はラッキーデーだって！
さとうさん答《こた》えてください
え〜…
わかんない…
いたっ!!
当《あ》たってもぜんぜんラッキーじゃないよ〜
当《あ》たるも八卦《はっけ》当《あ》たらぬも八卦《はっけ》よ

まめちしき

うらないは古《ふる》くからあるものです。中国《ちゅうごく》に古《ふる》くから伝《つた》わる「易《えき》」と呼《よ》ばれるうらないでは、細《ほそ》い棒《ぼう》を使《つか》って、その棒《ぼう》の数《かず》などで表《あらわ》れた結果《けっか》を、八卦《はっけ》と呼《よ》ばれる八《やっ》つの形《かたち》に当《あ》てはめてうらないます。その形《かたち》は、自然界《しぜんかい》の天《てん》、沢《さわ》、火《ひ》、雷《かみなり》、風《かぜ》、水《みず》、山《やま》、地《ち》がもとになっています。

●似《に》た意味《いみ》のことわざ

- ・合《あ》うも不思議《ふしぎ》合《あ》わぬも不思議《ふしぎ》
- ・当《あ》たるも不思議《ふしぎ》当《あ》たらぬも不思議《ふしぎ》
- ・八卦《はっけ》の八《や》つ当《あ》たり

問題《もんだい》3の答《こた》え　成功《せいこう》

あちら立《た》てればこちらが立《た》たぬ

立《た》てる…顔《かお》を立《た》てる

意味《いみ》

一方《いっぽう》にいい顔《かお》をすると他方《たほう》に悪《わる》くなる。両方《りょうほう》を満足《まんぞく》させることはむずかしいということ。

覚《おぼ》え得《とく》!

「顔《かお》を立《た》てる」は、その人《ひと》の名誉《めいよ》を保《たも》つようにするということ。

2人とも
達人《たつじん》です

使《つか》い方《かた》

お母《かあ》さんは勉強《べんきょう》しろと言《い》うし、お父《とう》さんはいまのうちにたくさん遊《あそ》べと言《い》うし、**あちら立《た》てればこちらが立《た》たぬ**だ。

今日《きょう》フカシの参観日《さんかんび》でね わたしの作文《さくぶん》書《か》いてくれて うれしかった～
えっ? お父《とう》さんは?
お母《かあ》さんのことだけか…
フ…
だって今日《きょう》の作文《さくぶん》「笑《わら》える家族《かぞく》」がテーマだったから
そうかー
じゃあお母《かあ》さんだよなー
なんですって?
ちょっと来《き》なさ～い
わわ～ん
あちら立《た》てればこちらが立《た》たぬだー

まめちしき

「あちら立《た》てればこちらが立《た》たぬ」の後《あと》に、「双方《そうほう》立《た》てれば身《み》が立《た》たぬ」と続《つづ》けて言《い》うこともあります。両方《りょうほう》の顔《かお》を立《た》てようと無理《むり》をすると、今度《こんど》は自分《じぶん》の身《み》が持《も》たないという意味《いみ》で、両方《りょうほう》の意見《いけん》が異《こと》なる場合《ばあい》、どちらも納得《なっとく》できる結果《けっか》にしようとがんばりすぎてもいけませんね。

●似《に》た意味《いみ》のことわざ

・頭押《あたまお》さえりゃ尻上《しりあ》がる

●似《に》た意味《いみ》の慣用句《かんようく》

・痛《いた》しかゆし

問題《もんだい》4　□より団子《だんご》　□に入《はい》る植物《しょくぶつ》は何《なに》?

暑《あつ》さ寒《さむ》さも彼岸《ひがん》まで

彼岸《ひがん》…春分《しゅんぶん》の日《ひ》、秋分《しゅうぶん》の日《ひ》をはさんだ七日間《なのかかん》

意味《いみ》

夏《なつ》の暑《あつ》さは秋《あき》の彼岸《ひがん》まで、冬《ふゆ》の寒《さむ》さは春《はる》の彼岸《ひがん》までで、少《すこ》し待《ま》てば過《す》ごしやすい気候《きこう》になるということ。

覚《おぼ》え得《とく》！

彼岸《ひがん》はお彼岸《ひがん》とも言《い》い、ご先《せん》祖様《ぞさま》のお墓参《はかまい》りに行《い》く風習《ふうしゅう》があります。その時期《じき》になると、お供《そな》えする花《はな》やぼたもち、おはぎなどが店《みせ》にならびます。

使《つか》い方《かた》

昔《むかし》から**暑《あつ》さ寒《さむ》さも彼岸《ひがん》まで**と言《い》うけれど、最近《さいきん》は地球《ちきゅう》温暖化《おんだんか》のせいか秋《あき》の彼岸《ひがん》が過《す》ぎても暑《あつ》い日《ひ》が続《つづ》く。

夏《なつ》
暑《あつ》〜い！
秋分《しゅうぶん》の日《ひ》ごろになればすずしくなるよ
冬《ふゆ》
寒《さむ》〜…
ヒュウウウウウ
ブルルッ
春分《しゅんぶん》の日《ひ》ごろになれば寒《さむ》さがゆるむよ
秋分《しゅうぶん》や春分《しゅんぶん》のころは季節《きせつ》の変《か》わり目《め》でね、お彼岸《ひがん》って言《い》うんだよ 暑《あつ》さ寒《さむ》さも彼岸《ひがん》まで…って昔《むかし》から言《い》うのさ
ずず…
へえ〜
このお茶《ちゃ》熱《あつ》〜〜っ！
ぶはーっ
彼岸《ひがん》まで待《ま》てばぬるくなるんじゃない？

●似《に》た意味《いみ》のことわざ

- 暑《あつ》さ寒《さむ》さも彼岸《ひがん》かぎり
- 寒《さむ》さの果《は》ても彼岸《ひがん》まで

まめちしき

彼岸《ひがん》の基準《きじゅん》となる春分《しゅんぶん》の日《ひ》(3月20日《がつはつか》ごろ)、秋分《しゅうぶん》の日《ひ》(9月20日《がつはつか》ごろ)は、昼《ひる》と夜《よる》の長《なが》さがほぼ同《おな》じになる日《ひ》で、毎年《まいとし》、国立天文台《こくりつてんもんだい》が日《ひ》にちを決《き》めています。

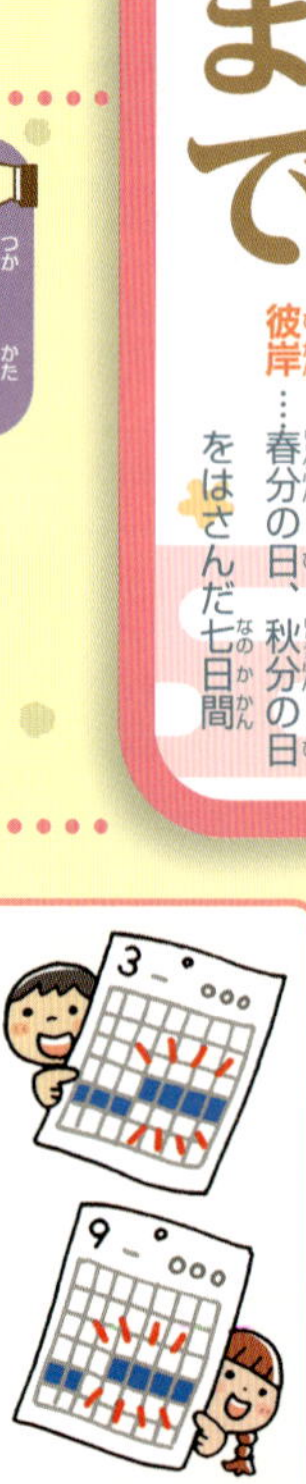

問題《もんだい》4の答《こた》え 花《はな》

後《あと》は野《の》となれ山《やま》となれ

野《の》、山《やま》…荒《あ》れた様子《ようす》

意味《いみ》

自分《じぶん》がすることが終《お》わった後《あと》は、結果《けっか》がどうなろうとかまわないということ。

覚《おぼ》え得《とく》!

無責任《むせきにん》な態度《たいど》に対《たい》して使《つか》うことが多《おお》い。ものごとが終《お》わったら、後《あと》は野《の》となるならなれ、山《やま》となるならなれ、ということ。

使《つか》い方《かた》

みんなで調《しら》べてまとめようって言《い》ったのに、A君《くん》は自分《じぶん》が調《しら》べることが終《お》わったら、**後《あと》は野《の》となれ山《やま》となれ**だね。集《あつ》まりにも来《こ》ないし、本当《ほんとう》に困《こま》っちゃうよ。

明日《あした》テストだぞー
しまった! 明日《あした》のテスト 忘《わす》れてた!!
あ〜 どうしよう・・・
一《いち》夜《や》漬《づ》け
しかたないな… 後《あと》は野《の》となれ山《やま》となれだ!
当日《とうじつ》
ヤマ外《はず》れた・・・

英語《えいご》でことわざ

似《に》ている意味《いみ》の英語《えいご》のことわざ

After us the deluge.

(わたしたちの死後《しご》になら洪水《こうずい》よ来《こ》い)

●反対《はんたい》の意味《いみ》のことわざ

・立《た》つ鳥跡《とりあと》を濁《にご》さず(152ページ)

問題《もんだい》5 類《るい》は□を呼《よ》ぶ　□に入《はい》る言葉《ことば》は何《なに》?

あばたもえくぼ

あばた…天然痘《てんねんとう》という病気《びょうき》で残《のこ》った皮膚《ひふ》のくぼみ

えくぼ…笑《わら》ったときの小《ちい》さなほおのくぼみ

意味《いみ》

好《す》きになると、その人《ひと》の欠点《けってん》でさえもよく見《み》えてしまうということ。

覚《おぼ》え得《とく》！

天然痘《てんねんとう》の皮膚《ひふ》の跡《あと》もえくぼに見《み》えて、かわいいと思《おも》えるという意味《いみ》。

えへっ

使《つか》い方《かた》

好《す》きになってしまえば、**あばたもえくぼ**で、失敗《しっぱい》しているところも先生《せんせい》におこられているところも、かわいく思《おも》えて仕方《しかた》ない。

英語《えいご》でことわざ

似《に》ている意味《いみ》の英語《えいご》のことわざ

Love covers many infirmities.

(愛《あい》は多《おお》くの欠点《けってん》をかくす)

アイドルのあいりちゃん、かわいいな～
歌《うた》がヘタじゃね？
そこがいいんだよ～
ドラマの演技《えんぎ》ひどかったよ
そこがいいんだよ～
熱愛スクープ!!
イケメン俳優《はいゆう》とつきあってるんだって
そこが……
エ～ン
それでもスキ…！

●似《に》た意味《いみ》のことわざ

・ほれた欲目《よくめ》

●反対《はんたい》の意味《いみ》のことわざ

・坊主《ぼうず》憎《にく》けりゃ袈裟《けさ》まで憎《にく》い

問題《もんだい》5の答《こた》え　友《とも》

雨《あめ》降《ふ》って地《じ》固《かた》まる

意味《いみ》

悪《わる》いことやもめごとがあった後《あと》は、かえって前《まえ》よりもよくなるということ。

由来《ゆらい》

雨《あめ》が降《ふ》った後《あと》は、かえって地面《じめん》が固《かた》くなっていることから。

カタイ

使い方《つかいかた》

昨年《さくねん》の試合《しあい》はさんざんな結果《けっか》で負《ま》けたけど、**雨降《あめふ》って地《じ》固《かた》まる**で、あれから練習方法《れんしゅうほうほう》を変《か》えたおかげで今年《ことし》は快勝《かいしょう》した。

ソラ君《くん》とケンカしたんだって？
うん
でもとっくに仲直《なかなお》りした
むしろ前《まえ》より仲《なか》よくなったかも
良《よ》かった
雨降《あめふ》って地《じ》固《かた》まるね！
つまりケンカやもめごとの後《あと》にかえっていい結果《けっか》になるってことよ
あ！それそれ
雨《あめ》の中《なか》でケンカしたから長《なが》ぐつのどろもかちかちに固《かた》まった
中《なか》もカチカチ

●似《に》た意味《いみ》のことわざ

- 雨《あめ》の後《あと》は上天気《じょうてんき》
- けんかの後《あと》の兄弟名乗《きょうだいなの》り
- やぶれりゃ固《かた》まる

まめちしき

江戸時代《えどじだい》には、すでによく使《つか》われていたことわざです。“友《とも》だちとけんかした後《あと》に前《まえ》よりも仲《なか》よくなった”というときなどにもよく使《つか》われます。また、悪《わる》いことが起《お》きて落《お》ち込《こ》んでいる人《ひと》を、はげまして元気《げんき》づけるときなどに使《つか》うこともできます。

問題《もんだい》6 泣《な》き面《つら》に＿＿ ＿＿に入《はい》る虫《むし》は何《なに》？

案《あん》ずるより産《う》むが易《やす》し

案《あん》ずる……考《かんが》える、心配《しんぱい》する
易《やす》し……簡単《かんたん》

意味《いみ》

ものごとの前《まえ》はいろいろ不安《ふあん》になるが、実際《じっさい》は意外《いがい》に簡単《かんたん》にできるということ。

由来《ゆらい》

赤《あか》ちゃんを産《う》む前《まえ》は、いろいろ考《かんが》えて心配《しんぱい》するものだが、産《う》んでみればなんとかなるということから。

ガンバレ
ドキ
ドキ

使《つか》い方《かた》

外国《がいこく》に行《い》くには勇気《ゆうき》がいるけど、思《おも》い切《き》って行《い》ってみてよかった。**案《あん》ずるより産《う》むが易《やす》し**と言《い》うように、行《い》ってみたら思《おも》っていたよりすぐになじめたよ。

ABC 英語《えいご》でことわざ

似《に》ている意味《いみ》の英語《えいご》のことわざ

An attempt is sometimes easier than expected.

(やってみると思《おも》っていたより易《やさ》しいことがよくある)

バイオリンコンクール
あああ うまくできるか心配《しんぱい》だ～
たくさん練習《れんしゅう》したんだからだいじょうぶザマス！
ドキドキ
案《あん》ずるより産《う》むが易《やす》し！考《かんが》えすぎないでやればいいのよ
ママがボクちゃんを産《う》んだときだって心配《しんぱい》したけど安産《あんざん》だったんですから！
ドドーン
やった！うまく弾《ひ》けた！
優勝《ゆうしょう》だ！
ワー
ワー
成功《せいこう》の理由《りゆう》は何《なん》ですか？
母《はは》が安産《あんざん》でして
は？

●似《に》た意味《いみ》のことわざ

・明日《あした》は明日《あした》の風《かぜ》がふく(16ページ)
・当《あ》たってくだけろ(17ページ)
・思《おも》うより産《う》むが易《やす》い

問題《もんだい》6の答《こた》え 蜂《はち》

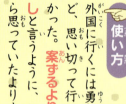

石《いし》の上《うえ》にも三《さん》年《ねん》

三年《さんねん》…多《おお》くの月日《つきひ》のたとえ

意味《いみ》

つらいことでも、しんぼう強《づよ》く努力《どりょく》すれば、必《かなら》ずむくわれるということ。

由来《ゆらい》

つめたい石《いし》でも、三年間石《さんねんかんいし》の上《うえ》に座《すわ》れば、石《いし》が温《あたた》まるということから。

使《つか》い方《かた》

医者《いしゃ》の卵《たまご》のお兄《にい》ちゃんは、毎《まい》日毎日《にちまいにち》いそがしそうだけど、立派《りっぱ》な医者《いしゃ》になるには、**石《いし》の上《うえ》にも三年《さんねん》**の気持《きも》ちでがんばると言《い》って、今日《きょう》も仕事《しごと》をしている。

パパは日曜大工《にちようだいく》がうまいんだね
ぼくなんかノコギリでまっすぐ切《き》れないものね…
石《いし》の上《うえ》にも三年《さんねん》と言《い》ってな何《なに》ごともしんぼうしてやるとものになるんだよ
三年間《さんねんかん》もこんなことやるのはやだな～

ABC 英語《えいご》でことわざ

似《に》ている意味《いみ》の英語《えいご》のことわざ

Perseverance kills the game.

(忍耐《にんたい》がえものを落《お》とす)

●似《に》た意味《いみ》のことわざ

・塵《ちり》も積《つ》もれば山《やま》となる(158ページ)

●似《に》た意味《いみ》の故事成語《こじせいご》

・雨垂《あまだ》れ石《いし》をうがつ

問題《もんだい》7 病《やまい》は□から □に入《はい》る言葉《ことば》は何《なに》？

石橋《いしばし》をたたいて渡《わた》る

意味《いみ》

とても用心深《ようじんぶか》く行動《こうどう》すること。慎重《しんちょう》であること。

由来《ゆらい》

がんじょうな石《いし》の橋《はし》を渡《わた》るときに、こわれないかとたたいて、安全《あんぜん》を確《たし》かめてから渡《わた》ることから。

コンコン

使《つか》い方《かた》

家族旅行《かぞくりょこう》に行《い》くとなると、想像以上《そういじょう》に荷物《にもつ》が多《おお》くなるお母《かあ》さん。**石橋《いしばし》をたたいて渡《わた》る**性格《せいかく》だから仕方《しかた》ないが、運《はこ》ぶぼくの身《み》にもなってほしい。

明日《あした》アメリカの女《おんな》の子《こ》がホームステイで家《いえ》に来《く》るわよ
ドキドキするな
あいさつとかもう一回《いっかい》勉強《べんきょう》しよう
ハロー
グッバイ
ケンジは石橋《いしばし》をたたいて渡《わた》る性格《せいかく》ね!
えいご
えいご
そしてよく朝《あさ》…
も…もう少《すこ》し勉強《べんきょう》…
ハ…ハロー…
グッバイ…
寝《ね》てないの!?
えいご

まめちしき

中《なか》には慎重《しんちょう》過《す》ぎて、結局《けっきょく》動《うご》けない人《ひと》がいます。そのような人《ひと》を「石橋《いしばし》をたたいて渡《わた》らない」と言《い》うこともあります。例《れい》:「ダンスを始《はじ》めようと思《おも》ったけど、調《しら》べてみたらできるかわからなくなって、やめちゃった」「あんなにやりたがっていたのに、石橋《いしばし》をたたいて渡《わた》らないんだね」

●反対《はんたい》の意味《いみ》のことわざ

・当《あ》たってくだけろ(17ページ)

●反対《はんたい》の意味《いみ》の慣用句《かんようく》

・危《あぶ》ない橋《はし》を渡《わた》る

医者《いしゃ》の不養生《ふようじょう》

不養生《ふようじょう》…健康《けんこう》によくないことをすること

意味《いみ》

人《ひと》には立派《りっぱ》なことを言《い》うが、自分《じぶん》はできていないこと。

由来《ゆらい》

人《ひと》には健康《けんこう》について注意《ちゅうい》するように言う医者《いしゃ》が、自分《じぶん》の健《けん》康《こう》には注意《ちゅうい》しないことから。

つぎのかた…
ゴホ
ゴホ

使《つか》い方《かた》

よく行《い》く眼科《がんか》のお医者《いしゃ》さんの目《め》がとても赤《あか》かったので聞《き》いてみると、パソコンの作業《さぎょう》を長時間《ちょうじかん》していたらしい。**医者《いしゃ》の不養生《ふようじょう》**とはこのことだ。

まめちしき

似《に》た意味《いみ》のことわざにある「紺屋《こうや》の白袴《しろばかま》」。紺屋《こうや》とは、江戸時代《えどじだい》の染物屋《そめものや》さんのことを指《さ》します。昔《むかし》は洋服《ようふく》ではなく、みんな着物《きもの》を着《き》て暮《く》らしていました。その着物《きもの》の染物《そめもの》をする商売《しょうばい》が紺屋《こうや》で、人《ひと》の着物《きもの》や布《ぬの》は染《そ》めるが、自分《じぶん》の袴《はかま》を染《そ》めるひまがなく、白《しろ》い袴《はかま》のままという意味《いみ》のことわざです。

先生《せんせい》が忘《わす》れもの？医者《いしゃ》の不養生《ふようじょう》ね
お医者《いしゃ》さんじゃなくて学校《がっこう》の先生《せんせい》だよ
いいのよ生徒《せいと》に注意《ちゅうい》して自分《じぶん》は守《まも》れないってことよ
で何《なに》を忘《わす》れたの？
四時間目《よじかんめ》のテスト！
えー
だからボクたちもがんばって…
先生《せんせい》が思《おも》い出《だ》さないようにしたの
センセー ここわかりません
聞《き》こえません
書《か》いてー
センセー

●似《に》た意味《いみ》のことわざ

・易者《えきしゃ》の身《み》の上知《うえし》らず
・紺屋《こうや》の白袴《しろばかま》

問題《もんだい》8 ＿＿人寄《にんよ》れば文殊《もんじゅ》の知恵《ちえ》　＿＿に入《はい》る数字《すうじ》は？

急《いそ》がば回《まわ》れ

急《いそ》がば……もし急《いそ》ぐなら

ジリリリリ
くか〜〜
だぁーーっ
うわ〜 寝坊《ねぼう》した〜
そうだ 近道《ちかみち》を行《い》こう！
たたたたた
ドドドド…
うわ！ 工事中《こうじちゅう》だ！
工事中
通行止
仕方《しかた》ない へいの上《うえ》を行《い》こう！
ひょい
たたた
ゲェッ
ねこ！
仕方《しかた》ない こっちに行《い》こう
ワンワンワンワン！
ひい〜っ！

学校
結局《けっきょく》ちこくだ～
ゼェ～
ハァ～
急《いそ》がば回《まわ》れ。時間《じかん》がかかっても安全《あんぜん》な道《みち》を選《えら》んだほうがかえって早《はや》く目的地《もくてきち》に着《つ》くものだよ
はい…
○○中学校
ところでここは中学校《ちゅうがっこう》
たぶん君《きみ》の小学校《しょうがっこう》はとなりだよ
だぁ～～っ
なんちゅ～こった!

意味《いみ》

急《いそ》いでいるときは、時間《じかん》がかかっても安全《あんぜん》な方《ほう》法《ほう》をとるほうが、かえって早《はや》くものごとをなしとげることができるということ。

覚《おぼ》え得《とく》!

もとは、昔《むかし》、都《みやこ》の京都《きょうと》へ行《い》くには、速《はや》いけれど危《あぶ》ない舟《ふね》に乗《の》るよりも、遠回《とおまわ》りでも橋《はし》を渡《わた》るほうがよいという歌《うた》。

使《つか》い方《かた》

電車《でんしゃ》が動《うご》かなかったから歩《ある》いて帰《かえ》ったけど、**急《いそ》がば回《まわ》れ**で電車《でんしゃ》より早《はや》く家《いえ》に着《つ》いた。

英語《えいご》でことわざ

似《に》ている意味《いみ》の英語《えいご》のことわざ

Make haste slowly.

(ゆっくり急《いそ》げ)

●似《に》た意味《いみ》のことわざ

・急《せ》いては事《こと》を仕損《しそん》じる(136ページ)

●反対《はんたい》の意味《いみ》のことわざ

・善《ぜん》は急《いそ》げ(140ページ)

●反対《はんたい》の意味《いみ》の故事成語《こじせいご》

・先《さき》んずれば人《ひと》を制《せい》す

問題《もんだい》9　□は熱《あつ》いうちに打《う》て　□に入《はい》る言葉《ことば》は何《なに》?

一《いち》事《じ》が万《ばん》事《じ》

一事《いちじ》…一《ひと》つのこと
万事《ばんじ》…すべてのこと

意味《いみ》

一《ひと》つのことを見《み》れば、ほかのすべてがわかること。

覚《おぼ》え得《とく》!

もとは、いい意味《いみ》。最近《さいきん》ではよくないことに使《つか》うことが多《おお》い。人《ひと》の欠点《けってん》を見《み》て、ほかの面《めん》にもその欠点《けってん》が表《あらわ》れていると思《おも》うときに使《つか》う。

まった?
だらしない
いいかげん
てきとう
よくわかったよ

使《つか》い方《かた》

あの子《こ》は、また宿題《しゅくだい》忘《わす》れたの? 昔《むかし》から**一事《いちじ》が万事《ばんじ》**あの調子《ちょうし》で、いつも周《まわ》りの友《とも》だちに助《たす》けてもらっていることに感謝《かんしゃ》しなくちゃ。

こら! ひろし君《くん》
ぬいだ洋服《ようふく》は ちゃんと たたまないと
はーい
一事《いちじ》が万事《ばんじ》。 こういうところから 君《きみ》の生活態度《せいかつたいど》が すべてわかるんだぞ

●似《に》た意味《いみ》のことわざ

- 一事《いちじ》をもって万端《ばんたん》を知《し》る
- 一斑《いっぱん》を見《み》て全豹《ぜんぴょう》を知《し》る

英語《えいご》でことわざ

似《に》ている意味《いみ》の英語《えいご》のことわざ

False with one can be false with two.

(一《ひと》つを偽《いつわ》る者《もの》は二《ふた》つも偽《いつわ》る)

一《いち》難《なん》去《さ》ってまた一《いち》難《なん》

一難《いちなん》……一《ひと》つの災難《さいなん》

意味《いみ》

次《つぎ》から次《つぎ》へと、わざわいや不《ふ》幸《こう》なことがやってくること。

使《つか》い方《かた》

海水浴《かいすいよく》に行《い》ったら、クラゲにさされちゃって、帰《かえ》ってきて診察券《しんさつけん》を探《さが》していたら、病院《びょういん》に行《い》こうと思《おも》って診察券《しんさつけん》で手《て》を切《き》っちゃって、**一難去《いちなんさ》ってまた一難《いちなん》**だよ。

約束《やくそく》は駅《えき》に三時《さんじ》だったわよね？
もうすぐじゃん！
赤信号《あかしんごう》だ！
ワン
犬《いぬ》だ！
ワン
怪物《かいぶつ》だ！もうダメだ！
ゴゴ
ゴゴ
一難去《いちなんさ》ってまた一難《いちなん》

●似《に》た意味《いみ》の慣用句《かんようく》
・痛《いた》む上《うえ》に塩《しお》をぬる　・傷口《きずぐち》に塩《しお》

●似《に》た意味《いみ》の故事成語《こじせいご》
・前門《ぜんもん》の虎《とら》、後門《こうもん》の狼《おおかみ》

まめちしき

ことわざは、リズムや読《よ》みやすさ、伝《つた》わりやすさが大事《だいじ》なポイントです。このことわざの後《あと》には、「〜に出《で》くわす」「〜にあう」という言葉《ことば》が省略《しょうりゃく》されています。"一難《いちなん》に出《で》くわしてまた一難《いちなん》が来《く》る"のほうが文章《ぶんしょう》としてはわかりやすいですが、リズムのよさや伝《つた》わりやすさはことわざがいいですね。

問題《もんだい》10　明日《あした》は明日《あした》の［　　］がふく　［　　］に入《はい》る言葉《ことば》は何《なに》？

一《いち》年《ねん》の計《けい》は元《がん》旦《たん》にあり

意味《いみ》
ものごとを始《はじ》めるときは、はじめに計画《けいかく》を立《た》てることが大《だい》事《じ》であるということ。

由来《ゆらい》
お正月《しょうがつ》の一月一日《いちがつついたち》にその年《とし》の計画《けいかく》を立《た》てるとよいということから。

今年の目標
1月
2月
3月
4月
5月
6月
7月
8月
9月
10月
よし！

覚《おぼ》え得《とく》！
「一日《いちにち》の計《けい》は朝《あさ》にあり一年《いちねん》の計《けい》は元旦《がんたん》にあり」とも言《い》う。

使《つか》い方《かた》
「一年《いちねん》の計《けい》は元旦《がんたん》にあり」だ。今年《ことし》の目標《もくひょう》を立《た》てよう。

今年《ことし》はお父《とう》さんも運動《うんどう》をするようにするぞ！
そうね！一年《いちねん》の計《けい》は元旦《がんたん》にあり
目標《もくひょう》を立《た》ててがんばらないとね
ママはいつも笑顔《えがお》を心《こころ》がける
じゃあぼくはテスト全部百点《ぜんぶひゃくてん》！
フカシ！元旦《がんたん》からできもしないことを言《い》わないの！
ママだってもうおこってるじゃん

まめちしき
中国《ちゅうごく》の古《ふる》い言葉《ことば》「一日《いちにち》の計《けい》は晨《あした》にあり、一年《いちねん》の計《けい》は春《はる》にあり」がもとになっています。日《に》本《ほん》では、江戸時代《えどじだい》に「一日《いちにち》の計《けい》は朝《あさ》にあり、一年《いちねん》の計《けい》は元旦《がんたん》にあり」という言葉《ことば》が本《ほん》に紹《しょう》介《かい》されています。元日《がんじつ》と元旦《がんたん》は、どちらも1月1日《がつついたち》＝年初《としはじ》めの日《ひ》を意味《いみ》していますが、元旦《がんたん》には、元日《がんじつ》の朝《あさ》という意味《いみ》もあります。

●似《に》た意味《いみ》のことわざ
・一日《いちにち》の計《けい》は朝《あさ》にあり

●反対《はんたい》の意味《いみ》のことわざ
・一寸先《いっすんさき》は闇《やみ》(36ページ)

問題《もんだい》10の答《こた》え　風《かぜ》

一《いち》富《ふ》士《じ》二《に》鷹《たか》三《さん》なすび

富士《ふじ》……富士山《ふじさん》
なすび……なす

不思議《ふしぎ》な
初夢《はつゆめ》を見《み》たよ
富士山《ふじさん》の見《み》える
風景《ふうけい》の中《なか》を
なすびをくわえた
鷹《たか》が飛《と》んで
いったんだ
おおおお
それはすごい！
今年《ことし》はぜったいに
よいことが
起《お》きるぞ～！
じゃあ
まず
たっぷりの
お年玉《としだま》を！
おおおおおおお！

意味《いみ》

初夢《はつゆめ》に見《み》ると、縁起《えんぎ》がよいものを順番《じゅんばん》にならべた言葉《ことば》。

由来《ゆらい》

江戸時代《えどじだい》の将軍《しょうぐん》であった徳川《とくがわ》家康《いえやす》と縁《えん》の深《ふか》い駿河《するが》（静岡県《しずおかけん》）の名物《めいぶつ》をならべたという話《はなし》や、高《たか》い（高《たか》さや値段《ねだん》）ものをならべたという話《はなし》など、由来《ゆらい》はいくつかある。

一
二
三

使《つか》い方《かた》

初夢《はつゆめ》に富士山《ふじさん》が出《で》てきたよ。一《いち》富《ふ》士《じ》二《に》鷹《たか》三《さん》なすびと言《い》うし、一番目《いちばんめ》の富士山《ふじさん》が出《で》たということは、今年《ことし》はいい年《とし》になりそうで楽《たの》しみだ。

まめちしき

江戸時代《えどじだい》からのことわざです。富士山《ふじさん》は高《たか》く大《おお》きいこと、鷹《たか》はつかみ取《と》ること、なすは成《な》す（成功《せいこう》する）ことから縁起《えんぎ》のよいものとされているようです。また、富士《ふじ》＝不死《ふし》で不老長寿《ふろうちょうじゅ》、鷹《たか》＝高《たか》、貴《たか》で出世《しゅっせ》、なすは実《み》がよくなるので子孫繁栄《しそんはんえい》だから縁起《えんぎ》がよいという説《せつ》もあります。

●似《に》た意味《いみ》のことわざ

・一《いち》富《ふ》士《じ》二《に》鷹《たか》三《さん》茄子《なすび》四《し》扇《おうぎ》五《ご》煙草《たばこ》六《ろく》座頭《ざとう》

※ 座頭《ざとう》……頭《あたま》をそった目《め》の見《み》えない人《ひと》

問題《もんだい》11　［　　］が勝《か》ち　［　　］に入《はい》る言葉《ことば》は何《なに》？

一《いっ》寸《すん》先《さき》は闇《やみ》

一寸《いっすん》…約三《やくさん》センチメートル、ほんの少《すこ》しという意味《いみ》
闇《やみ》…予測《よそく》がつかない未来《みらい》のこと

意味《いみ》

少《すこ》し先《さき》のことは、どうなるかまったく予測《よそく》できないということ。

覚《おぼ》え得《とく》!

これから先《さき》、どんな不幸《ふこう》なことが起《お》こるかわからないという状況《じょうきょう》に対《たい》して使《つか》うことが多《おお》い。

使《つか》い方《かた》

あの人《ひと》、宝《たから》くじで大金《たいきん》が当《あ》たって大《おお》きな家《いえ》を建《た》てたばかりだったのに、大《おお》けがをして長《なが》い間入院《あいだにゅういん》するんだって。一《いっ》寸先《すんさき》は闇《やみ》だね。

京 京《きょう》いろはがるた

よ〜い
どん!
パーン!
よしよし 一番《いちばん》だ! このままいけば!
いて!
わーい!!
おめでとう〜
一寸先《いっすんさき》は闇《やみ》だな!

まめちしき

街頭《がいとう》など電気《でんき》がなかった江戸時代《えどじだい》では、夜《よる》は真《ま》っ暗《くら》で「闇《やみ》」が身近《みぢか》にありました。真《ま》っ暗《くら》だと少《すこ》し先《さき》に何《なに》があるかわかりません。昔《むかし》は幽霊《ゆうれい》や妖怪《ようかい》などが信《しん》じられていましたが、それらも闇《やみ》から生《う》まれたものといえるでしょう。

●似《に》た意味《いみ》のことわざ

・一寸先《いっすんさき》は闇《やみ》の夜《よる》

●反対《はんたい》の意味《いみ》のことわざ

・一年《いちねん》の計《けい》は元旦《がんたん》にあり(34ページ)

問題《もんだい》11の答《こた》え 負《ま》ける

一寸《いっすん》の虫《むし》にも五分《ごぶ》の魂《たましい》

一寸《いっすん》……約三《やくさん》センチメートル、小《ちい》さいこと
五分《ごぶ》……一寸《いっすん》の半分《はんぶん》

意味《いみ》
どんなに小《ちい》さくて弱《よわ》いものにも、それぞれ意地《いじ》や考《かんが》えがあるということ。だからどんな相手《あいて》でもばかにしてはいけないということ。

パワー

由来《ゆらい》
小《ちい》さい虫《むし》にも、体《からだ》の半分《はんぶん》の大《おお》きさの魂《たましい》があるということから。

覚《おぼ》え得《とく》！
「魂《たましい》」は気力《きりょく》や根性《こんじょう》のこと。

使《つか》い方《かた》
みんなより体《からだ》は小《ちい》さいけど、一寸《いっすん》の虫《むし》にも五分《ごぶ》の魂《たましい》と言《い》うし、空手《からて》日本一《にほんいち》になるぞ。

ゴゴ
ゴゴゴ
クソーッ！一寸《いっすん》の虫《むし》にも五分《ごぶ》の魂《たましい》！
簡単《かんたん》にはやられないぞ！
古都技《ことわざ》さんデスカ？
え？そうだけど？
今日《きょう》からヨロシクこれオミヤゲネ
カーペットデス!!
!?

ABC 英語《えいご》でことわざ
似《に》ている意味《いみ》の英語《えいご》のことわざ
Even a worm will turn.
(虫《むし》でも向《む》かってくるものである)

●似《に》た意味《いみ》のことわざ
・なめくじにも角《つの》
・やせ腕《うで》にも骨《ほね》

問題《もんだい》12　□は口《くち》ほどにものを言《い》う　□に入《はい》る体《からだ》の部分《ぶぶん》は何《なに》？

犬《いぬ》も歩《ある》けば棒《ぼう》に当《あ》たる

意味《いみ》

①しなくてもよいことをして災難《さいなん》にあう。

②じっとせずに出歩《である》くと、思《おも》わぬ幸運《こううん》に出会《であ》うことがある。

覚《おぼ》え得《とく》！

①と②、正反対《せいはんたい》の二《ふた》つの意味《いみ》を持《も》つことわざ。いまは②の意味《いみ》で使《つか》われることが多《おお》い。

使《つか》い方《かた》

友《とも》だちと待《ま》ち合《あ》わせをしているときに、たまたま古本屋《ふるほんや》に入《はい》ったら、ずっと探《さが》していた本《ほん》を見《み》つけた。**犬《いぬ》も歩《ある》けば棒《ぼう》に当《あ》たる**だね。

江　江戸《えど》いろはがるた

犬《いぬ》のくせに一《いっ》ぴきで散歩《さんぽ》しちゃっていいの？
クンクン
フラフラしてると災難《さいなん》にあうぞ
えらそうに
犬《いぬ》も歩《ある》けば棒《ぼう》に当《あ》たるじゃん！
うるさいぞ
ワンワン
ヘン
あ
わ！かわいい子《こ》だワン
フラフラしてていいことあったワン

似《に》た意味《いみ》のことわざ

・歩《ある》く足《あし》には棒当《ぼうあ》たる

英語《えいご》でことわざ

似《に》ている意味《いみ》の英語《えいご》のことわざ

The dog that trots about finds a bone.

(歩《ある》き回《まわ》る犬《いぬ》は骨《ほね》を見《み》つける)

命《いのち》あっての物《もの》種《だね》

物種《ものだね》…もののもととなるもの

意味《いみ》

何《なに》をするにも命《いのち》があるからこそできるもの。死《し》んでしまえば何《なに》もできないのだから、危《あぶ》ないことはやめて、命《いのち》を大切《たいせつ》にしなさいということ。

コラー

覚《おぼ》え得《とく》！

「命《いのち》あっての物種《ものだね》、畑《はたけ》あっての芋種《いもだね》」などとも言《い》う。

使《つか》い方《かた》

命《いのち》あっての物種《ものだね》だから、危険《きけん》なことはさけよう。

もうすぐ 頂上《ちょうじょう》…！
ゴオオオォ
だけど このふぶきで 登《のぼ》ったら ふき飛《と》ばされて 死《し》んでしまうぞ
せっかく ここまで 来《き》たのに…
ビュウウウウ
しかし 命《いのち》あっての物種《ものだね》だ
パパ 死《し》なないで！
ザッ
あきらめて 愛《あい》する家族《かぞく》のもとに 帰《かえ》ろう
ただいま
ピコーン
ピコーン
おかえり、どこか 行《い》ってたの？

ABC 英語《えいご》でことわざ

似《に》ている意味《いみ》の英語《えいご》のことわざ

While there is life,there is hope.

(命《いのち》がある限《かぎ》り、希望《きぼう》がある)

●似《に》た意味《いみ》のことわざ

・命《いのち》は物種《ものだね》

●反対《はんたい》の意味《いみ》の故事成語《こじせいご》

・虎穴《こけつ》に入《い》らずんば虎子《こじ》を得《え》ず

問題《もんだい》13 □門《かど》には福来《ふくき》たる □に入《はい》る言葉《ことば》は何《なに》？

井《い》の中《なか》の蛙《かわず》大《たい》海《かい》を知《し》らず

井《い》…井戸《いど》
蛙《かわず》…かえる

意味《いみ》
ものの見方《みかた》や考《かんが》え方《かた》がせまいことのたとえ。広《ひろ》い世界《せかい》があることを知《し》らないこと。

由来《ゆらい》
せまい井戸《いど》の中《なか》にすんでいるかえるは、広《ひろ》い海《うみ》を知《し》らないことから。

井戸は広いなあ

使《つか》い方《かた》
学校《がっこう》では一番《いちばん》だった成績《せいせき》も、全国《ぜんこく》テストではほかにいい成《せい》績《せき》の人《ひと》がたくさんいた。まさに**井《い》の中《なか》の蛙《かわず》大《たい》海《かい》を知《し》らず**だった。

英語《えいご》でことわざ
同《おな》じ意味《いみ》の英語《えいご》のことわざ
The frog in the well knows nothing of the great ocean.
（井《い》の中《なか》の蛙《かわず》大《たい》海《かい》を知《し》らず）

試合当日《しあいとうじつ》
うわ～ 速《はや》いな～
パシッ!
へへへ…どうだい? こんな速《はや》い球《たま》は見《み》たことないだろう
相手《あいて》チーム
ズバン!
たかし君《くん》は自分《じぶん》が井《い》の中《なか》の蛙《かわず》だったことを思《おも》い知《し》るのであった…
は…速《はや》い…

●似《に》た意味《いみ》のことわざ
・針《はり》の穴《あな》から天《てん》をのぞく（222ページ）
●似《に》た意味《いみ》の四字熟語《よじじゅくご》
・夜郎自大《やろうじだい》

鰯《いわし》の頭《あたま》も信心《しん》《じん》から

鰯《いわし》の頭《あたま》…つまらないもののたとえ
信心《しんじん》…信《しん》じる心《こころ》

意味《いみ》

つまらないものでも、信《しん》じればありがたいものに思《おも》えるようになるということ。

由来《ゆらい》

節分《せつぶん》の夜《よる》に、いわしの頭《あたま》をひいらぎの枝《えだ》にさして魔除《まよ》けとする風習《ふうしゅう》から。

覚《おぼ》え得《とく》！

がんこに信《しん》じている人《ひと》をからかうときに使《つか》う。

使《つか》い方《かた》

お父《とう》さんは、一度《いちど》宝《たから》くじが当《あ》たった日《ひ》に毎年《まいとし》宝《たから》くじを買《か》っている。**鰯《いわし》の頭《あたま》も信心《しんじん》から**だ。

京 京《きょう》いろはがるた

アメリカから来《き》たエマです！ヨロシクね！
よ…ヨロシク！
何《なに》これ？
ママがくれたお守《まも》り！日本《にほん》で無事《ぶじ》に過《す》ごせますようにって！
鰯《いわし》の頭《あたま》も信心《しんじん》から…だね
イワシ？アタマ？日本語《にほんご》ムズカシネー

まめちしき

ひいらぎの枝《えだ》に焼《や》いたいわしの頭《あたま》をさす風《ふう》習《しゅう》は、地方《ちほう》によって少《すこ》しちがいはあるものの、江戸時代《えどじだい》など古《ふる》くからあるものとみられています。ひいらぎのとげが鬼《おに》の目《め》をさすために鬼《おに》が来《こ》ない、またいわしの頭《あたま》のにおいが強《つよ》く鬼《おに》が近《ちか》づかない、家《いえ》に悪《わる》いものが入《はい》ってこないようにするとされています。

●似《に》た意味《いみ》のことわざ

・白紙《はくし》も信心《しんじん》から

問題《もんだい》14 二度《にど》あることは□度《ど》ある　□に入《はい》る数字《すうじ》は？

言《い》わぬが花《はな》

言《い》わぬ……言《い》わない、口《くち》に出《だ》さない
花《はな》……味《あじ》わいがあることのたとえ

意味《いみ》

だまっていたほうが、問題《もんだい》が起《お》きずスムーズだということ。

覚《おぼ》え得《とく》！

「花《はな》」は美《うつく》しくはなやかであるため、とてもはなやかなイメージの人《ひと》を「華《はな》がある」と言《い》う。ほかにもにぎやかな都《と》会《かい》を「花《はな》の都《みやこ》」、よい時期《じき》のたとえで「若《わか》いうちが花《はな》」、また「花《はな》を持《も》たせる」など相手《あいて》に手《て》柄《がら》をゆずる意味《いみ》の表現《ひょうげん》もある。

使《つか》い方《かた》

前《まえ》のヘアスタイルのほうがよかったと思《おも》うけど、本人《ほんにん》には言《い》わぬが花《はな》だね。

え!?
あらイチゴったら 案外《あんがい》絵《え》の才能《さいのう》が あるんじゃない？
お兄《にい》ちゃん 絵《え》のことなら わたしに聞《き》いて
何《なん》だよ 急《きゅう》に
しまった！ 言《い》わぬが花《はな》 だった！
何《なに》してんの？
スケッチ してるの お兄《にい》ちゃんにも 教《おし》えてあげよう か？
う〜ん
もう少《すこ》し このへんを がんばっ たら？
オイ

まめちしき

「となりの花《はな》は赤《あか》い」(170ページ)、「花《はな》より団《だん》子《ご》」(218ページ)、「高嶺《たかね》の花《はな》」(見《み》ているだけで、手《て》が届《とど》かないことのたとえ)、「花《はな》も実《み》もある」(外見《がいけん》も内面《ないめん》もすぐれていることのたとえ)、「花《はな》に嵐《あらし》」(よいことにはトラブルがつきもので、スムーズに進《すす》まないことのたとえ)など、花《はな》がつくことわざや慣用句《かんようく》は多《おお》くあります。

●似《に》た意味《いみ》のことわざ

・沈黙《ちんもく》は金《きん》、雄弁《ゆうべん》は銀《ぎん》

●反対《はんたい》の意味《いみ》のことわざ

・言《い》い勝《が》ち功名《こうみょう》

問題《もんだい》14の答《こた》え 三《さん》

魚《うお》心《ごころ》あれば水《みず》心《ごころ》

意味《いみ》

自分《じぶん》が相手《あいて》を気《き》に入《い》れば、相《あい》手《て》も自分《じぶん》を気《き》に入《い》ってくれるということ。

由来《ゆらい》

魚《さかな》が水《みず》の中《なか》にすみたいという気《き》持《も》ちを持《も》つなら、水《みず》も魚《さかな》がすみやすいように応《おう》じるということから。

使《つか》い方《かた》

魚心《うおごころ》あれば水心《みずごころ》と言《い》うけれど、初《はじ》めて会《あ》ったときは苦手《にがて》な相手《あいて》だった。でも、自分《じぶん》から話《はな》しかけるようにしたら、いまでは一番《いちばん》の仲《なか》よしだ。

この宿題《しゅくだい》手伝《てつだ》ってくれないかな～
いいよ
魚心《うおごころ》あれば水心《みずごころ》かわりに速《はや》く走《はし》れる方法《ほうほう》を教《おし》えてくれる？
いいとも！
これは割《わ》り算《ざん》でとけばいいんだよ！
ハアハアそういうことか！
ひざをもっと高《たか》く上《あ》げて体重《たいじゅう》を前《まえ》に！そうそう！
走《はし》りながらやらなくても…
たたたたた

●似《に》た意味《いみ》のことわざ

・網心《あみごころ》あれば魚心《うおごころ》

●反対《はんたい》の意味《いみ》のことわざ

・落花情《らっかじょう》あれども流水意《りゅうすいい》なし

まめちしき

もとは「魚《さかな》、心《こころ》あれば、水《みず》、心《こころ》あり」でしたが、「魚心《うおごころ》」「水心《みずごころ》」とあやまって一語《いちご》にしてしまったためにできたことわざです。「水心《みずごころ》あれば魚心《うおごころ》」とも言《い》います。ほかにも「水魚《すいぎょ》の交《まじ》わり」（おたがいにとても仲《なか》のよい関係《かんけい》のたとえ）など、魚《さかな》を使《つか》ったことわざや故事《こじ》成語《せいご》などがほかにもあります。

問題《もんだい》15　残《のこ》りものには□□がある　□□に入《はい》る言葉《ことば》は何《なに》？

牛《うし》に引《ひ》かれて善《ぜん》光《こう》寺《じ》参《まい》り

意《い》味《み》

他人《たにん》のさそいで始《はじ》めたことがよい行《おこな》いとなり、よい方向《ほうこう》に進《すす》んでいるということ。

由《ゆ》来《らい》

神様《かみさま》を信《しん》じないおばあさんが、牛《うし》の角《つの》にかかった布《ぬの》を追《お》いかけて善光寺《ぜんこうじ》にたどりつき、そこから信心深《しんじんぶか》くなったという話《はなし》から。

使《つか》い方《かた》

たまたま友人《ゆうじん》にさそわれて見《み》にいったラグビーの試合《しあい》だけど、いまではサポーターとして毎回試合《まいかいしあい》にかけつけている。**牛《うし》に引《ひ》かれて善光寺参《ぜんこうじまい》り**だ。

まめちしき

善光寺《ぜんこうじ》は、長野県長野市《ながのけんながのし》にあるお寺《てら》です。7世紀《せいき》につくられた古《ふる》いお寺《てら》で日本《にほん》で一番《いちばん》古《ふる》い仏像《ぶつぞう》を本尊《ほんぞん》としています。丑年《うしどし》と未年《ひつじどし》の6年《ねん》に一度《いちど》だけ見《み》られるため、その時期《じき》は特《とく》に多《おお》くの観光客《かんこうきゃく》がおとずれています。江戸時代《えどじだい》には「一生《いっしょう》に一度《いちど》は善光寺参《ぜんこうじまい》り」と言《い》われていました。

ねーねー明日《あした》の休《やす》みにつりに行《い》かない？
教《おし》えてあげるよー！
やったことないからわからないけど
おはよー
おはよー
かっこいい…
うまいうまい
どりゃ～
後日《ごじつ》
おはよー
これが牛《うし》に引《ひ》かれて善光寺参《ぜんこうじまい》り…だよね…
すごい…

●似《に》た意味《いみ》のことわざ

・牛《うし》に引《ひ》かれて寺参《てらまい》り

問題《もんだい》15の答《こた》え 福《ふく》

嘘《うそ》から出《で》たまこと

まこと…本当《ほんとう》のこと

意味《いみ》

うそやじょうだんのつもりで言《い》ったことが本当《ほんとう》になること。

覚《おぼ》え得《とく》!

「まこと」は、漢字《かんじ》では「実」と書《か》く。

きのう うちゅう人と あそんだ

使《つか》い方《かた》

好《す》きな子《こ》の気《き》を引《ひ》きたくて、今度《こんど》遠《とお》くに引《ひ》っこすことになったとうそをついたら、本当《ほんとう》に遠《とお》くに引《ひ》っこすことになってしまった。**嘘《うそ》から出《で》たまこと**だ。

江 江戸《えど》いろはがるた

新《あたら》しい お友《とも》だちの エマさんだ
おまえら いっしょに 住《す》んでるん だって?
結婚《けっこん》だ!
ヒュー ヒュー
夫婦《ふうふ》だ!
ただの ホームステイ だよ!!
その後二人《ごふたり》は本当《ほんとう》に 結婚《けっこん》することに なるんだけど
それはまだ ずっとずっと 先《さき》の話《はなし》

●似《に》た意味《いみ》のことわざ

- じょうだんから駒《こま》
- ひょうたんから駒《こま》(230ページ)

ABC 英語《えいご》でことわざ

似《に》ている意味《いみ》の英語《えいご》のことわざ

Many a true word is spoken in jest.

(じょうだんの中《なか》で真実《しんじつ》が語《かた》られることが多《おお》い)

問題《もんだい》16 ☐に小判《こばん》 ☐に入《はい》る動物《どうぶつ》は何《なに》?

嘘《うそ》つきはどろぼうの始《はじ》まり

意味《いみ》

平気《へいき》でうそをついていると、うそをつくことが悪《わる》いことと思《おも》わなくなり、しまいにはどろぼうになってしまうということ。

ウソ！

使《つか》い方《かた》

小《ちい》さなうそでも、積《つ》み重《かさ》なると大《おお》きなうそになっていくよ。**嘘《うそ》つきはどろぼうの始《はじ》まり**と言《い》うから、ごまかさないで正直《しょうじき》に言《い》うほうがいい。

英語《えいご》でことわざ

似《に》ている意味《いみ》の英語《えいご》のことわざ

He that will lie will steal.

(うそをつく人《ひと》は盗《ぬす》みをするようになる)

嘘《うそ》つきはどろぼうの始《はじ》まりと言《い》うだろ
そのくらいうそはいけないいんだよ
これ食《た》べたのだれ？
はんにん
うそは…
だめ
いけないよ！
ごめんなさい
コラ〜〜
うそはつかなかったが食《く》い逃《に》げもどろぼうだ

●似《に》た意味《いみ》のことわざ

・嘘《うそ》は盗人《ぬすびと》の始《はじ》まり

●反対《はんたい》の意味《いみ》のことわざ

・嘘《うそ》も方便《ほうべん》(47ページ)

問題《もんだい》16の答《こた》え　猫《ねこ》

嘘《うそ》も方《ほう》便《べん》

方便《ほうべん》……目的《もくてき》のために利用《りよう》する手段《しゅだん》

おばあちゃんがそれトモちゃんにって
小《ちい》さくて入《はい》らないわ〜！
どう？トモちゃんに似合《にあ》ってる？
ええ、はい喜《よろこ》んで着《き》てます〜
じゃあ写真《しゃしん》送《おく》ってね
えぇっ、は、はい〜！
嘘《うそ》も方便《ほうべん》、おばあちゃんが喜《よろこ》んでくれるなら…
パソコンで合成中《ごうせいちゅう》
とは言《い》え、めんどうだわね…

意味《いみ》

うそはついてはいけないものだが、ものごとをスムーズに進《すす》めるためや人間関係《にんげんかんけい》をよく保《たも》つためには、うそが必要《ひつよう》なときもあるということ。

由来《ゆらい》

方便《ほうべん》は、もとは仏教《ぶっきょう》の言葉《ことば》。仏《ほとけ》が人々《ひとびと》を導《みちび》くためにうそをついたということから。

使《つか》い方《かた》

ダイエット中《ちゅう》のお母《かあ》さんが、毎日《まいにち》のように「やせた？」と聞《き》いてくるが正直《しょうじき》変《か》わらない。しかし「やせたね」と言《い》うと一日《いちにち》ごきげんだから、**嘘《うそ》も方便《ほうべん》**だ。

英語《えいご》でことわざ

似《に》ている意味《いみ》の英語《えいご》のことわざ

The end justifies the means.

（目的《もくてき》は手段《しゅだん》を正当《せいとう》化《か》する）

●反対《はんたい》の意味《いみ》のことわざ

・嘘《うそ》つきはどろぼうの始《はじ》まり（46ページ）

・正直《しょうじき》は一生《いっしょう》の宝《たから》

問題《もんだい》17　かわいい子《こ》には□させよ　□に入《はい》る言葉《ことば》は何《なに》？

鵜《う》のまねをする烏《からす》

意味《いみ》

自分《じぶん》の能力《のうりょく》を考《かんが》えないで、人《ひと》のまねをしても失敗《しっぱい》するということ。

由来《ゆらい》

泳《およ》ぎが上手《じょうず》な鵜《う》をまねして、水《みず》に入《はい》ったからすがおぼれたことから。

ス～イ

使《つか》い方《かた》

妹《いもうと》がオリンピックをテレビで見《み》てフィギュアスケートを始《はじ》めたけれど、まったく上達《じょうたつ》しない。まるで**鵜《う》のまねをする烏《からす》**だ。

かっこいいな！
てめえ～っ
てや～!!
ギクッ!!
いてててて
パパ…鵜《う》のまねをする烏《からす》だよ

●似《に》た意味《いみ》のことわざ

・人《ひと》まねすれば過《あやま》ちする

●似《に》た意味《いみ》の慣用句《かんようく》

・身《み》の程知《ほどし》らず

まめちしき

鵜《う》は、ペリカンの仲間《なかま》の水鳥《みずどり》です。魚《さかな》をとるのが上手《じょうず》で、水《みず》の中《なか》にもぐって魚《さかな》をくわえたら、すぐに飲《の》み込《こ》まないという特《とく》ちょうがあります。その特《とく》ちょうを利用《りよう》して、岐阜県長良川《ぎふけんながらがわ》などの地域《ちいき》では、夏《なつ》に「鵜飼《うか》い」という漁《りょう》が行《おこな》われており、鵜《う》を使《つか》って魚《さかな》をとっています。

問題《もんだい》17の答《こた》え　旅《たび》

馬《うま》には乗《の》ってみよ人《ひと》には添《そ》うてみよ

意味《いみ》

ものごとや人《ひと》は接《せっ》してみないとわからないということ。

覚《おぼ》え得《とく》！

乗《の》ってみないと、どんな馬《うま》かはわからない。人《ひと》もつきあってみないとどんな人《ひと》かはわからない。外見《がいけん》での判断《はんだん》はむずかしいという意味《いみ》。

使《つか》い方《かた》

いろいろ考《かんが》えてもどんなものかわからないから、**馬《うま》には乗《の》ってみよ人《ひと》には添《そ》うてみよ**で、まずは実際《じっさい》にやってみよう。

クラスの男子《だんし》にさけられてるみたい
あっちいこうぜー
馬《うま》には乗《の》ってみよ！人《ひと》には添《そ》うてみよ！
まずはつきあってみないと何《なに》もわからないよ！
ケンジの言《い》う通《とお》り！
ニコニコ
ギュ――ッ
よろしくね！
恋人《こいびと》としてつきあって！
ホレた～
ドタドタ
照《て》れてたのかよ！

似《に》た意味《いみ》のことわざ

・人《ひと》は見《み》かけによらぬもの

まめちしき

昔《むかし》は馬《うま》で移動《いどう》したり、馬《うま》に荷物《にもつ》を乗《の》せて運《はこ》んだりしていました。そのため馬《うま》は身近《みぢか》な動物《どうぶつ》であり、交通手段《こうつうしゅだん》でもありました。ほかにも「馬《うま》が合《あ》う」（気《き》が合《あ》う）、「馬《うま》の耳《みみ》に念仏《ねんぶつ》」（50ページ）、「馬《うま》を鹿《しか》」（馬《うま》を指《さ》して鹿《しか》と言《い》うように、まちがいを押《お》し通《とお》そうとすること）などのことわざや慣用句《かんようく》があります。

問題《もんだい》18 鬼《おに》の□にも涙《なみだ》　□に入《はい》る体《からだ》の部分《ぶぶん》は何《なに》？

馬《うま》の耳《みみ》に念《ねん》仏《ぶつ》

帰《かえ》ったら手《て》をあらってうがいをして
は〜い
それから遊《あそ》びに行《い》く前《まえ》に宿題《しゅくだい》をしなさい
毎日毎日《まいにちまいにち》言《い》わせないで
ぼくだって毎日毎日《まいにちまいにち》「はいはい」って答《こた》えてますぅ〜
「はい」は一回《いっかい》でいい、も毎日《まいにち》言《い》ってるでしょ
だって、ママ毎日《まいにち》しつこいんだもん
それはソラがやらないからでしょ！
ドカーン！
まったく馬《うま》の耳《みみ》に念仏《ねんぶつ》ってこのことね！
お兄《にい》ちゃん馬《うま》の耳《みみ》なの？

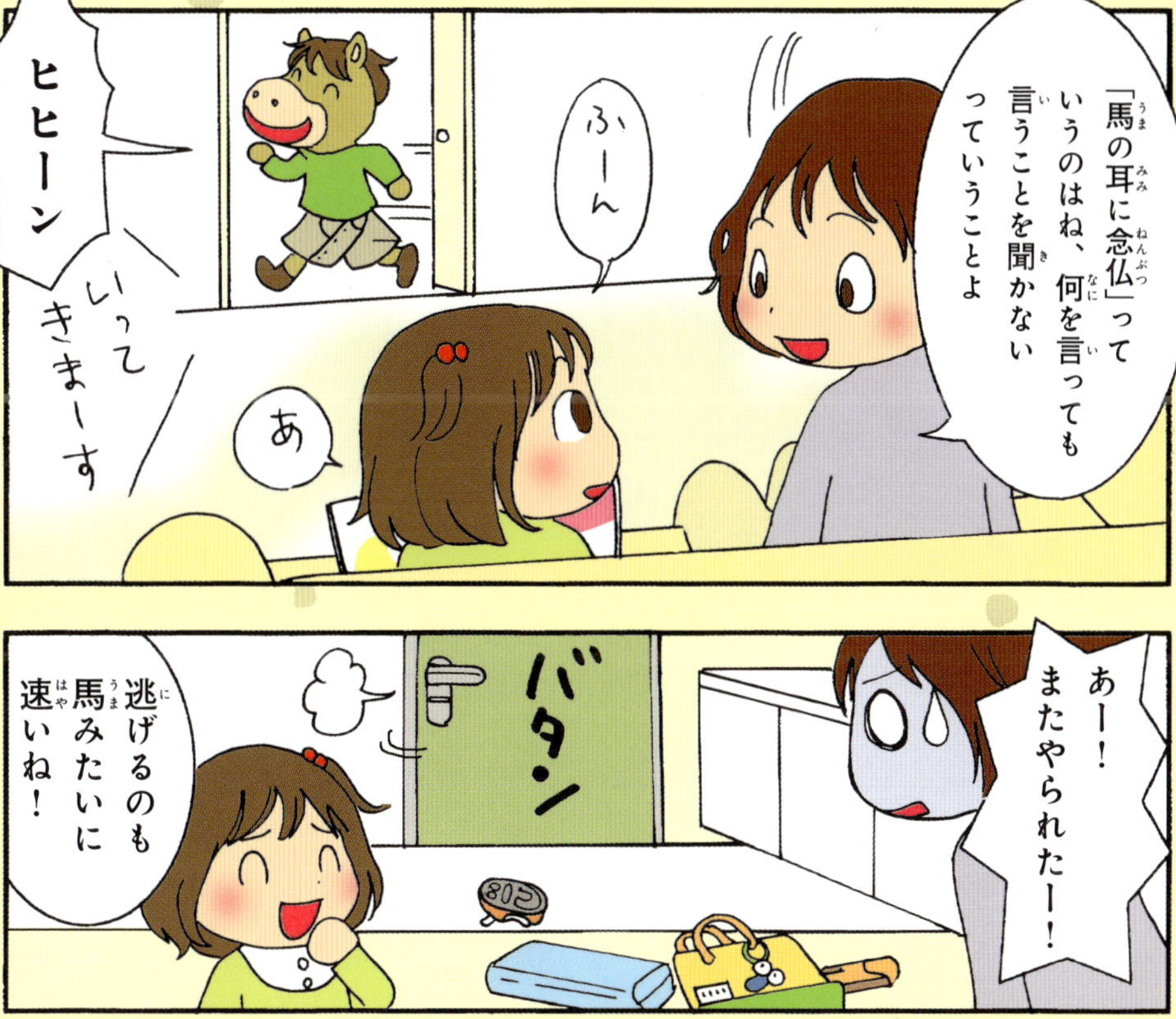
「馬《うま》の耳《みみ》に念仏《ねんぶつ》」っていうのはね、何《なに》を言《い》ってても言《い》うことを聞《き》かないっていうことよ
ふーん
ヒヒーン
いってきまーす
あ
あー！またやられたー！
バタン
逃《に》げるのも馬《うま》みたいに速《はや》いね！

意味《いみ》

いくら注意《ちゅうい》されても知《し》らん顔《かお》をして、まるっきり効《き》き目《め》のないこと。

由来《ゆらい》

馬《うま》にありがたい念仏《ねんぶつ》を聞《き》かせても、馬《うま》は何《なに》も感《かん》じないということから。

使《つか》い方《かた》

何度《なんど》同《おな》じことを注意《ちゅうい》してもまったく直《なお》らない。本当《ほんとう》に**馬《うま》の耳《みみ》に念仏《ねんぶつ》**とはこういうことだ。

ZZZ
ブツブツ
ブツブツ
ブツ…

まめちしき

似《に》た意味《いみ》の四字熟語《よじじゅくご》の「馬耳東風《ばじとうふう》」は、中国《ちゅうごく》の昔《むかし》の詩人《しじん》である李白《りはく》の詩《し》の中《なか》の言葉《ことば》です。東風《とうふう》は春風《はるかぜ》のことで、春風《はるかぜ》がふけば人間《にんげん》は春《はる》のおとずれを感《かん》じるが、馬《うま》は何《なに》も感《かん》じないという意味《いみ》です。

●似《に》た意味《いみ》のことわざ

・蛙《かえる》の面《つら》に水《みず》(71ページ)
・猫《ねこ》に小判《こばん》(201ページ)

●似《に》た意味《いみ》の四字熟語《よじじゅくご》

・馬耳東風《ばじとうふう》

問題《もんだい》19　□は小《しょう》を兼《か》ねる　□に入《はい》る言葉《ことば》は何《なに》？

噂《うわさ》をすれば影《かげ》がさす

影《かげ》がさす……その人《ひと》があらわれる

意味《いみ》

人《ひと》のうわさをしていると、その本人《ほんにん》がその場《ば》にあらわれることがあるということ。

覚《おぼ》え得《とく》！

よくないうわさは、ほどほどにしなさいという教《おし》えもある。

ヒソヒソ
ヒソ
ヒソ

使《つか》い方《かた》

さっき音楽室《おんがくしつ》のそうじのときに、休《やす》みの日《ひ》に体育《たいいく》の先生《せんせい》をまちで見《み》かけた話《はなし》をしていたら、体育《たいいく》の先生《せんせい》が来《き》てびっくり。**噂《うわさ》をすれば影《かげ》がさす**だね。

二組《にくみ》のシゲオ君《くん》、全国大会《ぜんこくたいかい》で一位《いちい》になったんだって！
あいつが？まさか！
どうせ鼻水《はなみず》たらしの長《なが》さ一位《いちい》とかじゃないの？
ふふふ…
噂《うわさ》をすれば影《かげ》…！
ずずず…
ぼくが全国一位《ぜんこくいちい》になったのは…
鼻水《はなみず》でけん玉《だま》をする大会《たいかい》なのさ！
カシーン
そんな大会《たいかい》あるか〜い！

●似《に》た意味《いみ》のことわざ

・そしれば影《かげ》がさす

・呼《よ》ぶよりそしれ

※そしる……人《ひと》のことを悪《わる》く言《い》うこと

まめちしき

あまりよくない意味《いみ》で使《つか》う場合《ばあい》が多《おお》く、世界《せかい》でも似《に》たようなことわざが多《おお》くあります。イギリスでは「悪魔《あくま》のことを言《い》えば、悪魔《あくま》がやってくる」、フランスやイタリアなどでは「狼《おおかみ》の話《はなし》をするとその尾《お》が見《み》える」、朝鮮《ちょうせん》では「虎《とら》の話《はなし》をすれば虎《とら》があらわれ、人《ひと》の話《はなし》をすれば当人《とうにん》があらわれる」などと言《い》います。

えびで鯛《たい》を釣《つ》る

意味《いみ》

わずかな働《はたら》きで、高価《こうか》なものや大《おお》きなものを手《て》に入《い》れること。

由来《ゆらい》

安《やす》くて小《ちい》さいえびで、高価《こうか》な鯛《たい》を釣《つ》るということから。

使《つか》い方《かた》

休《やす》みの子《こ》のかわりに、授業《じゅぎょう》のノートをとってあげたら、その子《こ》のお母《かあ》さんから、お礼《れい》にケーキをもらっちゃった。**えびで鯛《たい》を釣《つ》る**だ。

はい！母《はは》の日《ひ》のプレゼント！
あら！めずらしい！
今日《きょう》はごちそう作《つく》っちゃうわよ！
えらいぞ！ひろし！
パパからごほうびだ！
本当《ほんとう》に？
まさに「えびで鯛《たい》を釣《つ》る」だね…
フフフ

まめちしき

略《りゃく》して「えび鯛《たい》」とも言《い》います。鯛《たい》は昔《むかし》から縁起《えんぎ》のよい魚《さかな》として知《し》られています。いまでも、お祝《いわ》いごとでは尾頭《おかしら》つきの鯛《たい》が出《で》てきたり、鯛《たい》の形《かたち》をした料理《りょうり》やおかしなどがあったりします。鯛《たい》を使《つか》ったことわざでは「鯛《たい》の尾《お》より鰯《いわし》の頭《あたま》」(大人数《おおにんずう》の後《うし》ろより少人数《しょうにんずう》の先頭《せんとう》がよい)などもあります。

●似《に》た意味《いみ》のことわざ

・雑魚《ざこ》で鯛釣《たいつ》る
・麦飯《むぎめし》で鯉《こい》を釣《つ》る

問題《もんだい》20 井《い》の中《なか》の蛙《かわず》□を知《し》らず　□に入《はい》る言葉《ことば》は何《なに》？

縁《えん》の下《した》の力《ちから》持《も》ち

縁《えん》の下《した》……縁側《えんがわ》の下《した》、目立《めだ》たないことのたとえ

意味《いみ》

人《ひと》に気《き》づかれないように人《ひと》の手助《てだす》けをすること。また、そのような人《ひと》。

由来《ゆらい》

縁《えん》の下《した》の石《いし》は、大事《だいじ》な土台《どだい》で家《いえ》を支《ささ》えているが、縁《えん》の下《した》にかくれて見《み》えないということから。

使《つか》い方《かた》

甲子園《こうしえん》で優勝《ゆうしょう》できたのは、レギュラー入《い》りできなかったメンバーやマネージャーが支《ささ》えてくれたからだ。まさに**縁《えん》の下《した》の力《ちから》持《も》ち**だ。

京 京《きょう》いろはがるた

まめちしき

いまではほめ言葉《ことば》として使《つか》うことが多《おお》いのですが、もとは、かげで努力《どりょく》しても評価《ひょうか》されない人《ひと》に対《たい》して言《い》うこともありました。「犬《いぬ》も歩《ある》けば棒《ぼう》に当《あ》たる」（38ページ）の意味《いみ》もよい意味《いみ》で使《つか》うことが多《おお》くなっているように、ことわざの意味《いみ》も時代《じだい》とともに変《か》わっていくことがあるのです。

ケンジのおねぇちゃん
せっ
せっ
パパ
お姉《ねえ》ちゃんはいつもえらいな！
そんなことないよー
うちはパパもママも働《はたら》いてるしこれくらいやらないとね
うーん！まさに縁《えん》の下《した》の力《ちから》持《も》ち！
お姉《ねえ》ちゃんはえらいな！
なっ!!!
…ボクも何《なに》か手伝《てつだ》うよ！

●似《に》た意味《いみ》のことわざ
・縁《えん》の下《した》の舞《まい》

●似《に》た意味《いみ》の慣用句《かんようく》
・内助《ないじょ》の功《こう》

問題《もんだい》20の答《こた》え　大海《たいかい》

鬼《おに》に金《かな》棒《ぼう》

意《い》味《み》

もともと強《つよ》い人《ひと》が、武器《ぶき》や力《ちから》をたくわえてさらに強《つよ》くなること。

由《ゆ》来《らい》

強《つよ》い鬼《おに》に金棒《かなぼう》を持《も》たせると、ますます強《つよ》くなることから。

パワーアップ！

使《つか》い方《かた》

スポーツクラブでバスケットボールをやっている人《ひと》がチームに入《はい》ってくれるなら、まさに**鬼《おに》に金棒《かなぼう》**だ。優勝《ゆうしょう》を目指《めざ》せるかもしれないよ。

江 江戸《えど》いろはがるた

金棒《かなぼう》……鉄《てつ》でつくった棒《ぼう》

うわー強《つよ》そうな人《ひと》に強《つよ》そうな犬《いぬ》！
鬼《おに》に金棒《かなぼう》だね
ねーねーねー
どういう意味《いみ》？
ねーねー
うるさいなあ…
強《つよ》いものがさらに力《ちから》を加《くわ》えて強《つよ》くなるってことわざ！
鬼《おに》に金棒《かなぼう》ならイチゴに何《なに》かな？
ねーねー何《なに》かな
うるさいなあ
あ！友《とも》だちだ遊《あそ》ぼうよ！
きゃーきゃー
イチゴに友《とも》だちだね！
きゃー
さらにうるさい…

●似《に》た意味《いみ》のことわざ

・弁慶《べんけい》になぎなた

●似《に》た意味《いみ》の故事成語《こじせいご》

・虎《とら》に翼《つばさ》

まめちしき

鬼《おに》が持《も》っているとされる金棒《かなぼう》は、昔《むかし》は鉄尖《かなさい》棒《ぼう》（鉄撮棒《かなさいぼう》）とも言《い》われ、周《まわ》りにイボイボのある太《ふと》い鉄《てつ》の棒《ぼう》で、ふりまわして使《つか》う武器《ぶき》です。江戸時代《えどじだい》より前《まえ》には「鬼《おに》にかなさい棒《ぼう》」と呼《よ》ばれていました。昔話《むかしばなし》の絵《え》ではよく鬼《おに》が金棒《かなぼう》を持《も》っています。

問題《もんだい》21　見《み》ざる＿＿言《い》わざる　＿＿に入《はい》る言葉《ことば》は何《なに》？

鬼《おに》の居《い》ぬ間《ま》に洗濯《せんたく》

鬼《おに》…自分《じぶん》にとってこわい人《ひと》
洗濯《せんたく》…命《いのち》の洗濯《せんたく》、気晴《きば》らしのこと

意味《いみ》

自分《じぶん》にとってこわい人《ひと》のいない間《あいだ》に、好《す》きなことをしてのびのびと楽《たの》しむこと。きんちょうから解放《かいほう》されて、リラックスしてくつろぐこと。

いい子《こ》でね
いってきまーす
はーい

使《つか》い方《かた》

今日《きょう》はお母《かあ》さんもお父《とう》さんも外出《がいしゅつ》で夕方《ゆうがた》までいない。友《とも》だちを家《いえ》に呼《よ》んでいっぱいゲームをしよう。**鬼《おに》の居《い》ぬ間《ま》に洗濯《せんたく》**だ。

まめちしき

「鬼《おに》に金棒《かなぼう》」(55ページ)、「鬼《おに》の目《め》にも涙《なみだ》」(57ページ)、「来年《らいねん》のことを言《い》えば鬼《おに》が笑《わら》う」(283ページ)、「渡《わた》る世間《せけん》に鬼《おに》はない」(291ページ)、「鬼《おに》の霍乱《かくらん》」(めったに病気《びょうき》をしない人《ひと》が病気《びょうき》になること)、「鬼《おに》の首《くび》をとったよう」(手柄《てがら》を立《た》てたように喜《よろこ》ぶこと)など、鬼《おに》がつくことわざや慣用句《かんようく》は多《おお》くあります。

ブオーーッ
両親《りょうしん》が出《で》かけた
ゲームやり放題《ほうだい》〜!
アニメ見放題《みほうだい》〜!
ドーン
ピコピコ
好《す》きなおもちゃ買《か》っちゃおう!
鬼《おに》の居《い》ぬ間《ま》に洗濯《せんたく》だ〜!
渋滞《じゅうたい》で帰《かえ》るの夜中《よなか》になるって…
おこづかいを使《つか》い果《は》たして何《なに》も買《か》えない二人《ふたり》…
腹減《はらへ》った…

●似《に》た意味《いみ》のことわざ

・鬼《おに》の来《こ》ぬ間《ま》に洗濯《せんたく》
・鬼《おに》の留守《るす》に洗濯《せんたく》

問題《もんだい》21の答《こた》え　聞《き》かざる

鬼《おに》の目《め》にも涙《なみだ》

意味《いみ》

思《おも》いやりのない人《ひと》でも、ときにはやさしい心《こころ》になるということ。

由来《ゆらい》

鬼《おに》はざんこくでおそろしい生《い》きものだが、たまには泣《な》くこともあることから。

使《つか》い方《かた》

塾《じゅく》の先生《せんせい》はいつもきびしくてこわいが、志望校《しぼうこう》の受験《じゅけん》に合格《ごうかく》したときは、いっしょに泣《な》いてよろこんでくれた。鬼《おに》の目《め》にも涙《なみだ》だ。

まめちしき

鬼《おに》は想像上《そうぞうじょう》の怪物《かいぶつ》です。角《つの》が生《は》え、口《くち》には牙《きば》があり、とらの皮《かわ》を身《み》にまとっている姿《すがた》でえがかれることが多《おお》く、性質《せいしつ》はとても荒々《あらあら》しく、力《ちから》が強《つよ》いとされています。想像上《そうぞうじょう》の生《い》きもののことわざや慣用句《かんようく》には、「河童《かっぱ》の川流《かわなが》れ」(達人《たつじん》も時《とき》には失敗《しっぱい》する)や「天狗《てんぐ》になる」(じまんすること)などがあります。

ただいま～
腹減《はらへ》った～
お！
いつもこわいお母《かあ》さんが泣《な》いている！
何《なに》見《み》ているの！
手《て》あらった？
うがいは？
宿題《しゅくだい》は？
やはり母《はは》は鬼《おに》だった…

●似《に》た意味《いみ》のことわざ

・鬼《おに》も頼《たの》めば人《ひと》食《く》わず

問題《もんだい》22　□で鯛《たい》を釣《つ》る　□に入《はい》る生《い》きものは何《なに》？

帯《おび》に短《みじか》したすきに長《なが》し

ケンジのおにいちゃん
きついなぁ
ピチ
ピチ
あげるよ
ありがとう!
ブカブカ～
帯《おび》に短《みじか》したすきに長《なが》し…だね
どうしよう?
捨《す》てるのか? それならお父《とう》さんにくれ!
ええ!? 無理《むり》だよ!
ピチ
ギューーーッ
ピチ

意味《いみ》

中途半端《ちゅうとはんぱ》で使《つか》いものにならないこと。

由来《ゆらい》

帯《おび》は長《なが》いもの、たすきは短《みじか》いもののたとえ。帯《おび》にするには短《みじか》すぎるし、たすきにするには長《なが》すぎるということから。

使《つか》い方《かた》

このジャージは、お兄《にい》ちゃんには小《ちい》さいし、弟《おとうと》には大《おお》きすぎる。**帯《おび》に短《みじか》したすきに長《なが》し**だ。

まめちしき

「たすき」とは、着物《きもの》のそでをたくしあげるひものことです。肩《かた》から脇《わき》にかけてひもを通《とお》し、背中《せなか》で十文字《じゅうもんじ》にします。着物《きもの》を着《き》たまま作業《さぎょう》や仕事《しごと》をするときに、じゃまにならないようにたすきがけをします。

●似《に》た意味《いみ》のことわざ

・杓子《しゃくし》は耳《みみ》かきにならず
・ふんどしには短《みじか》し手《て》ぬぐいには長《なが》し

問題《もんだい》23　となりの花《はな》は＿＿い　＿＿に入《はい》る色《いろ》は?

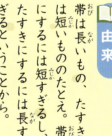

おぼれる者《もの》はわらをもつかむ

意味《いみ》

困《こま》りきっているときは、たよりにならないものまで、たよりにしようとすること。

由来《ゆらい》

水中《すいちゅう》でおぼれている人《ひと》は、助《たす》かりたい一心《いっしん》で一本《いっぽん》のわらまでもつかもうとすることから。

覚《おぼ》え得《とく》！

目上《めうえ》の人《ひと》に使《つか》ってはいけない。

使《つか》い方《かた》

おぼれる者《もの》はわらをもつかむで弟《おとうと》に手伝《てつだ》ってもらった。

夏休《なつやす》みの宿題《しゅくだい》が終《お》わらないよう〜
わーん
毎年毎年《まいとしまいとし》同《おな》じことを
パパもお願《ねが》い
算数《さんすう》と観察《かんさつ》の絵《え》
今年《ことし》もか？
イチゴ！花火大会《はなびたいかい》の絵《え》をかいて〜
えーっ
たのむ
1年生《ねんせい》にたのむとは
まさにおぼれる者《もの》はわらをもつかむだ
ワン太《た》肉球貸《にくきゅうか》して
キャイーン
ハンコで自由研究《じゆうけんきゅう》だ
キャイン
わらをつかみすぎだろー！

英語《えいご》でことわざ

同《おな》じ意味《いみ》の英語《えいご》のことわざ

A drowning man will catch at a straw.

(おぼれる者《もの》はわらをもつかむ)

似《に》た意味《いみ》のことわざ

・苦《くる》しいときの神頼《かみだの》み(97ページ)
・わらにもすがる
・わらをもつかむ

思《おも》い立《た》ったが吉日《きちじつ》

吉日《きちじつ》…お祝《いわ》いごとなどによい日《ひ》

意味《いみ》

何《なに》かを始《はじ》めようと思《おも》ったら、ぐずぐずしないで、すぐに始《はじ》めるのがよいということ。

覚《おぼ》え得《とく》！

思《おも》い立《た》ったときが一番《いちばん》よい日《ひ》ということ。だから、すぐに行動《こうどう》せよという前向《まえむ》きなことわざ。

よし
走《はし》ろう
やせたい…

使《つか》い方《かた》

思《おも》い立《た》ったが吉日《きちじつ》で、ずっと行《い》きたいと思《おも》っていたケーキ屋《や》に行《い》ってみた。いつもならんでいるのに今日《きょう》はすいていて、ケーキもおいしかった。

よし、今日《きょう》から走《はし》るぞ！
どうしたの急《きゅう》に…こんな朝早《あさはや》く
学校《がっこう》のマラソン大会《たいかい》があるから毎朝《まいあさ》練習《れんしゅう》するの！
たたたたた
わあ〜朝日《あさひ》がキレイ！
思《おも》い立《た》ったが吉日《きちじつ》とはこのことね！
そして…
優勝《ゆうしょう》しちゃった！
あんたはエライ！

まめちしき

「吉日《きちじつ》」は「きちにち」とも読《よ》みます。カレンダーにある、先勝《せんしょう》、友引《ともびき》、先負《せんぶ》、仏滅《ぶつめつ》、大《たい》安《あん》、赤口《しゃっこう》は中国《ちゅうごく》から伝《つた》わった暦《こよみ》で、いまでも結婚式《けっこんしき》は大安《たいあん》に行《おこな》い、お葬式《そうしき》は友引《ともびき》を避《さ》けます。大安《たいあん》…吉日《きちじつ》、先勝《せんしょう》…午前《ごぜん》は吉《きち》、午《ご》後《ご》は凶《きょう》、先負《せんぶ》…午前《ごぜん》は凶《きょう》、午後《ごご》は吉《きち》、仏滅《ぶつめつ》…凶日《きょうじつ》、赤口《しゃっこう》…お昼前後《ひるぜんご》のみ吉《きち》。

●似《に》た意味《いみ》のことわざ

- 善《ぜん》は急《いそ》げ（140ページ）
- 思《おも》い立《た》つ日《ひ》が吉日《きちじつ》

問題《もんだい》24　塵《ちり》も積《つ》もれば＿＿となる　＿＿に入《はい》る言葉《ことば》は何《なに》？

親《おや》の心《こころ》子《こ》知《し》らず

意味《いみ》

親《おや》は子《こ》どものことを思《おも》っていろいろ心配《しんぱい》するが、子《こ》どもは親《おや》の気持《きも》ちに気《き》づかず、反抗《はんこう》したり、勝手気《かってき》ままにふるまったりすること。

ただいまー

使《つか》い方《かた》

お姉《ねえ》ちゃんは友《とも》だちと遊《あそ》びに行《い》くと、約束《やくそく》の時間《じかん》よりおそく帰《かえ》ってくる。お母《かあ》さんが心《しん》配《ぱい》しているというのに、**親《おや》の心《こころ》子《こ》知《し》らず**だ。

この子《こ》は将来《しょうらい》大物《おおもの》になるぞ〜
そうかしらね…うふふ…
でも元気《げんき》に育《そだ》ってもらえればいいかな…
本当《ほんとう》ね
また0点《てん》!
は!
親《おや》の心《こころ》子《こ》知《し》らず…
コラー!
サッ!

まめちしき

「孝行《こうこう》のしたい時分《じぶん》に親《おや》はなし」(102ページ)、「子《こ》どものけんかに親《おや》が出《で》る」(106ページ)、「子《こ》を持《も》って知《し》る親《おや》の恩《おん》」(111ページ)、「はえば立《た》て立《た》てば歩《あゆ》めの親心《おやごころ》」(214ページ)、「親《おや》の七光《ななひかり》」(本人《ほんにん》はたいしたことないが、親《おや》の地位《ちい》や財産《ざいさん》で出世《しゅっせ》する)など、親《おや》に関《かん》することわざや慣用句《かんようく》は多《おお》くあります。

●似《に》た意味《いみ》のことわざ

・子《こ》を持《も》って知《し》る親《おや》の恩《おん》(111ページ)

●反対《はんたい》の意味《いみ》のことわざ

・子《こ》の心《こころ》親《おや》知《し》らず

問題《もんだい》24の答《こた》え 山《やま》

終《お》わりよければすべてよし

意味《いみ》

結果《けっか》がよければ、途中《とちゅう》でまちがいや失敗《しっぱい》があっても問題《もんだい》ないということ。

覚《おぼ》え得《とく》！

西洋《せいよう》から来《き》たことわざ。劇《げき》作家《さっか》のシェイクスピアの劇《げき》のタイトルだったと言《い》われている。

使《つか》い方《かた》

発表会《はっぴょうかい》で途中失敗《とちゅうしっぱい》してしまったけれど、最後《さいご》は観客《かんきゃく》もいっしょにもりあがって終《お》わったので、**終《お》わりよければすべてよし**で、もう失敗《しっぱい》は忘《わす》れよう。

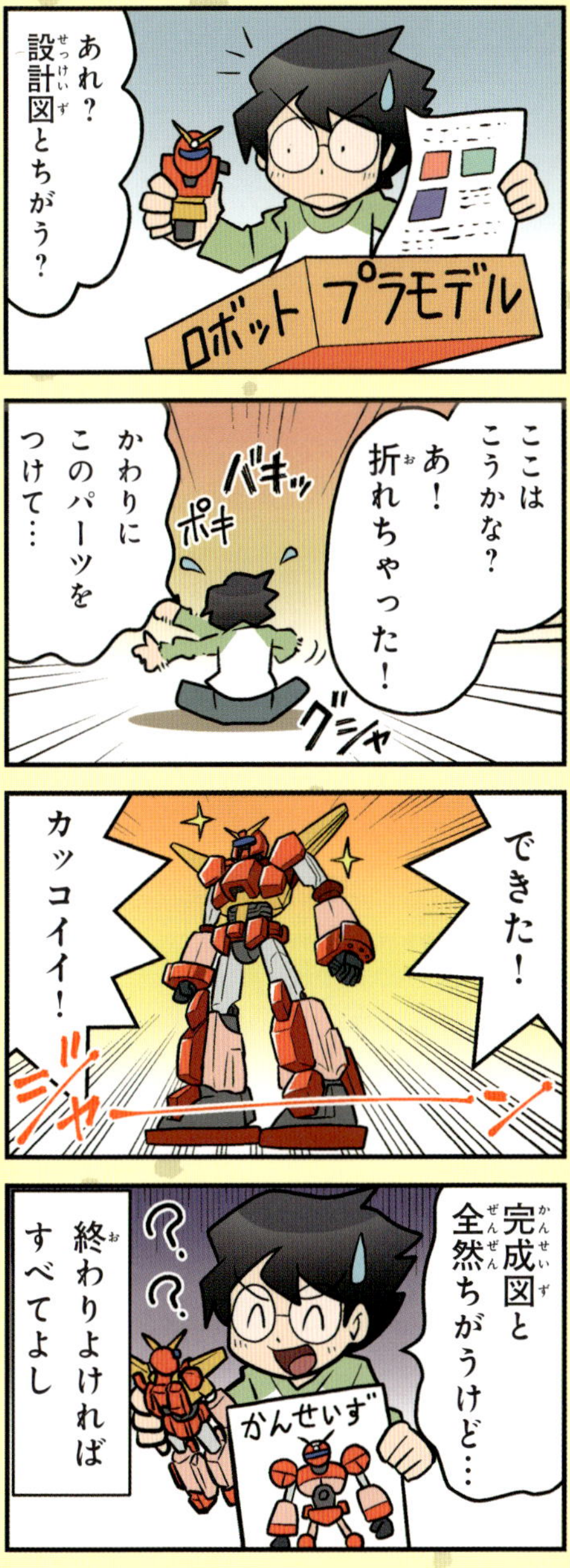
あれ？設計図《せっけいず》とちがう？
ロボット
プラモデル
ここはこうかな？
あ！折《お》れちゃった！
バキッ
ポキ
かわりにこのパーツをつけて…
グシャ
できた！
カッコイイ！
ジャ
完成図《かんせいず》と全然《ぜんぜん》ちがうけど…
終《お》わりよければすべてよし
かんせいず

英語《えいご》でことわざ

同《おな》じ意味《いみ》の英語《えいご》のことわざ

All's well that ends well.

（終《お》わりよければすべてよし）

●似《に》た意味《いみ》のことわざ

・細工《さいく》は流々《りゅうりゅう》、仕上《しあ》げをご覧《ろう》じろ

問題《もんだい》25 急《いそ》がば□□ □□に入《はい》る言葉《ことば》は何《なに》？

やってみよう 1

ことわざ 穴《あな》あきクイズ

答《こた》えは295ページにあるよ。

● □ に当《あ》てはまる言葉《ことば》を右《みぎ》から選《えら》ぼう。

❶生《い》きものが入《はい》ることわざだよ。

①井《い》の中《なか》の□大海《たいかい》を知《し》らず

②□の耳《みみ》に念仏《ねんぶつ》

③□で鯛《たい》を釣《つ》る

④□の甲《こう》より年《とし》の功《こう》

⑤□に小判《こばん》

⑥□に真珠《しんじゅ》

⑦□がねぎをしょってくる

生《い》きもの

蛙《かわず》　猫《ねこ》

えび　馬《うま》

亀《かめ》

鴨《かも》

豚《ぶた》

❷体《からだ》の部分《ぶぶん》が入《はい》ることわざだよ。

①濡《ぬ》れ□で粟《あわ》

②□の上《うえ》のたんこぶ

③□はわざわいの門《かど》

④背《せ》に□はかえられぬ

⑤能《のう》ある鷹《たか》は□をかくす

⑥□かくして尻《しり》かくさず

体《からだ》の部分《ぶぶん》

口《くち》　腹《はら》

目《め》

頭《あたま》

爪《つめ》

手《て》

❸数字《すうじ》が入《はい》ることわざだよ。

①□度《ど》あることは三度《さんど》ある

②なくて□癖《くせ》

③□人《にん》寄《よ》れば文殊《もんじゅ》の知恵《ちえ》

④□寸先《すんさき》は闇《やみ》

⑤石《いし》の上《うえ》にも□年《ねん》

⑥人《ひと》の噂《うわさ》も□日《にち》

⑦桃栗《ももくり》□年《ねん》柿《かき》□年《ねん》

数字《すうじ》

三《さん》　三《さん》　一《いっ》　八《はち》　七《なな》　七《しち》十《じゅう》五《ご》　三《さん》　二《に》

❹植物《しょくぶつ》が入《はい》ることわざだよ。

①実《みの》るほど頭《あたま》の下《さ》がる□かな

②□の下《した》にいつもどじょうはいない

③言《い》わぬが□

④おぼれる者《もの》は□をもつかむ

⑤転《ころ》がる石《いし》に□は生《は》えない

⑥□の背比《せいくら》べ

植物《しょくぶつ》

どんぐり　柳《やなぎ》　苔《こけ》　わら　稲《いな》穂《ほ》　花《はな》

体《からだ》の部分《ぶぶん》が出《で》てくることわざ

放課後《ほうかご》の図書室《としょしつ》
あれ ことわざ仙人《せんにん》はいないの？
学校《がっこう》の中《なか》を見《み》てくると言《い》って、出《で》て行《い》ったよ
あの仙人《せんにん》てさ
ことわざはすごいけど、かみ型《がた》とひげのセンスは悪《わる》いよな
こりゃ
ポカ
いてっ
あれ 帰《かえ》ってたのか
「壁《かべ》に耳《みみ》あり障子《しょうじ》に目《め》あり」じゃ
それは壁《かべ》に耳《みみ》を当《あ》てて聞《き》いている人《ひと》や障子《しょうじ》に穴《あな》をあけて見《み》ている人《ひと》のたとえよ
なんだその妖怪《ようかい》っぽいことわざは？
さすがじゃな

こっそり話《はな》している
つもりでも
ひみつは人《ひと》に
知《し》られやすいと
いうことじゃ
じゃが、
いまのおまえには
「口《くち》はわざわいの門《かど》」の
ほうが
ピッタリかな
!
あ、いまの
ことわざには、
目《め》、耳《みみ》、口《くち》など
体《からだ》の部分《ぶぶん》が
入《はい》っているわ
ほっほっ
そうじゃな
体《からだ》の部分《ぶぶん》がつく
ことわざは
けっこうあるぞ
「頭《あたま》かくして
尻《しり》かくさず」
などじゃな
・背《せ》に腹《はら》はかえられぬ →137ページ
・泣《な》き面《つら》に蜂《はち》 →183ページ
・濡《ぬ》れ手《て》で粟《あわ》 →199ページ
・喉元過《のどもとす》ぎれば熱《あつ》さを忘《わす》れる →207ページ
・腹《はら》が減《へ》っては戦《いくさ》ができぬ →221ページ
・目《め》の上《うえ》のたんこぶ →263ページ
・目《め》は口《くち》ほどにものを言《い》う →264ページ
・良薬《りょうやく》は口《くち》に苦《にが》し →284ページ

問題《もんだい》26 藪《やぶ》をつついて□を出《だ》す □に入《はい》る生《い》きものは何《なに》？

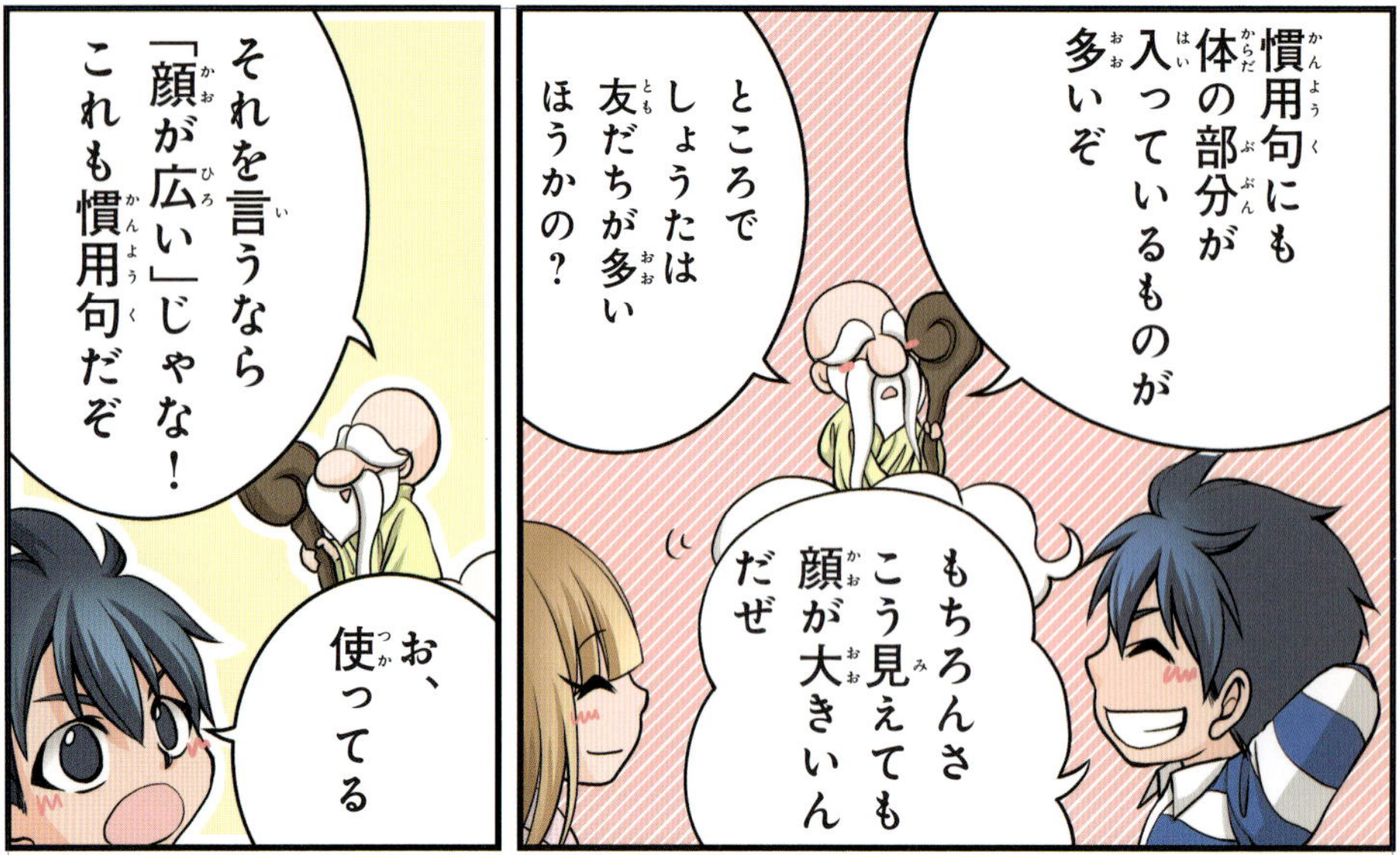
慣用句《かんようく》にも体《からだ》の部分《ぶぶん》が入《はい》っているものが多《おお》いぞ
ところでしょうたは友《とも》だちが多《おお》いほうかの？
もちろんさこう見《み》えても顔《かお》が大《おお》きいんだぜ
それを言《い》うなら「顔《かお》が広《ひろ》い」じゃな！これも慣用句《かんようく》だぞ
お、使《つか》ってる

体《からだ》の部分《ぶぶん》が入《はい》っている慣用句《かんようく》にはこんなものがあるぞ
ボワンッ
お〜〜！
慣用句《かんようく》
頭《あたま》をかかえる
ひどくなやむ様子《ようす》
顔《かお》から火《ひ》が出《で》る
とてもはずかしい様子《ようす》
目《め》を丸《まる》くする
目《め》を開《ひら》いておどろく様子《ようす》
耳《みみ》が痛《いた》い
悪《わる》いところを言《い》われて聞《き》くのがつらい様子《ようす》
鼻《はな》が高《たか》い
得意《とくい》である様子《ようす》
歯《は》が立《た》たない
強《つよ》くてかなわない様子《ようす》
ほおが落《お》ちる
とてもおいしいことのたとえ
手《て》を焼《や》く
ものごとを解決《かいけつ》できず困《こま》る様子《ようす》
口《くち》がかたい
ひみつを守《まも》り、簡単《かんたん》にはしゃべらないこと
胸《むね》を打《う》つ
深《ふか》く感動《かんどう》する様子《ようす》
首《くび》を長《なが》くする
待《ま》ちわびている様子《ようす》
ひざを打《う》つ
感動《かんどう》したり急《きゅう》に思《おも》いついたりしたときの動作《どうさ》
腹《はら》が立《た》つ
いかっている様子《ようす》
足《あし》を引《ひ》っ張《ぱ》る
人《ひと》の成功《せいこう》のじゃまをすること

問題《もんだい》26の答《こた》え　蛇《へび》

番外編《ばんがいへん》

体《からだ》に関《かん》することわざ、慣用句《かんようく》&四字熟語《よじじゅくご》

ことわざ

腹八分《はらはちぶ》に医者《いしゃ》いらず

▶健康《けんこう》には満腹《まんぷく》になるまで食《た》べずに、ほどほどでやめておくことが大事《だいじ》だということ。

慣用句《かんようく》

揚《あ》げ足《あし》を取《と》る

▶相手《あいて》の言《い》いそこないやまちがいをとらえて、からかったり皮肉《ひにく》を言《い》ったりすること。

寝耳《ねみみ》に水《みず》

▶思《おも》いがけないことが起《お》こりひじょうにおどろくこと。

喉《のど》から手《て》が出《で》る

▶ほしくてたまらないこと。

へそで茶《ちゃ》をわかす

▶おかしくてたまらないこと。

胸《むね》がおどる

▶喜《よろこ》びや期待《きたい》でわくわくすること。

目《め》から鼻《はな》へぬける

▶ものごとを理解《りかい》するのが早《はや》くかしこいこと。

弱《よわ》り目《め》に祟《たた》り目《め》

▶困《こま》っているときにさらに困《こま》ったことが重《かさ》なること。

四字熟語《よじじゅくご》

異口同音《いくどうおん》

▶多《おお》くの人《ひと》が口《くち》をそろえて同《おな》じことを言《い》うこと。

平身低頭《へいしんていとう》

▶頭《あたま》を低《ひく》くして下《さ》げて、心《こころ》からおそれいること。

抱腹絶倒《ほうふくぜっとう》

▶おなかをかかえて引《ひ》っくり返《かえ》るほど大笑《おおわら》いすること。

うんうん
慣用句《かんようく》には体《からだ》の部分《ぶぶん》が入《はい》った言葉《ことば》がたくさんあるんだね！
へぇ～
そうかそうか
ママに言《い》われたものもあったよ
慣用句《かんようく》はことわざとはちがい、人生《じんせい》の知恵《ちえ》や教訓《きょうくん》はふくまないんじゃ
言葉《ことば》のままの意味《いみ》とはちがう意味《いみ》になっているから、きちんと意味《いみ》を覚《おぼ》えることが大事《だいじ》じゃぞ
そういえば、先生《せんせい》がおまえのテストを見《み》ながら頭《あたま》をかかえていたぞ
また同《おな》じところをまちがえている～とか言《い》ってたな
きゃ～その話《はなし》は耳《みみ》が痛《いた》いよお～
このまえちゅういされてたところね

問題《もんだい》27　身《み》から出《で》た□　□に入《はい》る言葉《ことば》は何《なに》？

蛙《かえる》の子《こ》は蛙《かえる》

意味《いみ》

①子《こ》どもは親《おや》に似《に》るものだということ。

②平凡《へいぼん》な人《ひと》からは、平凡《へいぼん》な子《こ》どもが生《う》まれるということ。

由来《ゆらい》

おたまじゃくしのときは、かえるとはまったくちがう形《かたち》をしているが、大《おお》きくなると結《けっ》局《きょく》はかえるになることから。

使《つか》い方《かた》

蛙《かえる》の子《こ》は蛙《かえる》と言《い》うように、親《おや》子《こ》そろって勉強《べんきょう》が苦手《にがて》だ。

かえるの子《こ》どもって何《なん》でおたまじゃくしなのかな？
ぜんぜん形《かたち》がちがうじゃん
でもね大《おお》きくなったら似《に》るでしょ
蛙《かえる》の子《こ》は蛙《かえる》って言《い》うじゃない
えっ
えぇーっ
ガク
じゃあイケメンのボクも結局《けっきょく》パパみたいに
どーゆーこと？

●似《に》た意味《いみ》のことわざ

・瓜《うり》のつるになすはならぬ

●反対《はんたい》の意味《いみ》のことわざ

・とびが鷹《たか》を生《う》む（171ページ）

まめちしき

「生《う》みの親《おや》より育《そだ》ての親《おや》」(生《う》んでくれた親《おや》より育《そだ》ててくれた人《ひと》がありがたいということ)や、「血《ち》は水《みず》よりも濃《こ》い」(家族《かぞく》の血筋《ちすじ》は、他《た》人《にん》よりもつながりが強《つよ》い)など、親子《おやこ》のつながりをテーマにしたことわざはほかにもたくさんあります。

蛙《かえる》の面《つら》に水《みず》

意味《いみ》

何《なに》を言《い》われても平気《へいき》な様子《ようす》のこと。

由来《ゆらい》

かえるはいくら水《みず》をかけられても、平気《へいき》な様子《ようす》から。

使《つか》い方《かた》

お兄《にい》ちゃんは、よく忘《わす》れものをして先生《せんせい》におこられるが、**蛙《かえる》の面《つら》に水《みず》**で、何回《なんかい》おこられてもまったく直《なお》らない。

京《きょう》いろはがるた

面《つら》…顔《かお》

英語《えいご》でことわざ

似《に》ている意味《いみ》の英語《えいご》のことわざ

Like water off a duck's back.

(あひるの背中《せなか》に流《なが》れる水《みず》のよう)

どう？この服《ふく》
派手《はで》すぎ！ママやめてよ
どう？この服《ふく》
いっしょに歩《ある》きたくない
どう？この服《ふく》
何度《なんど》言《い》ってもムダ…蛙《かえる》の面《つら》に水《みず》ね…
どう？この服《ふく》
かえるに聞《き》いてどうするの！

●似《に》た意味《いみ》のことわざ

- 牛《うし》の角《つの》を蜂《はち》がさす
- 馬《うま》の耳《みみ》に念仏《ねんぶつ》(50ページ)

問題《もんだい》28　石《いし》の上《うえ》にも＿＿年《ねん》　＿＿に入《はい》る数字《すうじ》は？

学問《がくもん》に王道《おうどう》なし

王道《おうどう》…楽《らく》な方法《ほうほう》

意味《いみ》
学問《がくもん》に楽《らく》な道《みち》はなく、コツコツとまじめに努力《どりょく》するしかないということ。

由来《ゆらい》
昔《むかし》、エジプトの王《おう》が「簡単《かんたん》に学《まな》べる方法《ほうほう》はないか」と聞《き》いたところ、「王《おう》だからといって特別《とくべつ》な道《みち》はない」と学者《がくしゃ》が言《い》ったことから。

使《つか》い方《かた》
天才《てんさい》の人《ひと》みたいに、楽《らく》をしてテストでいい点《てん》を取《と》りたいが、**学問《がくもん》に王道《おうどう》なし**だから、結局《けっきょく》コツコツと勉強《べんきょう》するしかない。

たかし君《くん》は頭《あたま》いいよね〜
え〜そんなことないよ
今日《きょう》返《かえ》ってきたテスト散散《さんざん》だったよ…
30
朝起《あさお》きたらたかし君《くん》のような天才《てんさい》になっていないかな〜
ははは
学問《がくもん》に王道《おうどう》なしさぼくだって毎日《まいにち》がんばっているんだ
はい…

ABC 英語《えいご》でことわざ
同《おな》じ意味《いみ》の英語《えいご》のことわざ
There is no royal road to learning.
(学問《がくもん》に王道《おうどう》なし)

●似《に》た意味《いみ》のことわざ
・学問《がくもん》に近道《ちかみち》なし

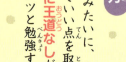

風《かぜ》がふけば桶《おけ》屋《や》がもうかる

天気予報
今日《きょう》の夜《よる》は台風《たいふう》だって
買物《かいもの》に行《い》くのはやめておこうかしら
今日《きょう》はからあげって言《い》ってたのに～
かわりにピザを注文《ちゅうもん》しましょ
やった!!
台風《たいふう》の日《ひ》はピザの注文《ちゅうもん》が増《ふ》えるんだよなぁ
やった!!♪
風《かぜ》がふけばピザ屋《や》がもうかる！

意味《いみ》

①思《おも》いがけないところに影響《えいきょう》が出《で》ること。
②あてにならないことを期待《きたい》すること。

ヒュ～

由来《ゆらい》

風《かぜ》がふくと、めぐりめぐって桶屋《おけや》がもうかるということから。

使《つか》い方《かた》

風《かぜ》がふけば桶屋《おけや》がもうかると言《い》うけれど、この間《あいだ》の大雨《おおあめ》で、雨宿《あまやど》りで寄《よ》ったお店《みせ》がとてもにぎわっていた。きっとみんな雨宿《あまやど》りのために寄《よ》ったのだろう。

まめちしき

なぜ、風《かぜ》がふけば桶屋《おけや》がもうかるか。大風《おおかぜ》がふく→目《め》にほこりが入《はい》る→目《め》が不自由《ふじゆう》な人《ひと》が増《ふ》える→目《め》が不自由《ふじゆう》な人《ひと》が三味線《しゃみせん》弾《ひ》きになる→三味線《しゃみせん》の材料《ざいりょう》となるねこの皮《かわ》が必要《ひつよう》になる→ねこが減《へ》るとねずみが増《ふ》える→ねずみは桶《おけ》をかじる→新《あたら》しい桶《おけ》が必要《ひつよう》になる→桶屋《おけや》がもうかるという、こじつけの話《はなし》です。

●似《に》た意味《いみ》のことわざ

・大風《おおかぜ》がふけば桶屋《おけや》がもうかる

問題《もんだい》29　おぼれる者《もの》は□をもつかむ　□に入《はい》る言葉《ことば》は何《なに》？

風邪《かぜ》は万病《まんびょう》のもと

万病《まんびょう》…あらゆる病気《びょうき》

意味《いみ》

風邪《かぜ》はさまざまな病気《びょうき》のもとになっているので油断《ゆだん》してはいけないということ。

使い方《つかいかた》

寒《さむ》い季節《きせつ》になってくると、周《まわ》りで風邪《かぜ》がはやってくる。**風《か》邪《ぜ》は万病《まんびょう》のもと**で、風邪《かぜ》から大《おお》きな病気《びょうき》になることもあるから、気《き》をつけよう。

油断《ゆだん》しないでちゃんと寝《ね》ていなさい
風邪《かぜ》は万病《まんびょう》のもとって言《い》うのよ!
は〜い
お兄《にい》ちゃんわたし万病《まんびょう》のもとなのマンガ見《み》せて
しょうがないなー
あははははは…
治《なお》ってないんだからちゃんと寝《ね》てなさい
でも万病《まんびょう》のもとだし
あはは…
ごはんはおかゆとハンバーグ、デザートはプリンとアイスね!

まめちしき

「馬鹿《ばか》は風邪《かぜ》ひかぬ」「風邪《かぜ》は人《ひと》にうつせば治《なお》る」など、風邪《かぜ》を軽《かる》く見《み》たことわざもありますが、健康《けんこう》が一番《いちばん》です。昔《むかし》から、のどが痛《いた》いときには長《なが》ねぎをガーゼなどでくるんで首《くび》にまくとよい、風邪《かぜ》の引《ひ》きはじめには、すったしょうがとはちみつをお湯《ゆ》で割《わ》って飲《の》むとよいなど、生活《せいかつ》の知恵《ちえ》があります。

●似《に》た意味《いみ》のことわざ

・風邪《かぜ》は百病《ひゃくびょう》のもと
・風邪《かぜ》は百病《ひゃくびょう》の長《ちょう》
・風邪《かぜ》は百病《ひゃくびょう》の始《はじ》まり

問題《もんだい》29の答《こた》え わら

火《か》中《ちゅう》の栗《くり》を拾《ひろ》う

火《か》中《ちゅう》…燃《も》えている火《ひ》の中《なか》

意味《いみ》

他人《たにん》のために危険《きけん》なことに手《て》を出《だ》すこと。

由来《ゆらい》

『イソップ寓話《ぐうわ》』の中《なか》のお話《はなし》。熱《あつ》いさるがねこをおだてて、炉《ろ》の中《なか》の栗《くり》を拾《ひろ》わせた。ねこは大《おお》やけどをしたうえに、さるにその栗《くり》を全部《ぜんぶ》食《た》べられたということから。

使《つか》い方《かた》

友《とも》だちのけんかを止《と》めようとしたら、けんかにまきこまれて自分《じぶん》がけがをしてしまった。**火《か》中《ちゅう》の栗《くり》を拾《ひろ》う**ようなことはしないほうがよいと思《おも》った。

ポカ
スカ
お願《ねが》い お兄《にい》ちゃん、二人《ふたり》のケンカを止《と》めて!
よし、まかせろ!
まあまあ 冷静《れいせい》に話《はな》しあったらどうだい?
そもそもあんたの妹《いもうと》がオレたち二人《ふたり》にチョコくれたのが原因《げんいん》なんだよ!
そーだ そーだ
え?
どっちのチョコが本気《ほんき》チョコかハッキリさせろ〜!
みんなゴメンネ
火《か》中《ちゅう》の栗《くり》を拾《ひろ》うとはこのことだ〜!

ABC 英語《えいご》でことわざ

同《おな》じ意味《いみ》の英語《えいご》のことわざ

Take the chestnuts out of the fire with the cat's paw.

(猫《ねこ》の足《あし》で火《ひ》の中《なか》から栗《くり》を取《と》りだせ)

●栗《くり》が出《で》てくることわざ

桃栗三年柿八年《ももくりさんねんかきはちねん》(270ページ)

問題《もんだい》30 嘘《うそ》つきは＿＿の始《はじ》まり ＿＿に入《はい》る言葉《ことば》は何《なに》?

勝《か》ってかぶとの緒《お》をしめよ

かぶとの緒《お》……かぶとのひも

ダダダダ
じゃじゃ〜ん!
90
亜衣 ひろし
ほんと?
90点《てん》以上《いじょう》取ったら ゲーム買《か》って あげるから!
約《やく》束《そく》でしょ!
ゲーム買《か》ってね!
当然《とうぜん》です!
仕方《しかた》ないわね…
でもね、勝《か》ってかぶとの緒《お》をしめよ!だからね!

わかって
おります！
そっちじゃ
なーい!!

意《い》味《み》

戦《たたか》いに勝《か》っても油断《ゆだん》してはいけない。

由《ゆ》来《らい》

かぶとの緒《お》とは、かぶとを頭《あたま》にかぶっておくためのひも。勝《か》ってもかぶとをぬがずに、ひもをしめ直《なお》し、敵《てき》の反撃《はんげき》にそなえておくほうがよいということから。

使《つか》い方《かた》

この間《あいだ》の全国《ぜんこく》テストでは、目標《もくひょう》を達成《たっせい》したけど、**勝《か》ってかぶとの緒《お》をしめよ**で、気《き》をぬかないようにしよう。

まめちしき

昔《むかし》、戦《たたか》いのときに武将《ぶしょう》がかぶったものがかぶとです。体《からだ》はよろい、頭《あたま》はかぶとで守《まも》りました。5月5日《がついつか》の端午《たんご》の節《せっ》句《く》では、男《おとこ》の子《こ》が事故《じこ》や病気《びょうき》にならないよう、かぶとやよろい、五月人形《ごがつにんぎょう》を飾《かざ》る風習《ふうしゅう》があります。

●似《に》た意味《いみ》の四字熟語《よじじゅくご》

・油断大敵《ゆだんたいてき》

キュッ！

問題《もんだい》31　□より証拠《しょうこ》　□に入《はい》る言葉《ことば》は何《なに》？

金《かね》の切《き》れ目《め》が縁《えん》の切《き》れ目《め》

縁《えん》…関係《かんけい》、つきあい

意味《いみ》

お金目当《かねめあ》てでつきあっているような人《ひと》との関係《かんけい》は、お金《かね》がなくなったとたんに縁《えん》が切《き》れるということ。人《ひと》とのつながりはお金《かね》が関《かか》わることも多《おお》くあるということ。

使《つか》い方《かた》

宝《たから》くじが当《あ》たったときは、あんなに家《いえ》に来《き》ていた親《しん》せきも、お金《かね》がなくなったとたんに連絡《れんらく》すらよこさない。**金《かね》の切《き》れ目《め》が縁《えん》の切《き》れ目《め》**とはよく言《い》うものだ。

今日《きょう》はオレのおごりだ！
社長《しゃちょう》ありがとうございます!!
はい プレゼント
社長《しゃちょう》さん だーい好《す》き♪
もしもし？ 会社《かいしゃ》が倒産《とうさん》しちゃって困《こま》ってるんだけど…
プッ
ツー
ツー
だれも助《たす》けてくれない…
金《かね》の切《き》れ目《め》が縁《えん》の切《き》れ目《め》だなあ…

まめちしき

「金《かね》は天下《てんか》の回《まわ》りもの」（79ページ）、「時《とき》は金《かね》なり」（168ページ）、「猫《ねこ》に小判《こばん》」（201ページ）、「早起《はやお》きは三文《さんもん》の得《とく》」（220ページ）、「金《かね》に糸目《いとめ》をつけない」（目的《もくてき》のためならお金《かね》を惜《お》しまないこと）、「金《かね》に目《め》がくらむ」（お金《かね》に心《こころ》をうばわれ、善悪《ぜんあく》の判断《はんだん》がつかなくなること）などお金《かね》にまつわることわざや慣用句《かんようく》は多《おお》くあります。

似《に》た意味《いみ》のことわざ

・愛想《あいそ》づかしも金《かね》から起《お》きる
・地獄《じごく》の沙汰《さた》も金次第《かねしだい》

金《かね》は天下《てんか》の回《まわ》りもの

意味《いみ》

お金《かね》は、人《ひと》から人《ひと》に回《まわ》り、めぐるもの。お金持《かねも》ちもずっとお金持《かねも》ちではないし、いまは貧乏《びんぼう》でもいつかはお金《かね》を手《て》に入《い》れることもあるということ。

使《つか》い方《かた》

いまは景気《けいき》が悪《わる》いけど、**金《かね》は天下《てんか》の回《まわ》りもの**だから、地道《じみち》に働《はたら》いて毎日《まいにち》を過《す》ごしていこう。くよくよしても仕方《しかた》ない。

天下《てんか》…世《よ》の中《なか》

ABC 英語《えいご》でことわざ

似《に》ている意味《いみ》の英語《えいご》のことわざ

Money changes the hands.

(金《かね》は手《て》を変《か》える)

●似《に》た意味《いみ》のことわざ

・金《かね》は天下《てんか》の回《まわ》り持《も》ち

・金銀《きんぎん》は回《まわ》り持《も》ち

問題《もんだい》32 頭《あたま》かくして□かくさず □に入《はい》る体《からだ》の部分《ぶぶん》は何《なに》?

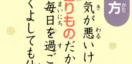

壁《かべ》に耳《みみ》あり障子《しょうじ》に目《め》あり

意味《いみ》
どこでだれに聞《き》かれているかわからないので、ひみつももれやすいということ。

由来《ゆらい》
壁《かべ》に耳《みみ》をつけて聞《き》いている者《もの》や障子《しょうじ》に穴《あな》をあけてのぞいている者《もの》がいるかもしれないということから。

使《つか》い方《かた》
お母《かあ》さんが、ないしょでおかしをかくしているのを見《み》た。**壁《かべ》に耳《みみ》あり障子《しょうじ》に目《め》あり**ということを教《おし》えるために、ぼくがこっそり食《た》べようと思《おも》う。

ABC 英語《えいご》でことわざ
似《に》ている意味《いみ》の英語《えいご》のことわざ
Walls have ears.
（壁《かべ》に耳《みみ》あり）

今度《こんど》のテスト ここ、出《で》るぞ
ヒソ ヒソ
ヒソ ヒソ
何《なん》で知《し》ってるの？
先生《せんせい》のつくえに置《お》いてある問題《もんだい》が見《み》えたんだよ！
先生《せんせい》マヌケ！ オレたちだけのひみつな!!
うしししし…
マヌケで悪《わる》かったね…
テストの日《ひ》
問題《もんだい》がちが～う!!
フフフ…
壁《かべ》に耳《みみ》あり障子《しょうじ》に目《め》ありだよ

●似《に》た意味《いみ》のことわざ
・石《いし》のもの言《い》う世《よ》の中《なか》　・壁《かべ》に耳《みみ》あり
●似《に》た意味《いみ》の故事成語《こじせいご》
・ささやき千里《せんり》

問題《もんだい》32の答《こた》え　尻《しり》

果報《かほう》は寝《ね》て待《ま》て

果報《かほう》…いいこと、幸《しあわ》せ

意味《いみ》

幸運《こううん》は人《ひと》の力《ちから》では得《え》られないものなので、あせらずに待《ま》つのがよいということ。

覚《おぼ》え得《とく》！

果報《かほう》はもとは仏教《ぶっきょう》の言葉《ことば》。行《こう》動《どう》の結果《けっか》受《う》ける報《むく》いの意味《いみ》だったが、いまでは、幸《しあわ》せやよいめぐり合《あ》わせというよい意味《いみ》で使《つか》われる。

使《つか》い方《かた》

将来《しょうらい》はどんな大人《おとな》になっているのか、どんな人《ひと》と出会《であ》うのか気《き》になるが、**果報《かほう》は寝《ね》て待《ま》て**だ。のんびり毎日《まいにち》を楽《たの》しもう。

応募《おうぼ》したマンガ…今回《こんかい》はどうだろう？
今回《こんかい》は自分《じぶん》で言《い》うのもなんだけど自信作《じしんさく》なんだ！
あ〜結局《けっきょく》気《き》になって何《なに》も手《て》につかない
果報《かほう》は寝《ね》て待《ま》てと言《い》うよね、寝《ね》て待《ま》つといい結果《けっか》がくるということだね
よーし！寝《ね》てみよう！
…気《き》になって全《まった》く寝《ね》れない…

ABC 英語《えいご》でことわざ

似《に》ている意味《いみ》の英語《えいご》のことわざ

Everything comes to him who waits.

（待《ま》つ人《ひと》にはすべてがやってくる）

●似《に》た意味《いみ》のことわざ

・待《ま》てば海路《かいろ》の日和《ひより》あり（250ページ）

●反対《はんたい》の意味《いみ》のことわざ

・まかぬ種《たね》は生《は》えぬ（246ページ）

問題《もんだい》33　＿＿がふけば桶屋《おけや》がもうかる　＿＿に入《はい》る言葉《ことば》は何《なに》？

亀《かめ》の甲《こう》より年《とし》の功《こう》

亀《かめ》の甲《こう》…亀《かめ》のこうら
年《とし》の功《こう》…長年《ながねん》の経験《けいけん》

意味《いみ》

年長者《ねんちょうしゃ》の長《なが》い年月《ねんげつ》での経験《けいけん》は、とても尊《とうと》いということ。

覚《おぼ》え得《とく》！

「功《こう》」は「劫《こう》」とも書《か》く。

使《つか》い方《かた》

風邪《かぜ》を引《ひ》いたら、おばあちゃんが大根《だいこん》あめや、焼《や》き梅《うめ》ぼしを作《つく》って、看病《かんびょう》してくれた。おかげで長引《ながび》かずにすぐに治《なお》った。**亀《かめ》の甲《こう》より年《とし》の功《こう》**だ。

ここは学校《がっこう》への近道《ちかみち》じゃ！
へーっ！
この木《き》の実《み》は食《た》べられるぞ！
おいしい！おじいちゃん
何《なん》でも知《し》ってるね！
…えーとこういうのことわざでなんて言《い》うんだっけ？
亀《かめ》の甲《こう》より年《とし》の功《こう》！
それだ！
さすが！
パチパチ

まめちしき

「亀《かめ》の甲《こう》」と「年《とし》の功《こう》」の「こう」の語呂《ごろ》を合《あ》わせておもしろくしたものです。日本《にほん》では、「鶴《つる》は千年《せんねん》、亀《かめ》は万年《まんねん》」と言《い》うように、亀《かめ》は寿命《じゅみょう》が長《なが》くおめでたいことを表《あらわ》しています。結婚《けっこん》などのお祝《いわ》いごとには、かざりやおかしなどのモチーフとしてよく登場《とうじょう》します。

●似《に》た意味《いみ》のことわざ

- かにの甲《こう》より年《とし》の功《こう》
- 松《まつ》かさより年《とし》かさ
- 昔取《むかしと》った杵柄《きねづか》(260ページ)

問題《もんだい》33の答《こた》え　風《かぜ》

鴨《かも》がねぎをしょってくる

意味《いみ》

うまい話《はなし》が重《かさ》なり、思《おも》っていたより好都合《こうつごう》になること。

由来《ゆらい》

おいしい鴨鍋《かもなべ》を作《つく》ろうとしたところ、鴨肉《かもにく》にねぎまでついてきて、肉《にく》と野菜《やさい》の両方《りょうほう》が手《て》に入《はい》ったということから。

覚《おぼ》え得《とく》!

「鴨《かも》ねぎ」とも言《い》う。

使《つか》い方《かた》

サッカーの試合《しあい》を見《み》たいと思《おも》っていたら、お父《とう》さんがチケットをもらってきた。鴨《かも》ねぎだ。

フカシ、ひまなら草《くさ》むしり手伝《てつだ》ってちょうだい
ひまじゃないよ
だれか通《とお》らないかな。
ワンワン
おっラッキー。
?
ソラ待《ま》ってたよ
いっしょに散歩《さんぽ》行《い》くよ!
ちょっと行《い》ってくる
約束《やくそく》したっけ?
キャー
かわいい
なでていい?
エヘヘ♪
鴨《かも》がねぎをしょってくるだったなー
名前《なまえ》は?
フカシ
フカシって犬《いぬ》めずらしい〜

まめちしき

鴨鍋《かもなべ》は、鴨肉《かもにく》を白菜《はくさい》やねぎなどの野菜《やさい》、豆腐《とうふ》、糸《いと》こんにゃく、もちなどと一緒《いっしょ》に煮込《にこ》んで作《つく》る料理《りょうり》のことです。滋賀県《しがけん》の郷土料理《きょうどりょうり》で、冬《ふゆ》の料理《りょうり》として知《し》られています。いまでは、ほかの地域《ちいき》でもお店《みせ》などで食《た》べられます。鍋《なべ》の終《お》わりにはあまった汁《しる》でそばを煮込《にこ》むとおいしいそばができます。

●似《に》た意味《いみ》のことわざ

・棚《たな》からぼた餅《もち》(153ページ)

●反対《はんたい》の意味《いみ》のことわざ

・まかぬ種《たね》は生《は》えぬ(246ページ)

問題《もんだい》34　□は急《いそ》げ　□に入《はい》る言葉《ことば》は何《なに》?

枯《か》れ木《き》も山《やま》のにぎわい

意《い》味《み》

つまらないものでも、ないよりはましだということ。

由《ゆ》来《らい》

たとえ枯《か》れ木《き》でも、あることで山《やま》が味《あじ》わい深《ぶか》くなるということから。

覚《おぼ》え得《とく》!

他人《たにん》に対《たい》して使《つか》わない。自分《じぶん》のことを言《い》うときに使《つか》う。

使《つか》い方《かた》

枯《か》れ木《き》も山《やま》のにぎわいで、パーティーに行《い》ってくるよ。

英語《えいご》でことわざ

似《に》ている意味《いみ》の英語《えいご》のことわざ

A bad bush is better than the open field.

(よくない茂《しげ》みでも何《なに》もない野原《のはら》よりはよい)

商店街《しょうてんがい》のおまつりでダンスするのよ
でもダンサーの人数《にんずう》がちょっと足《た》りないらしいの
枯《か》れ木《き》も山《やま》のにぎわい、わしもおどるかのぉ
だいじょうぶ〜?
ほーっ
はぁーっ
じいちゃんすご〜っ!

●似《に》た意《い》味《み》のことわざ

・枯《か》れ木《き》も山《やま》のかざり

かわいい子《こ》には旅《たび》させよ

意味《いみ》

子《こ》どもを愛《あい》するなら、甘《あま》やかさず世間《せけん》に出《だ》して、苦労《くろう》させたほうがよいということ。

覚《おぼ》え得《とく》！

実際《じっさい》に旅行《りょこう》をさせろという意《い》味《み》ではない。

使《つか》い方《かた》

かわいい子《こ》には旅《たび》させよと言《い》うし、子《こ》どもがやりたいと思《おも》ったことは、親《おや》も送《おく》り出《だ》す気《き》持《も》ちで応援《おうえん》してあげたいと思《おも》う。

何《なに》？
今日《きょう》たかし君《くん》の家《いえ》に遊《あそ》びに行《い》くの？
たかし君《くん》の家《いえ》にめいわくかけないでね！
だいじょうぶかな？
一人《ひとり》で…
心配《しんぱい》だ
よかった…
無事《ぶじ》に着《つ》いた
あ！
会社《かいしゃ》ちこくする！

まめちしき

昔《むかし》は、旅《たび》はつらいものでした。乗《の》り物《もの》も発《はっ》達《たつ》しておらず、歩《ある》いて旅《たび》をしていたので、途中《とちゅう》で山賊《さんぞく》などにあう危険《きけん》もありました。親《おや》はつらい思《おも》いで子《こ》どもを送《おく》り出《だ》し、その道中《どうちゅう》でさまざまな経験《けいけん》をすることで、子《こ》どもの人間《にんげん》としての成長《せいちょう》をのぞんでいたのでしょう。

●似《に》た意味《いみ》のことわざ

・獅子《しし》の子《こ》落《お》とし
・若《わか》いときの苦労《くろう》は買《か》ってでもせよ

(290ページ)

問題《もんだい》35　＿＿のないところに煙《けむり》は立《た》たぬ　＿＿に入《はい》る言葉《ことば》は何《なに》？

かわいさ余《あま》って憎《にく》さ百倍《ひゃくばい》

エマさん かわいいわ
なんとか お友《とも》だちに なれないかしら?
あの… いっしょに…
ボソ
ボソ
いくよー
おう
あ、あたくしと 遊《あそ》んで…
ボソ
ボソ…
うーん
……
キーッ! このあたくしを 無視《むし》するとは!
かわいさ余《あま》って 憎《にく》さ百倍《ひゃくばい》!!

意味《いみ》

かわいがっていた人《ひと》ほど、いったんにくく思《おも》うと、そのにくしみがいっそう強《つよ》くなるということ。

使《つか》い方《かた》

あんなにかわいがっていた犬《いぬ》が、旅行《りょこう》の間近所《あいだきんじょ》の人《ひと》にあずけていたら、その人《ひと》になついて自分《じぶん》に見向《みむ》きもしない。**かわいさ余《あま》って憎《にく》さ百倍《ひゃくばい》**だ。

英語《えいご》でことわざ

似《に》ている意味《いみ》の英語《えいご》のことわざ

The greatest hate proceeds from the greatest love.

(最大《さいだい》の愛《あい》から最大《さいだい》の憎《にく》しみが生《しょう》じる)

●反対《はんたい》の意味《いみ》のことわざ

・憎《にく》い憎《にく》いはかわいいの裏《うら》

聞《き》いて極《ごく》楽《らく》見《み》て地《じ》獄《ごく》

意味《いみ》

聞《き》いた話《はなし》と実際《じっさい》に自分《じぶん》で見《み》たものがちがうということ。

使《つか》い方《かた》

写真《しゃしん》ではすごくきれいなところだったのに、実際《じっさい》に行《い》ってみたら、人《ひと》は多《おお》いしごみがひどかった。**聞《き》いて極楽《ごくらく》見《み》て地《じ》獄《ごく》**とはこのことだ。

江 江戸《えど》いろはがるた

おたまじゃくしとりに行《い》くの？
いい所《ところ》があるんだ
すっごくいっぱいいいて取《と》り放題《ほうだい》！おたま天国《てんごく》！
ヒミツの場所《ばしょ》だけどイチゴにだけ教《おし》えてあげてもいいよ！
おたまの楽《らく》園《えん》
聞《き》いて極楽《ごくらく》
行《い》ってみたい…
サラ
サラ
うおーとったー
パンツまでぬれた～
ドロドロ
ドロー
見《み》て地獄《じごく》

まめちしき

極楽《ごくらく》は、生《い》きている間《あいだ》によい行《おこな》いをした人《ひと》が行《い》くところ、地獄《じごく》は悪《わる》いことをした人《ひと》が行《い》くところ、と仏教《ぶっきょう》の教《おし》えにあります。よく知《し》られているえんま大王《だいおう》は地獄《じごく》の王《おう》です。ほかに、キリスト教《きょう》では天国《てんごく》は天上《てんじょう》の理想《りそう》の世界《せかい》のことを言《い》います。

●似《に》た意味《いみ》のことわざ

・見《み》ての極楽《ごくらく》、住《す》んでの地獄《じごく》
・見《み》ると聞《き》くとは大違《おおちが》い

問題《もんだい》36　コロンブスの□□に入《はい》る言葉《ことば》は何《なに》？

聞《き》くは一時《いっとき》の恥《はじ》聞《き》かぬは一生《いっしょう》の恥《はじ》

一時《いっとき》…わずかな時間《じかん》

これって何《なん》て読《よ》むのかな?
清水寺
しみずでらかな?
そうなの?
だれかに聞《き》いてみようよ
はずかしいよ〜
わたし聞《き》いてくる
たたっ
それは「しみずでら」じゃなくて「きよみずでら」って言《い》うんだよ
ああ、それとね清水寺《きよみずでら》に行《い》くと音羽《おとわ》の滝《たき》っていうのがあってね
その滝《たき》の水《みず》を飲《の》むとご利益《りやく》があるんだよ
ありがとうございます
ぺこりっ

音羽《おとわ》の滝《たき》
聞《き》くのは はずかしかったけど いいこと教《おし》えて もらったわ
じょぼぼぼ…
聞《き》くは一時《いっとき》の恥《はじ》 聞《き》かぬは一生《いっしょう》の恥《はじ》 だね
スミマセ〜ン キヨミズデラ ハ ドコ デスカ？
オウ、 アッチ デ〜ッス
オトワ ノ タキ ハ ゴリヤク アリマ〜ス
そういうのは はずかしくないんだ

意味《いみ》

知《し》らないことを聞《き》くのははずかしいかもしれないが、聞《き》かずに知《し》らないまま過《す》ごすと、一生《いっしょう》はずかしい思《おも》いをすることになる。だから、はずかしくても知《し》らないことは、そのときに聞《き》くほうがよいということ。

使《つか》い方《かた》

塾《じゅく》の授業《じゅぎょう》で自分《じぶん》だけわからなかった。**一《いっ》時《とき》の恥《はじ》聞《き》かぬは一生《いっしょう》の恥《はじ》**で、勇気《ゆうき》を出《だ》して先生《せんせい》に聞《き》いてよかった。

まめちしき

似《に》た意味《いみ》のことわざにある「末代《まつだい》」とは、この後《あと》の世代《せだい》や時代《じだい》、子孫《しそん》という意味《いみ》です。知《し》らないことを自分《じぶん》のはずかしさから知《し》らないままにしておくと、自分《じぶん》の子孫《しそん》まではじをかくことがあるということですね。

●似《に》た意味《いみ》のことわざ

・聞《き》くは一時《いっとき》の恥《はじ》聞《き》かぬは末代《まつだい》の恥《はじ》
・問《と》うは当座《とうざ》の恥《はじ》聞《き》かぬは末代《まつだい》の恥《はじ》

きじも鳴《な》かずば撃《う》たれまい

意味《いみ》

よけいなことを言《い》ったために、わざわいを招《まね》いてしまうということ。

由来《ゆらい》

きじは甲高《かんだか》い声《こえ》で鳴《な》いたために、猟師《りょうし》に撃《う》たれてしまった。鳴《な》かなければ猟師《りょうし》に気《き》づかれず撃《う》たれなかったのに、ということから。

使《つか》い方《かた》

クラスの友《とも》だちが塾《じゅく》に行《い》き始《はじ》めて塾《じゅく》の勉強《べんきょう》が大変《たいへん》という話《はなし》をお母《かあ》さんにしたら、自分《じぶん》も塾《じゅく》に通《かよ》うことになった。**きじも鳴《な》かずば撃《う》たれまい**だった。

まめちしき

きじは、1947年《ねん》に日本《にほん》を象徴《しょうちょう》する鳥《とり》、国鳥《こくちょう》に選定《せんてい》されました。「桃太郎《ももたろう》」や各地《かくち》の民話《みんわ》などに登場《とうじょう》するように、きじは日本《にほん》にとってなじみの深《ふか》い鳥《とり》です。鳥《とり》が入《はい》っていることわざは、「一富士二鷹三《いちふじにたかさん》なすび」(35ページ)や、「鵜《う》のまねをする烏《からす》」(48ページ)などいろいろあります。

そんなにお菓子《かし》食《た》べたらだめよ！
だいじょうぶ！毎日運動《まいにちうんどう》しているからお母《かあ》さんみたいにならないもん！
おデブ
うぐぐ
息子《むすこ》よ…きじも鳴《な》かずば撃《う》たれまい…
ギュッ

●似《に》た意味《いみ》のことわざ

・口《くち》はわざわいの門《かど》(96ページ)

●似《に》た意味《いみ》の故事成語《こじせいご》

・病《やまい》は口《くち》より入《い》りわざわいは口《くち》より出《い》ず

問題《もんだい》37の答《こた》え　長《なが》い

窮《きゅう》すれば通《つう》ず

窮《きゅう》する…行《い》きづまること、追《お》い込《こ》まれること
通《つう》ず…スムーズに通《つう》じること

意味《いみ》

どうにもならないほど行《い》きづまったときに、かえって道《みち》が開《ひら》けることがあるということ。開《ひら》き直《なお》ることでよい考《かんが》えや方法《ほうほう》が思《おも》い浮《う》かぶこともあるということ。

ピュー

覚《おぼ》え得《とく》!

中国《ちゅうごく》の書物《しょもつ》にある言葉《ことば》。

使《つか》い方《かた》

窮《きゅう》すれば通《つう》ずで、追《お》い込《こ》まれたらよいアイデアが浮《う》かんできた。

あたくしには一人《ひとり》も友《とも》だちがいない…
エマさんとも友《とも》だちになれなかった…
友《とも》だちなんてできないんだわ
ホロリ
おまえメガネ外《はず》すとすげー美人《びじん》だな!
知《し》らなかったよ!
いっしょに遊《あそ》ぼうヨ!
お友《とも》だちができました

まめちしき

ほかにも「窮《きゅう》鼠《そ》猫《ねこ》をかむ」(92ページ)、「窮鳥《きゅうちょう》懐《ふところ》に入《い》れば猟師《りょうし》も殺《ころ》さず」(救《すく》いを求《もと》められたら、どんな場合《ばあい》でも見殺《みごろ》しにはできない。鳥《とり》が猟師《りょうし》の胸元《むなもと》に入《はい》ってきたら、いくら猟師《りょうし》でも撃《う》てないということ)、「窮余《きゅうよ》の一策《いっさく》」(苦《くる》しまぎれに思《おも》いついた方法《ほうほう》)など、「窮《きゅう》」を使《つか》ったことわざや慣用句《かんようく》、故事成語《こじせいご》があります。

●似《に》た意味《いみ》のことわざ
・必要《ひつよう》は発明《はつめい》の母《はは》(223ページ)

●反対《はんたい》の意味《いみ》のことわざ
・窮《きゅう》すれば濫《らん》す

問題《もんだい》38　親《した》しき仲《なか》にも□あり　□に入《はい》る言葉《ことば》は何《なに》?

窮鼠猫《きゅうそねこ》をかむ

窮鼠《きゅうそ》…追《お》いつめられて逃《に》げ場《ば》を失《うしな》ったねずみ

意味《いみ》

弱《よわ》い者《もの》でも追《お》いつめられると、強《つよ》い相手《あいて》を負《ま》かすことがあるということ。

由来《ゆらい》

ねずみはねこより小《ちい》さいが、ねこに追《お》いかけられ逃《に》げ場《ば》を失《うしな》ったときには、ねこにかみつくということから。

覚《おぼ》え得《とく》!

中国《ちゅうごく》の書物《しょもつ》にある言葉《ことば》。

使《つか》い方《かた》

試合《しあい》に勝《か》っているからと言《い》って油断《ゆだん》はするな。窮鼠猫《きゅうそねこ》をかむということもあるぞ。

ABC 英語《えいご》でことわざ

似《に》ている意味《いみ》の英語《えいご》のことわざ

A baited cat may grow as fierce as a lion.

(犬《いぬ》に追《お》い立《た》てられれば、猫《ねこ》もライオンのように荒々《あらあら》しくなる)

へへへ お姉《ねえ》ちゃんのゲームソフトだまって借《か》りてきちゃった
お！ 最近《さいきん》の超人気《ちょうにんき》ゲーム ちょっと貸《か》せよ
え！
こ…これを取《と》られたらお姉《ねえ》ちゃんに…
うわ〜ん こわいよ〜
助《たす》け〜て〜
お願《ねが》いです！命《いのち》の危険《きけん》が！
返《かえ》してくださーい！
フカシ、窮鼠《きゅうそ》猫《ねこ》をかむだったね！
ハァ ハァ
怖《こわ》くなかった？
中学生《ちゅうがくせい》なんてお姉《ねえ》ちゃんに比《くら》べたらぜんぜん

●似《に》た意味《いみ》のことわざ

・窮寇《きゅうこう》は追《お》うことなかれ

・窮鼠反《きゅうそかえ》って猫《ねこ》をかむ

問題《もんだい》38の答《こた》え　礼儀《れいぎ》

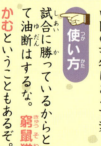

木《き》を見《み》て森《もり》を見《み》ず

意味《いみ》

小《ちい》さなことにこだわりすぎて、全体《ぜんたい》がわからないこと。

由来《ゆらい》

一本一本《いっぽんいっぽん》の木《き》を見《み》ることにとらわれすぎて、森全体《もりぜんたい》を見《み》ないということ。

使《つか》い方《かた》

部屋《へや》のもようがえをしていたら、ベッドの位置《いち》ばかりを気《き》にして、ほかの家具《かぐ》の置《お》き場所《ばしょ》がなくなった。**木《き》を見《み》て森《もり》を見《み》ず**だ。

英語《えいご》でことわざ

同《おな》じ意味《いみ》の英語《えいご》のことわざ

You cannot see the wood for the trees.

(木《き》を見《み》て森《もり》を見《み》ず)

あら このキャベツ 高《たか》いわね～
キャベツなら ○○スーパーが 安《やす》いわよ
300
○○スーパー
ほんと 安《やす》いわ！
あら、おくさん キャベツなら となり町《まち》のスーパーのが 安《やす》かったわよ
198
となり町《まち》の スーパー
ほんと 安《やす》いわ！
115
で、タクシーで 帰《かえ》って きたの？
だって つかれ ちゃって…
木《き》を見《み》て 森《もり》を見《み》ずだね…

●似《に》た意味《いみ》のことわざ

・木《こ》っ端《ぱ》を拾《ひろ》うて材木《ざいもく》を流《なが》す

・鹿《しか》を追《お》う者《もの》は山《やま》を見《み》ず

問題《もんだい》39　□も方便《ほうべん》　□に入《はい》る言葉《ことば》は何《なに》？

苦《く》あれば楽《らく》あり

意味《いみ》

苦《くる》しいことがあれば、その後《あと》には楽《たの》しいことがあるということ。

覚《おぼ》え得《とく》！

「苦《く》あれば楽《らく》あり、楽《らく》あれば苦《く》あり」と続《つづ》けることもある。

使《つか》い方《かた》

いとこのお兄《にい》ちゃんは、アルバイトをしながら大学《だいがく》に行《い》って医者《いしゃ》になって、夢《ゆめ》をかなえている。苦《く》あれば楽《らく》ありと言《い》うから、楽《らく》ばかりせずに自分《じぶん》もがんばろうと思《おも》う。

冬《ふゆ》休《やす》み
春《はる》休《やす》み
そして夏《なつ》休《やす》み
ラクだ〜♪
いつも思《おも》うんだよね！宿題《しゅくだい》がなければ思《おも》いきり遊《あそ》べるのに…
これが無《な》ければこの世《よ》は天国《てんごく》だ！
あ〜〜
苦《くる》しい…
息子《むすこ》よ…そういうものだ 頑張《がんば》れ…

●似《に》た意味《いみ》のことわざ

・楽《らく》あれば苦《く》あり　・楽《らく》は苦《く》の種《たね》、苦《く》は楽《らく》の種《たね》

●似《に》た意味《いみ》の故事成語《こじせいご》

・人間万事塞翁《にんげんばんじさいおう》が馬《うま》

まめちしき

似《に》た意味《いみ》の故事成語《こじせいご》の「人間万事塞翁《にんげんばんじさいおう》が馬《うま》」（人生《じんせい》は思《おも》いがけないことが起《お》こるものなので、幸《しあわ》せや不幸《ふこう》は予測《よそく》できない）や「禍福《かふく》はあざなえる縄《なわ》のごとし」（不運《ふうん》と幸運《こううん》はより合《あ》わせた縄《なわ》のようになっていて、変化《へんか》するもの）など、人生《じんせい》では何《なに》が幸運《こううん》となり不運《ふうん》となるか、予測《よそく》できないものだと説《と》いています。

問題《もんだい》39の答《こた》え　嘘《うそ》

くさっても鯛《たい》

意味《いみ》

本当《ほんとう》にすぐれたものは、悪《わる》い状態《じょうたい》になったとしても、値打《ねう》ちがあるということ。

由来《ゆらい》

高級魚《こうきゅうぎょ》の鯛《たい》は、多少《たしょう》くさっても値打《ねう》ちがあることから。

鯛《たい》

使《つか》い方《かた》

おばさんはいつも姿勢《しせい》がいい。お父《とう》さんに聞《き》いたら昔《むかし》バレリーナだったそうだ。**くさっても鯛《たい》**だね。

英語《えいご》でことわざ

似《に》ている意味《いみ》の英語《えいご》のことわざ

A good horse becomes never a jade.

(名馬《めいば》は決《けっ》して駄馬《だば》にならぬ)

ポン
ポン
おばあちゃん お手玉《てだま》うまいね！
ハハハ
くさっても鯛《たい》だね！
ゴオオオオ
ポーン
グルグル
どうじゃ！
くさってない！
ガーン
新鮮《しんせん》な鯛《たい》だ！

●似《に》た意味《いみ》のことわざ

・やぶれても小袖《こそで》

問題《もんだい》40 縁《えん》の下《した》の□持《も》ち □に入《はい》る言葉《ことば》は何《なに》？

口《くち》はわざわいの門《かど》

わざわい…災難《さいなん》、災《わざわ》い

意味《いみ》

うっかり必要《ひつよう》のないことを話《はな》すと、それが災難《さいなん》のもとになることがあるので、言葉《ことば》には気《き》をつけなさいということ。

覚《おぼ》え得《とく》！

「禍《わざわい》」とも「災《わざわ》い」とも書《か》く。

使《つか》い方《かた》

「太《ふと》った」の一言《ひとこと》で、お母《かあ》さんが不機嫌《ふきげん》になった。**口《くち》はわざわいの門《かど》**だ。

おしゃべりのイチゴが静《しず》かだ
口《くち》はわざわいの門《かど》ってしかられたんじゃない？
あーいつも一言《ひとこと》よけいでしかられてるからなー
プ…
ちがうもーん！
歯《は》がいたいだけだもーん！
やっぱりねー
わ
さぁ歯医者《はいしゃ》行《い》きましょう
やだー
しゃべらなくても口《くち》はわざわいの門《かど》だなー

英語《えいご》でことわざ

同《おな》じ意味《いみ》の英語《えいご》のことわざ

Out of the mouth comes evil.

(口《くち》はわざわいの門《かど》)

●似《に》た意味《いみ》のことわざ

・言《い》わぬが花《はな》(42ページ)

・きじも鳴《な》かずば撃《う》たれまい(90ページ)

・口《くち》はわざわいのもと

苦《くる》しいときの神《かみ》頼《だの》み

意味《いみ》

自分《じぶん》が苦《くる》しいときだけ神様《かみさま》にお願《ねが》いすること。自分《じぶん》の都合《つごう》だけで相手《あいて》にたよろうとする身勝手《みがって》さのたとえ。

使《つか》い方《かた》

いつもは何《なに》も信《しん》じないくせに、自分《じぶん》が風邪《かぜ》を引《ひ》いたときだけ神様《かみさま》に早《はや》く治《なお》るようにお願《ねが》いする弟《おとうと》は、本当《ほんとう》に苦《くる》しいときの神頼《かみだの》みだ。

まめちしき

「釈迦《しゃか》に説法《せっぽう》」（127ページ）、「知《し》らぬが仏《ほとけ》」（130ページ）、「捨《す》てる神《かみ》あれば拾《ひろ》う神《かみ》あり」（134ページ）、「仏《ほとけ》の顔《かお》も三度《さんど》」（238ページ）、「地獄《じごく》で仏《ほとけ》」（大変《たいへん》なときの思《おも》わぬ助《たす》け）、「神出鬼没《しんしゅつきぼつ》」（鬼《おに》や神《かみ》のようにあらわれたりかくれたり変幻自在《へんげんじざい》なこと）など、神《かみ》や仏《ほとけ》が登場《とうじょう》することわざや四字熟語《よじじゅくご》は多《おお》くあります。

神様《かみさま》お願《ねが》い！
パン
パン
わかる問題《もんだい》だけテストに出《で》ますように！
チャリ〜〜ン
ははは、苦《くる》しいときの神頼《かみだの》みか！
せ……先生《せんせい》！
お願《ねが》い！わかる問題《もんだい》だけテストに出《だ》してください！
神様《かみさま》、仏様《ほとけさま》、センセイ様《さま》〜！
チャリ〜〜ン
おがむな！おさいせんを投《な》げるな！

●似《に》た意味《いみ》のことわざ

・おぼれる者《もの》はわらをもつかむ（60ページ）

・かなわぬときの神頼《かみだの》み

問題《もんだい》41　＿＿の耳《みみ》に念仏《ねんぶつ》　＿＿に入《はい》る動物《どうぶつ》は何《なに》？

君子《くんし》危《あや》うきに近《ちか》寄《よ》らず

君子《くんし》…人柄《ひとがら》がすぐれた人《ひと》

どうしましょう…今月赤字《こんげつあかじ》だわ…
はぁ〜
ボーナスも下《さ》がっちゃったからな〜
仕方《しかた》ないだろう
こら！
遊《あそ》んでばかりいないで勉強《べんきょう》しなさい！
そうだぞ！
おーこわいこわい…君子危《くんしあや》うきに近寄《ちかよ》らずだ…

意味《いみ》

立派《りっぱ》な人《ひと》は、自分《じぶん》の言動《げんどう》に用心《ようじん》して、むやみに危《あぶ》ないことをしないということ。うかつな言動《げんどう》で、失敗《しっぱい》をしないようにという教《おし》え。

サササ

使《つか》い方《かた》

旅行中《りょこうちゅう》は、少《すこ》しでも危険《きけん》を感《かん》じる場所《ばしょ》には絶対《ぜったい》に近《ちか》づかないことが大事《だいじ》。何《なに》かある前《まえ》に防《ふせ》ぐ。**君子《くんし》危《あや》うきに近寄《ちかよ》らず**だ。

まめちしき

君子《くんし》とは立派《りっぱ》な人《ひと》のこと。「君子《くんし》は豹変《ひょうへん》す」(立派《りっぱ》な人《ひと》は自分《じぶん》のまちがいを認《みと》め、すぐに考《かんが》えや行《おこな》いを改《あらた》める)、「君子《くんし》の交《まじ》わりは淡《あわ》きこと水《みず》のごとし」(君子《くんし》の人《ひと》とのつきあい方《かた》はあっさりしているが、その友情《ゆうじょう》はいつも変《か》わることがない)などの故事成語《こじせいご》で、本当《ほんとう》にかしこい人《ひと》のふるまいがわかりますね。

●似《に》た意味《いみ》のことわざ

・賢人《けんじん》は危《あや》うきを見《み》ず

●反対《はんたい》の意味《いみ》の故事成語《こじせいご》

・虎穴《こけつ》に入《い》らずんば虎子《こじ》を得《え》ず

問題《もんだい》41の答《こた》え　馬《うま》

芸《げい》は身《み》を助《たす》ける

意味《いみ》

何《なに》か一《ひと》つすぐれたものがあると、生活《せいかつ》に困《こま》ったときに役《やく》立《だ》ったり、お金《かね》をかせぐことができたりするということ。

使《つか》い方《かた》

おばあちゃんは昔習《むかしなら》っていたうらないを生《い》かして、いまでは予約《よやく》が取《と》れないうらない師《し》になった。まさに**芸《げい》は身《み》を助《たす》ける**だ。

江 江戸《えど》いろはがるた

●似《に》た意味《いみ》のことわざ

・芸《げい》は身《み》につく

●反対《はんたい》の意味《いみ》のことわざ

・芸《げい》は身《み》をやぶる

まめちしき

このことわざでいう芸《げい》は、職業《しょくぎょう》のために身《み》につけた技術《ぎじゅつ》ではなく、趣味《しゅみ》で身《み》につけた芸《げい》のことです。道楽《どうらく》のつもりがお金《かね》をかせぐ手段になるのは幸運《こううん》ですね。しかし、反《はん》対《たい》の意味《いみ》である「芸《げい》は身《み》をやぶる」のように、あまりに趣味《しゅみ》に夢中《むちゅう》になりすぎて、本業《ほんぎょう》を忘《わす》れてしまってはいけません。

問題《もんだい》42 転《ころ》ばぬ先《さき》の□□に入《はい》る言葉《ことば》は何《なに》？

光《こう》陰《いん》矢《や》のごとし

光陰《こういん》…月日《つきひ》、歳月《さいげつ》

意《い》味《み》

月日《つきひ》はあっというまに過《す》ぎ去《さ》ること。

覚《おぼ》え得《とく》！

「光《こう》」は日《ひ》、「陰《いん》」は月《つき》のこと。月日《つきひ》は矢《や》のように早《はや》く過《す》ぎるということ。

使《つか》い方《かた》

あっというまに二年《にねん》の海外生活《かいがいせいかつ》が終《お》わった。最初《さいしょ》はあんなにとまどったのに、いまではなじんでいる。本当《ほんとう》に**光陰矢《こういんや》のごとし**だな。

ソラも十歳《じっさい》か 光陰矢《こういんや》のごとしだな…
光陰《こういん》って何《なに》？
ビューーーン
光《ひかり》と陰《かげ》… つまりお日様《ひさま》とお月様《つきさま》が
矢《や》のように早《はや》く過《す》ぎたってことだ
がミがミ
イチゴー！ またランドセルや靴下《くつした》をあちこちに投《な》げっぱなしで！
がミ がミ
イチゴの光陰《こういん》はかたつむりのごとしだなあ…
お説教《せっきょう》長《なが》いなあ…

ABC 英語《えいご》でことわざ

似《に》ている意味《いみ》の英語《えいご》のことわざ

Time flies(like an arrow).

(時《とき》は〈矢《や》のように〉飛《と》ぶ)

●似《に》た意味《いみ》のことわざ

・光陰《こういん》に関守《せきもり》なし

●似《に》た意味《いみ》の故事成語《こじせいご》

・歳月人《さいげつひと》を待《ま》たず

後悔《こうかい》先《さき》に立《た》たず

意味《いみ》

ものごとが終《お》わった後《あと》でいくら悔《く》やんでも、もうどうにもならないということ。だから、何《なに》かするときは後悔《こうかい》しないようにするべきであるという教《おし》え。

覚《おぼ》え得《とく》！

「先《さき》に立《た》たず」とは、ものごとをする前《まえ》に後悔《こうかい》はできないという意味《いみ》。

使《つか》い方《かた》

ピアノの発表会《はっぴょうかい》まで時間《じかん》があると思《おも》って、だらだら練習《れんしゅう》をしていたら、発表会《はっぴょうかい》ではきんちょうしてまちがえてばかりだった。**後悔先《こうかいさき》に立《た》たず**だ。

立《た》たず…立《た》たない

あらっ 髪《かみ》の毛《け》〜！
短《みじか》く切《き》っちゃった！
あ、あこがれのセンパイ♡
ドキ ドキ
ニコ ニコ
へえ 切《き》ったんだ
は…はい
ガ〜ン
ニコ ニコ
ぼくは長《なが》い髪《かみ》が好《す》きだなあ
後悔先《こうかいさき》に立《た》たず

英語《えいご》でことわざ

似《に》ている意味《いみ》の英語《えいご》のことわざ

Repentance comes too late.

(後悔《こうかい》はあまりにもおそく来《く》る)

●似《に》た意味《いみ》の慣用句《かんようく》

・後《あと》の祭《まつ》り

●似《に》た意味《いみ》の故事成語《こじせいご》

・覆水盆《ふくすいぼん》に返《かえ》らず

問題《もんだい》43 船頭《せんどう》多《おお》くして船《ふね》□に上《のぼ》る □に入《はい》る言葉《ことば》は何《なに》？

孝《こう》行《こう》のしたい時《じ》分《ぶん》に親《おや》はなし

時分《じぶん》…とき、頃《ころ》

家《いえ》でちゃんとお手伝《てつだ》いしているか？
アイス
していないよ
モグモグ
孝行《こうこう》のしたい時分《じぶん》に親《おや》はなしと言《い》うぞ！
えっ!?
だから、いまできることをしっかりやりなさい！
しっかりな！
はーい

そういえば、ヨーロッパに行《い》きたいと言《い》っていたっけ
三百円《さんびゃくえん》でヨーロッパは行《い》けるのか？
親孝行《おやこうこう》したいからお金《かね》ちょーだい！

意《い》味《み》

親孝行《おやこうこう》をしたいと思《おも》ったときには、親《おや》はもういない。悔《く》やむ前《まえ》に親《おや》孝行《こうこう》をしなさいということ。

使《つか》い方《かた》

孝行《こうこう》のしたい時分《じぶん》に親《おや》はなしだから、親孝行《おやこうこう》しておきなさいと、おばあちゃんに言《い》われた。

まめちしき

似《に》た意味《み》のことわざの「石《いし》に布団《ふとん》は着《き》せられず」の「石《いし》」は墓石《ぼせき》のことです。お墓《はか》に布団《ふとん》をかけてあげることなどできないのだから、親《おや》が元気《げんき》なうちに親《おや》を大事《だいじ》にしましょうということですね。

●似《に》た意味《いみ》のことわざ

・石《いし》に布団《ふとん》は着《き》せられず

・いつまでもあると思《おも》うな親《おや》と金《かね》

郷《ごう》に入《い》っては郷《ごう》にしたがえ

郷《ごう》…地方《ちほう》、田舎《いなか》

意味《いみ》

人《ひと》は住《す》んでいるところの習慣《しゅうかん》にしたがうのがよいということ。また、知《し》らない土地《とち》では、そこのやり方《かた》にしたがうのが無難《ぶなん》だということ。

使《つか》い方《かた》

海外《かいがい》に行《い》ったら、**郷《ごう》に入《い》っては郷《ごう》にしたがえ**で、食《た》べ方《かた》やあいさつなどのマナーは、その土地《とち》に合《あ》わせることにしている。

郷《ごう》に入《い》っては郷《ごう》にしたがえ！
その土地《とち》の食《た》べものをちゃんと食《た》べるのも大事《だいじ》よ！
なっとう
そ…ソウネ
ウゥッ！
パクッ
ケンジ！
なっとう苦手《にがて》な人《ひと》も多《おお》いからね
無理《むり》に食《た》べなくてもいいよ
ケンジ…やさしい…
モリモリ
なっとう大好物《だいこうぶつ》

まめちしき

「郷《ごう》」はもとは中国《ちゅうごく》の言葉《ことば》で、古代中国《こだいちゅうごく》の国《くに》が定《さだ》めた土地《とち》の区画《くかく》の呼《よ》び方《かた》です。日本《にほん》では、江戸時代《えどじだい》の寺子屋《てらこや》(学校《がっこう》のようなところ)の教科書《きょうかしょ》『童子教《どうじきょう》』に、この言葉《ことば》が書《か》かれていました。社会《しゃかい》や人《ひと》とのつきあい方《かた》を説《と》いたことわざですね。

●似《に》た意味《いみ》のことわざ

・所変《ところか》われば品変《しなか》わる(169ページ)

問題《もんだい》44の答《こた》え　どんぐり

弘《こう》法《ぼう》筆《ふで》を選《えら》ばず

弘法《こうぼう》…弘法大師《こうぼうだいし》(空海《くうかい》)

意味《いみ》

名人《めいじん》は、使《つか》う道具《どうぐ》を選《え》り好《ごの》みしないということ。

由来《ゆらい》

書道《しょどう》の名人《めいじん》である弘法大師《こうぼうだいし》(空海《くうかい》)は、筆《ふで》を選《えら》ばずにいつも立派《りっぱ》な字《じ》を書《か》いていたことから。

使《つか》い方《かた》

テニスのコーチは、だれのラケットを使《つか》っても、同《おな》じように上手《じょうず》に教《おし》えてくれる。**弘法《こうぼう》筆《ふで》を選《えら》ばず**だ。

弘法筆《こうぼうふで》を選《えら》ばず 名人《めいじん》はどんな筆《ふで》でも上手《じょうず》な字《じ》を書《か》いたということ!
なるほど
ゴメンねママ
ボクはまだまだ名人《めいじん》じゃないから
やっぱりせめて千円《せんえん》くらいのえんぴつでないと…
……

まめちしき

弘法大師《こうぼうだいし》(空海《くうかい》)は、平安時代《へいあんじだい》の僧《そう》です。真《しん》言宗《ごんしゅう》を開《ひら》いた人物《じんぶつ》として知《し》られています。日本《にほん》の仏教《ぶっきょう》の世界《せかい》でも有名《ゆうめい》な人物《じんぶつ》ですが、一方《いっぽう》で、嵯峨天皇《さがてんのう》や橘逸勢《たちばなのはやなり》とともに平安時《へいあんじ》代初期《だいしょき》の「三筆《さんぴつ》」と言《い》われる、書《しょ》の達人《たつじん》でもありました。

●似《に》た意味《いみ》のことわざ

・能書筆《のうしょふで》を選《えら》ばず

●反対《はんたい》の意味《いみ》のことわざ

・下手《へた》の道具《どうぐ》立《だ》て

問題《もんだい》45 ＿＿橋《ばし》をたたいて渡《わた》る ＿＿に入《はい》る言葉《ことば》は何《なに》?

子《こ》どものけんかに親《おや》が出《で》る

意《い》味《み》 つまらないことにわきから口《くち》出《だ》しをしてさわぎたてること。

由《ゆ》来《らい》 子《こ》ども同士《どうし》のけんかに、自分《じぶん》の子《こ》どもをかわいがりすぎて親《おや》が口出《くちだ》しをするおろかさから。

覚《おぼ》え得《とく》！ 相手《あいて》を責《せ》めるときに使《つか》う。

使《つか》い方《かた》 **子《こ》どものけんかに親《おや》が出《で》る**ようなことは、もうやめよう。

何《なん》だとこいつ〜！
お前《まえ》こそ何《なん》だコノ〜！
まあまあやめなさい
どうしてケンカになったんだ？
こいつがお父《とう》さんの悪口《わるぐち》を言《い》ったから
お前《まえ》が先《さき》に言《い》ったんじゃないか！
あんたの息子《むすこ》が悪《わる》い！
いいやそっちだ！

●似《に》た意味《いみ》のことわざ

・子《こ》どもげんかが親《おや》げんか

●反対《はんたい》の意味《いみ》のことわざ

・子《こ》どものけんか親《おや》かまわず

まめちしき

ほかにも「けんかするほど仲《なか》がいい」（けんかするのは仲《なか》がいいからということ）、「けんか両成敗《りょうせいばい》」（けんかしたのは、両方《りょうほう》とも悪《わる》い。だからどちらも同《おな》じばつになる）、「けんかを売《う》る」（けんかをしかける）、「けんかを買《か》う」（しかけられたけんかに応《おう》じる）などのことわざや慣用句《かんようく》があります。

問題《もんだい》45の答《こた》え　石《いし》

子《こ》はかすがい

かすがい…木材同士《もくざいどうし》をつなぐ鉄《てつ》のくぎ

意味《いみ》

子《こ》どもは、夫婦《ふうふ》の仲《なか》を保《たも》ち、つなぎとめてくれるものだということ。

由来《ゆらい》

かすがいとは、木材《もくざい》と木材《もくざい》をつなぐコの字型《じがた》の鉄《てつ》のくぎのことで、つなぐ力《ちから》がとても強《つよ》いことから。

ガッチリ

使《つか》い方《かた》

お父《とう》さんとお母《かあ》さんはよくけんかをするが、いつもお兄《にい》ちゃんが止《と》めて、すぐに仲直《なかなお》りをする。**子《こ》はかすがい**と言《い》うけれど、けんかはしないでほしい。

あんたって最低《さいてい》!!
おまえの顔《かお》なんか見《み》たくない！
出《で》て行《い》け!
わ～パパとママがケンカしている…どうしよう
ドキドキ
やめて～
え～んえ～ん
ごめんね…

●似《に》た意味《いみ》のことわざ

- 縁《えん》の切《き》れ目《め》は子《こ》でつなぐ
- 子《こ》は縁《えん》つなぎ

まめちしき

「親《おや》の心《こころ》子《こ》知《し》らず」(62ページ)、「子《こ》を持《も》って知《し》る親《おや》の恩《おん》」(111ページ)、「子《こ》の心《こころ》親《おや》知《し》らず」(親《おや》は子《こ》どもの心《こころ》をわかっていない)、「子《こ》どもは親《おや》の背中《せなか》を見《み》て育《そだ》つ」(親《おや》のふるまいや習《しゅう》慣《かん》をまねて育《そだ》つ)、「親《おや》の恩《おん》は子《こ》で送《おく》る」(親《おや》から受《う》けた恩《おん》は自分《じぶん》の子《こ》を立派《りっぱ》に育《そだ》てることで返《かえ》す)など親子《おやこ》のことわざは多《おお》くあります。

問題《もんだい》46　背《せ》に□はかえられぬ　□に入《はい》る体《からだ》の部分《ぶぶん》は何《なに》？

転《ころ》がる石《いし》に苔《こけ》は生《は》えない

バイト
つまらない
やめよう
ここも
つまらない
やめた
お兄《にい》ちゃん
あきっぽすぎるよ！
一《ひと》つの場所《ばしょ》に
長《なが》くいようよ！
わかった！
ここに長《なが》くいる！
ゴローン
ダメだこりゃ！

意味《いみ》

①たびたび仕事《しごと》や住《す》まいを変《か》える人《ひと》は、地位《ちい》もお金《かね》も得《え》られないということ。

②活発《かっぱつ》に動《うご》き回《まわ》っていると、生《い》き生《い》きしていられるということ。

覚《おぼ》え得《とく》！

英語《えいご》のことわざ。日本《にほん》やイギリスでは①の意味《いみ》だが、アメリカでは②の意味《いみ》。

使《つか》い方《かた》

転《ころ》がる石《いし》に苔《こけ》は生《は》えないと言《い》うから、仕事《しごと》を変《か》えすぎては、何《なに》も身《み》につかない。

コロコロ

似《に》た意味《いみ》のことわざ

・転石苔《てんせきこけ》むさず

・転石苔《てんせきこけ》を生《しょう》ぜず

ABC 英語《えいご》でことわざ

同《おな》じ意味《いみ》の英語《えいご》のことわざ

Rolling stone gathers no moss.

(転《ころ》がる石《いし》に苔《こけ》は生《は》えない)

転《ころ》ばぬ先《さき》の杖《つえ》

意味《いみ》

失敗《しっぱい》しないように、念《ねん》には念《ねん》を入《い》れておくこと。

覚《おぼ》え得《とく》！

転《ころ》んでから杖《つえ》はつけないので、転《ころ》ぶ前《まえ》に杖《つえ》をついておけるように、ものごとを行《おこな》う前《まえ》にじゅんびが大事《だいじ》だということ。

使《つか》い方《かた》

お姉《ねえ》ちゃんは、**転《ころ》ばぬ先《さき》の杖《つえ》**と言《い》って、おこづかいであまった小銭《こぜに》やお年玉《としだま》をコツコツと貯《た》めている。

ばんそうこうと包帯《ほうたい》としっぷ…
ランドセルに何《なに》入《い》れてるの？
明日《あした》のじゅんび
あ！
マラソン大会《たいかい》？ケガしたときのために？
転《ころ》ばぬ先《さき》の杖《つえ》だよ
だいじょうぶ！
雨《あめ》にするじゅんびもバッチリしてるから！

●似《に》た意味《いみ》のことわざ

・備《そな》えあれば憂《うれ》いなし（143ページ）

●反対《はんたい》の意味《いみ》のことわざ

・どろぼうを捕《と》らえて縄《なわ》をなう（173ページ）

英語《えいご》でことわざ

似《に》ている意味《いみ》の英語《えいご》のことわざ

Prevention is better than cure.

（予防《よぼう》は治療《ちりょう》にまさる）

問題《もんだい》47　□の頭《あたま》も信心《しんじん》から　□に入《はい》る魚《さかな》は何《なに》？

コロンブスの卵《たまご》

意味《いみ》

簡単《かんたん》にできることでも、最初《さいしょ》に考《かんが》えて実行《じっこう》することはむずかしいというたとえ。

由来《ゆらい》

アメリカ大陸《たいりく》を発見《はっけん》したコロンブスが「アメリカ大陸《たいりく》なんてだれでも発見《はっけん》できたさ」と言《い》われたので、「ゆで卵《たまご》をテーブルに立《た》ててみろ」と言《い》った。だれもできないことを見《み》たコロンブスは、ゆで卵《たまご》のはしをつぶして立《た》てて見《み》せたという話《はなし》から。

使《つか》い方《かた》

それは思《おも》いつかなかった。まさに**コロンブスの卵《たまご》**だ。

船《ふね》をまっすぐ進《すす》めさせればだれだってアメリカ大陸《たいりく》にたどり着《つ》くさ
コロンブス
ならば諸君《しょくん》
このゆで卵《たまご》をテーブルに立《た》てられるものはいるかね？
そんなことできるか！
できもしないことを言《い》うな！
これでどうだね？
ターン
ぬおお思《おも》いつかなかった〜！
これぞコロンブスの卵《たまご》である

卵《たまご》を使《つか》ったことわざ

・丸《まる》い卵《たまご》も切《き》りようで四角《しかく》（251ページ）

まめちしき

「コロンブスの卵《たまご》」は、世界的《せかいてき》に知《し》られている話《はなし》です。日本《にほん》では、明治時代《めいじじだい》の『尋常小学《じんじょうしょうがっ》校国語読本《こうこくごとくほん》』で紹介《しょうかい》されていました。だれでもできそうなものほど、一番《いちばん》はじめに思《おも》いつくことはむずかしいもの。さらに思《おも》いついてから実行《じっこう》するまでの行動力《こうどうりょく》もなければ、「コロンブスの卵《たまご》」にはなれません。

問題《もんだい》47の答《こた》え　鰯《いわし》

子《こ》を持《も》って知《し》る親《おや》の恩《おん》

恩《おん》…親《おや》などからのめぐみや思《おも》いやり

意味《いみ》

自分《じぶん》が親《おや》になってはじめて、親《おや》のありがたさがわかるということ。

使《つか》い方《かた》

自分《じぶん》が子《こ》どものときは気《き》づかなかったことが、自分《じぶん》の子《こ》どもができたら、親《おや》の思《おも》いがわかった。**子《こ》を持《も》って知《し》る親《おや》の恩《おん》**とはこのことだ。

はあ〜
熱《ねつ》…下《さ》がらないわね〜
そう言《い》えば子《こ》どものころオレもよく熱《ねつ》出《だ》して医者《いしゃ》に連《つ》れて行《い》かれたっけなぁ〜
親《おや》になってわかったけど、こんなにも心配《しんぱい》してたんだな
明日《あした》、父《とう》さんに電話《でんわ》してみるよ…
そうね…わたしもしてみるわ…

●似《に》た意味《いみ》のことわざ

・親《おや》の心《こころ》子《こ》知《し》らず(62ページ)
・子《こ》を育《そだ》てて知《し》る親《おや》の恩《おん》

まめちしき

「犬《いぬ》は三日《みっか》飼《か》えば三年恩《さんねんおん》を忘《わす》れぬ」(犬《いぬ》は三日《みっか》飼《か》えば三年間恩《さんねんかんおん》を忘《わす》れない。人間《にんげん》も恩知《おんし》らずはいけない)、「大恩《だいおん》は報《ほう》ぜず」(大《おお》きな恩《おん》は小《ちい》さな恩《おん》に比《くら》べて気《き》づきにくい)、「父母《ふぼ》の恩《おん》は山《やま》よりも高《たか》く、海《うみ》よりも深《ふか》し」(父母《ふぼ》からの恩《おん》は、はかりしれないほど大《おお》きい)など、恩《おん》に関《かん》することわざは多《おお》くあります。

問題《もんだい》48　□の不養生《ふようじょう》　□に入《はい》る言葉《ことば》は何《なに》？

やってみよう②

絵《え》に合《あ》うことわざを見《み》つけよう

答《こた》えは295ページにあるよ。

●絵《え》が表《あらわ》すことわざを左《ひだり》の①〜⑮から選《えら》んでね。

①

あっというまに
みんな知《し》ってる

②

どっち?
どっちにしよう?!

③

明《あ》かりの下《した》は
暗《くら》いんだよな〜

④

同《おな》じように
してるのに〜

⑤

ないしょ
なんだけどさ〜

⑥

どのくらい
もうかるかな〜

⑦

同《おな》じ〝まる〟
なのにな〜

⑧

平気《へいき》〜

右《みぎ》の絵《え》に合《あ》う**ことわざ**はどれ?

❶鬼《おに》に金棒《かなぼう》

❷月《つき》とすっぽん

❸花《はな》より団子《だんご》

❹人《ひと》の口《くち》には戸《と》は立《た》てられぬ

❺頭《あたま》かくして尻《しり》かくさず

❻壁《かべ》に耳《みみ》あり障子《しょうじ》に目《め》あり

❼仏《ほとけ》の顔《かお》も三度《さんど》

❽雨《あめ》降《ふ》って地固《じかた》まる

❾蛙《かえる》の面《つら》に水《みず》

❿藪《やぶ》をつついて蛇《へび》を出《だ》す

⓫鵜《う》のまねをする烏《からす》

⓬船頭《せんどう》多《おお》くして船山《ふねやま》に上《のぼ》る

⓭捕《と》らぬ狸《たぬき》の皮算用《かわざんよう》

⓮二兎《にと》を追《お》う者《もの》は一兎《いっと》をも得《え》ず

⓯灯台下暗《とうだいもとくら》し

⑫

かくれんぼ?
尾《お》が見《み》えてるけど…

⑬

パワーアップ!

武器《ぶき》を手《て》に入《い》れて
パワーアップ

⑭

やりすぎ!

いくら仏《ほとけ》だって
堪忍袋《かんにんぶくろ》の緒《お》が切《き》れたよ

⑮

カタイ

あれ?　地面《じめん》が固《かた》くなった…

⑨

リーダーは一人《ひとり》で
いいんだよな～

⑩

下手《へた》に
つつくんじゃなかった～

⑪

見《み》るより食《た》べる

動物《どうぶつ》や植物《しょくぶつ》が出《で》てくることわざ

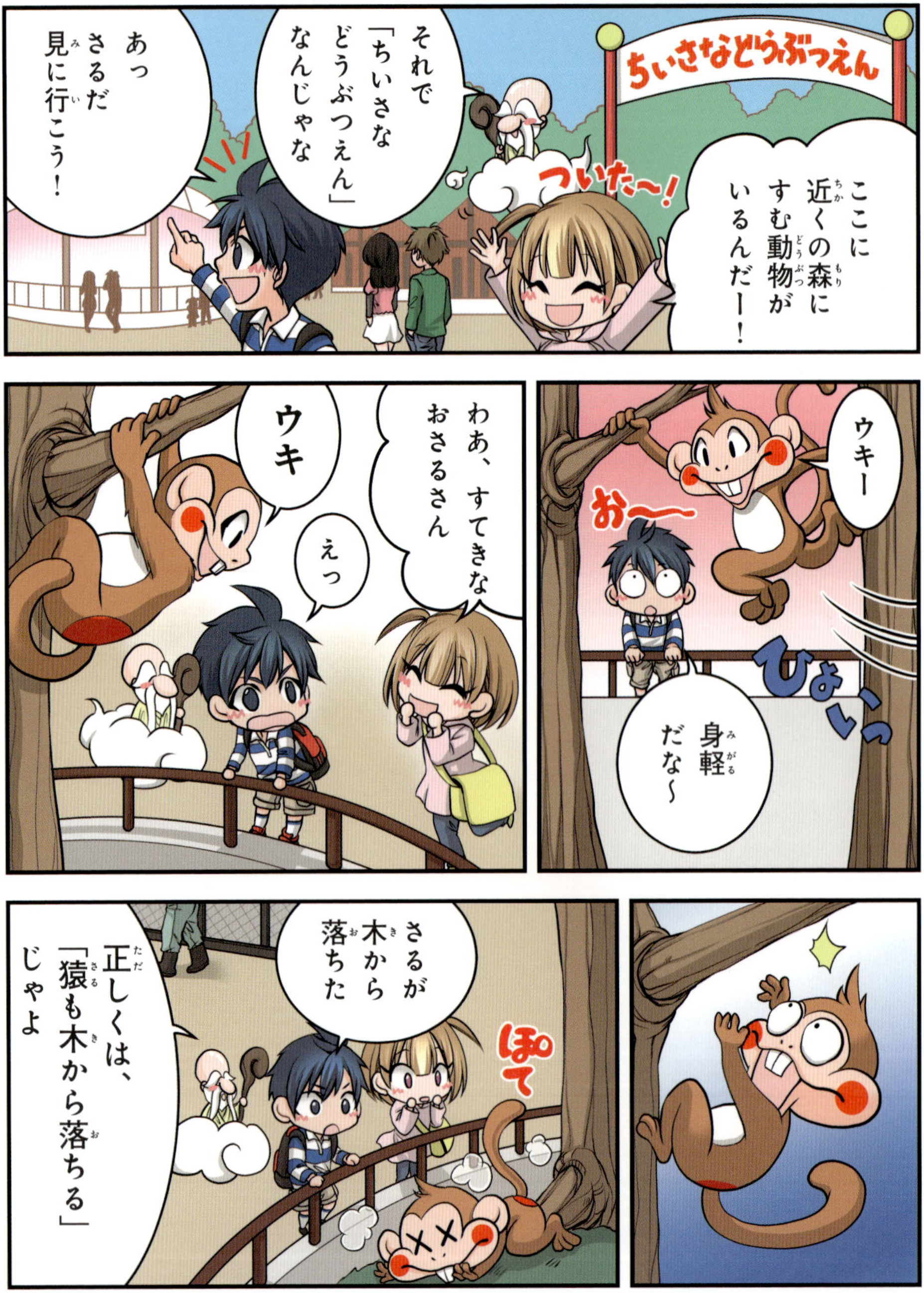

ちいさなどうぶつえん
ここに近《ちか》くの森《もり》にすむ動物《どうぶつ》がいるんだー！
ついた〜！
それで「ちいさなどうぶつえん」なんじゃな
あっさるだ見《み》に行《い》こう！
ウキー
お〜〜
ひょいっ
身軽《みがる》だな〜
わあ、すてきなおさるさん
ウキ
えっ
さるが木《き》から落《お》ちた
ぽて
正《ただ》しくは、「猿《さる》も木《き》から落《お》ちる」じゃよ

問題《もんだい》48の答《こた》え 医者《いしゃ》

え〜っ！さるが落《お》ちただけでことわざになるの？
どんなにものごとが上手《じょうず》な人《ひと》でも失敗《しっぱい》することがあるというたとえじゃ
じゃあ、ほかの動物《どうぶつ》のことわざもあるの？
そうじゃな
じゃあ、これのことわざってある!?
「捕《と》らぬ狸《たぬき》の皮算用《かわざんよう》」
「能《のう》ある鷹《たか》は爪《つめ》をかくす」
ここにはいないほかの生《い》きもののことわざも聞《き》くかの
「二《に》兎《と》を追《お》う者《もの》は一《いっ》兎《と》をも得《え》ず」
かわいい
おー
かしこいのね
聞《き》く聞《き》く〜

たとえば
これじゃ
ポンッ
猫《ねこ》に小判《こばん》
↓201ページ
えさの方《ほう》が
いいニャー
馬《うま》の耳《みみ》に念仏《ねんぶつ》
↓50ページ
ポンッ
きじも鳴《な》かずば
撃《う》たれまい
↓90ページ
ポンッ
窮鼠《きゅうそ》猫《ねこ》をかむ
↓92ページ
植物《しょくぶつ》の
ことわざも
ある！
えびで鯛《たい》を釣《つ》る
↓53ページ
井《い》の中《なか》の蛙《かわず》
大海《たいかい》を知《し》らず
↓40ページ
海《うみ》って
広《ひろ》いのケロ？
鴨《かも》がねぎを
しょってくる
↓83ページ
ヨイショ
ヨイショ
どんぐりの
背比《せいくら》べ
↓174ページ
枯《か》れ木《き》も
山《やま》のにぎわい
↓84ページ
枯《か》れ木《き》でも
のぼれたら
うれしいウッキー！

番外編《ばんがいへん》

食《た》べ物《もの》に関《かん》することわざ、慣用句《かんようく》＆四字熟語《よじじゅくご》

ことわざ

秋《あき》なす嫁《よめ》に食《く》わすな

▶①秋《あき》のなすはおいしくて、もったいないから嫁《よめ》に食《た》べさせるなという、姑《しゅうとめ》が嫁《よめ》をいじめることのたとえ。
②秋《あき》のなすは体《からだ》が冷《ひ》えるので、嫁《よめ》に食《た》べさせるなという姑《しゅうとめ》が嫁《よめ》を大切《たいせつ》に思《おも》うことのたとえ。

とんびに油《あぶら》あげをさらわれる

▶大事《だいじ》なものをふいに横《よこ》から取《と》られることのたとえ。

慣用句《かんようく》

朝飯前《あさめしまえ》

▶朝《あさ》ごはんを食《た》べる前《まえ》でもできるくらい簡単《かんたん》なこと。

青菜《あおな》に塩《しお》

▶落《お》ち込《こ》んで、しょんぼりしているようす。

雨後《うご》のたけのこ

▶同《おな》じようなものごとが次《つぎ》から次《つぎ》へとあらわれることのたとえ。

ごまをする

▶自分《じぶん》が得《とく》をするために、相手《あいて》に気《き》に入《い》られようときげんをとること。

破竹《はちく》のいきおい

▶いきおいがはげしく、止《と》められないことのたとえ。

四字熟語《よじじゅくご》

牛飲馬食《ぎゅういんばしょく》

▶牛《うし》や馬《うま》のようにたくさん飲《の》んだり食《た》べたりすること。

無芸大食《むげいたいしょく》

▶大食《おおぐ》い以外何《いがいなん》のとりえもないこと。

慣用句《かんようく》もあるぞい
ボワンッ
雀《すずめ》の涙《なみだ》
とても少《すく》ないことのたとえ
犬猿《けんえん》の仲《なか》
とても仲《なか》が悪《わる》いこと
蛇《じゃ》の道《みち》は蛇《へび》
同類《どうるい》の仲間《なかま》のことはよくわかるということ
狸《たぬき》寝《ね》入《い》り
寝《ね》ているふりをすること
鶴《つる》の一声《ひとこえ》
議論《ぎろん》を収《おさ》めるえらい人《ひと》の一言《ひとこと》
両手《りょうて》に花《はな》
二《ふた》つの美《うつく》しいものを同時《どうじ》にひとりじめすること
いっぱいある〜
藪《やぶ》から棒《ぼう》
急《きゅう》にものごとをすること
猫《ねこ》の額《ひたい》
とてもせまいことのたとえ
慣用句《かんようく》と知《し》らずに使《つか》ってた！
ところでだれも仙人《せんにん》におどろかないね
うん
そりゃそうじゃ
二人《ふたり》にしかわしの姿《すがた》は見《み》えんのじゃから
えん〜〜
フォッフォッ
おどろき桃《もも》の木《き》山椒《さんしょ》の木《き》

問題《もんだい》50　＿＿＿は天下《てんか》の回《まわ》りもの　＿＿＿に入《はい》る言葉《ことば》は何《なに》？

猿《さる》も木《き》から落《お》ちる

意味《いみ》

名人《めいじん》や達人《たつじん》でも失敗《しっぱい》することがあるということ。

由来《ゆらい》

木登《きのぼ》りが得意《とくい》なさるでも、木《き》から落《お》ちることがあるということから。

使《つか》い方《かた》

スケート選手《せんしゅ》だったお父《とう》さんとスケートに行《い》ったら、さっそく転《ころ》んでいた。あんなに速《はや》いスピードですべっていたのに、**猿《さる》も木《き》から落《お》ちる**だね。

●似《に》た意味《いみ》のことわざ

・河童《かっぱ》の川流《かわなが》れ
・弘法《こうぼう》にも筆《ふで》の誤《あやま》り
・上手《じょうず》の手《て》から水《みず》がもる

まめちしき

「猿芝居《さるしばい》」（下手《へた》な芝居《しばい》）、「猿知恵《さるぢえ》」（浅《あさ》はかな知恵《ちえ》）、「猿《さる》まね」（むやみに人《ひと》のまねをする）、「猿《さる》の尻笑《しりわら》い」（さるが自分《じぶん》のお尻《しり》が赤《あか》いのに気《き》づかず、ほかのさるの赤《あか》い尻《しり》を見《み》て笑《わら》っていることから、自分《じぶん》のことを棚《たな》に上《あ》げて、他人《たにん》を笑《わら》うこと）など、猿《さる》がつく慣用句《かんようく》も多《おお》くあります。

問題《もんだい》50の答《こた》え　金《かね》

さわらぬ神《かみ》に祟《たた》りなし

祟《たた》り…神様《かみさま》が与《あた》えるばつ

意《い》味《み》

関《かか》わらなければ、わざわいを受《う》けることはない。めんどうなことに手《て》を出《だ》さないでそっとしておいたほうがよいということ。

使《つか》い方《かた》

お父《とう》さんの応援《おうえん》している野球《やきゅう》のチームが負《ま》けて、イライラしているよ。いまは、**さわらぬ神《かみ》に祟《たた》りなし**だ。おねだりはまた明日《あした》にしよう。

お兄《にい》ちゃん
この一
けんかしてる
止《と》めないの？
いやー さわらぬ神《かみ》に 祟《たた》りなし 関《かか》わらない ほうがいいよ
ピュ〜
ゴン
ギャン
わーん！ さわらないのに 祟《たた》りが来《き》たー
キャイン キャイン

まめちしき

祟《たた》りにまつわる慣用句《かんようく》にも「弱《よわ》り目《め》に祟《たた》り目《め》」がありますが、神様《かみさま》は、昔《むかし》から人々《ひとびと》を守《まも》る存《そん》在《ざい》として信《しん》じられてきたと同時《どうじ》に、おそれられる存在《そんざい》でもありました。祟《たた》りとは、神様《かみさま》の意《い》に反《はん》した行動《こうどう》をとった人間《にんげん》に対《たい》する災厄《さいやく》のことで、人々《ひとびと》は昔《むかし》から神様《かみさま》を粗末《そまつ》に扱《あつか》わないようにしていました。

●似《に》た意《い》味《み》のことわざ
・知《し》らぬ神《かみ》に祟《たた》りなし

●反対《はんたい》の意《い》味《み》の故事成語《こじせいご》
・義《ぎ》を見《み》てせざるは勇《ゆう》なきなり

問題《もんだい》51　鴨《かも》が□をしょってくる　□に入《はい》る野菜《やさい》は何《なに》？

山《さん》椒《しょう》は小《こ》粒《つぶ》でもぴりりと辛《から》い

意味《いみ》

体《からだ》は小《ちい》さくても、気性《きしょう》や才能《さいのう》がすぐれているので、あなどれないということ。

由来《ゆらい》

山椒《さんしょう》の実《み》は小《ちい》さいが、ぴりりっとしたからみがあることから。

使《つか》い方《かた》

見《み》た目《め》は小《ちい》さくて細《ほそ》い男《おとこ》の子《こ》なのに、いざとなるとしっかりしていて、みんなを引《ひ》っ張《ぱ》っていってくれるよね。**山《さん》椒《しょう》は小粒《こつぶ》でもぴりりと辛《から》い**ってことだね。

こっちでいいんだよね？
そうだっけ？
あっちじゃない？
あーだこーだ
北《きた》が向《む》こうだからぼくたちが進《すす》むのはこっちだ！
ちず
地図《ちず》を見《み》ればいいんだよ
山椒《さんしょう》は小粒《こつぶ》でもぴりりと辛《から》いのね

まめちしき

山椒《さんしょう》は、日本各地《にほんかくち》に生《は》えている植物《しょくぶつ》です。とげのある木《き》で、春《はる》に花《はな》を咲《さ》かせます。実《み》は日本《にほん》で昔《むかし》から使《つか》われている香辛料《こうしんりょう》で、実《み》を粉《こな》にして、うなぎにかけて食《た》べるなどします。辛《から》みや苦《にが》みがあることが特《とく》ちょうなので、大人《おとな》になってから楽《たの》しむ味《あじ》かもしれません。実《み》は薬《くすり》に使《つか》われることもあります。

●似《に》た意味《いみ》のことわざ

・細《ほそ》くても針《はり》はのめぬ

●反対《はんたい》の意味《いみ》の慣用句《かんようく》

・うどの大木《たいぼく》

三度目《さんどめ》の正直《しょうじき》

意味《いみ》

はじめの二度《にど》は失敗《しっぱい》しても、三度目《さんどめ》ならうまくいくものだということ。

覚《おぼ》え得《とく》！

昔《むかし》は、勝負《しょうぶ》ごとやうらないでは、はじめの二回《にかい》は当《あ》てにならない、三回目《さんかいめ》は確実《かくじつ》だと信《しん》じられていた。

使《つか》い方《かた》

二回告白《にかいこくはく》して、二回《にかい》ふられたけど、三回目《さんかいめ》でやっと気持《きも》ちが通《つう》じてつきあうことになった。**三度目《さんどめ》の正直《しょうじき》**とはこのことだ。

ぼくは将来絶対《しょうらいぜったい》漫画家《まんがか》になるのだ！
落《らく》選《せん》
新人賞《しんじんしょう》に応募《おうぼ》すること過去《かこ》2回《かい》！
全て落選！
今回《こんかい》三度目《さんどめ》の正直《しょうじき》！今回《こんかい》こそ！
お願《ねが》いします！
息子《むすこ》よ…がんばれ…
落選

英語《えいご》でことわざ

似《に》ている意味《いみ》の英語《えいご》のことわざ

The third time is lucky.

(三度目《さんどめ》は幸運《こううん》が訪《おとず》れる)

●似《に》た意味《いみ》のことわざ

・三度目《さんどめ》は定《じょう》の目《め》

●反対《はんたい》の意味《いみ》のことわざ

・二度《にど》あることは三度《さんど》ある（195ページ）

問題《もんだい》52　□あれば憂《うれ》いなし　□に入《はい》る言葉《ことば》は何《なに》？

三《さん》人《にん》寄《よ》れば文《もん》殊《じゅ》の知《ち》恵《え》

文殊《もんじゅ》…文殊菩薩《もんじゅぼさつ》

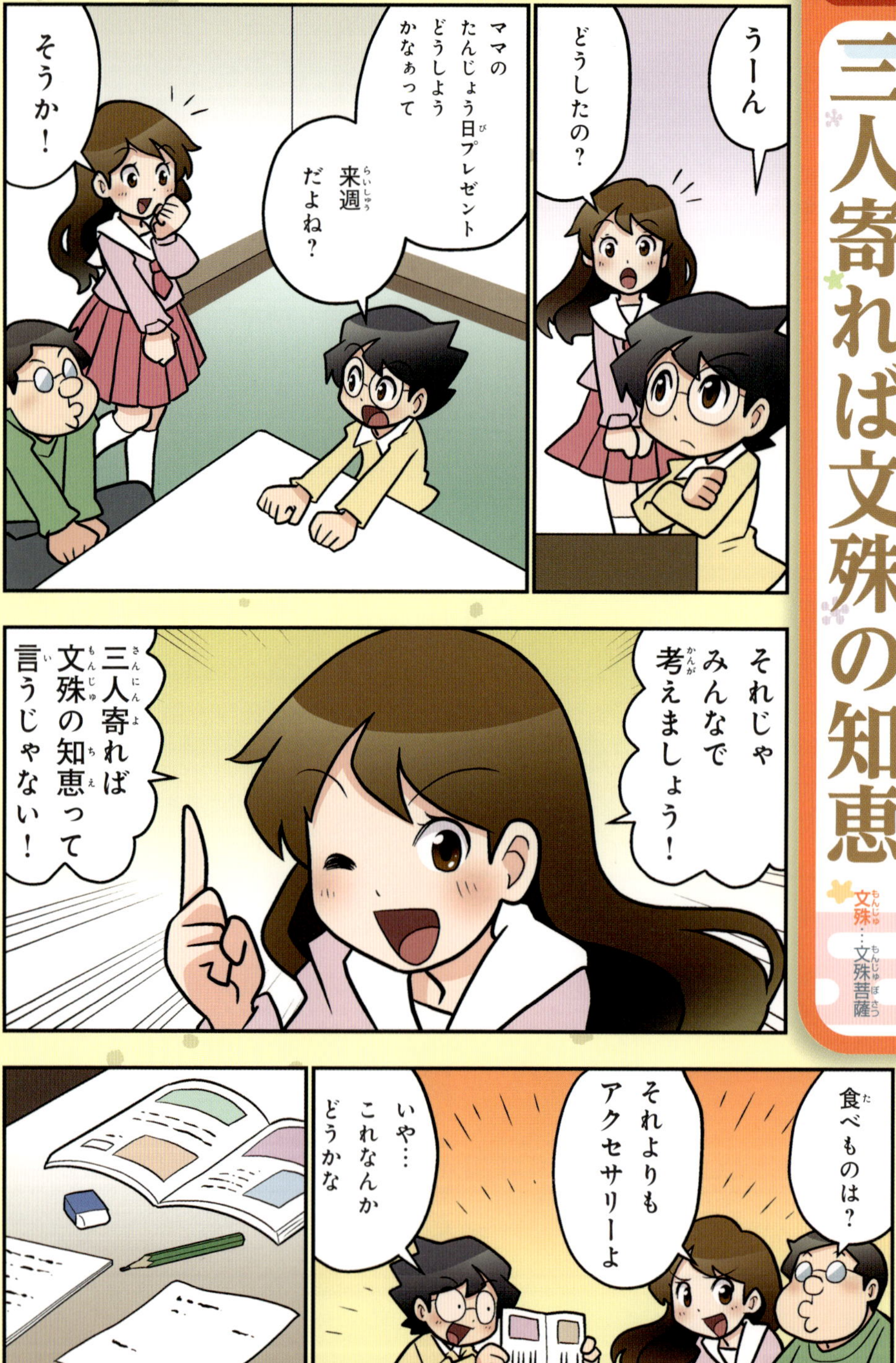
うーん
どうしたの？
ママのたんじょう日《び》プレゼントどうしようかなぁって
来週《らいしゅう》だよね？
そうか！
それじゃみんなで考《かんが》えましょう！
三《さん》人《にん》寄《よ》れば文《もん》殊《じゅ》の知《ち》恵《え》って言《い》うじゃない！
食《た》べものは？
それよりもアクセサリーよ
いや…これなんかどうかな

意味《いみ》

平凡《へいぼん》な人間《にんげん》でも、三人《さんにん》集《あつ》まればいい知恵《ちえ》が出《で》てくるということ。

覚《おぼ》え得《とく》！

文殊菩薩《もんじゅぼさつ》とは、仏教《ぶっきょう》で知恵《ちえ》を司《つかさど》る菩薩《ぼさつ》のこと。菩薩《ぼさつ》はいくつかあるが、その中《なか》でも、道理《どうり》を受《う》け持《も》つ普賢菩薩《ふげんぼさつ》と同《おな》じように上《うえ》の位《くらい》の菩薩《ぼさつ》。

使《つか》い方《かた》

三人《さんにん》寄《よ》れば文殊《もんじゅ》の知恵《ちえ》で、解決《かいけつ》しなかった問《もん》題《だい》も簡単《かんたん》に解決《かいけつ》した。

英語《えいご》でことわざ

似《に》ている意味《いみ》の英語《えいご》のことわざ

Two heads are better than one.

(二人《ふたり》の頭《あたま》は一人《ひとり》の頭《あたま》にまさる)

●似《に》た意味《いみ》のことわざ

・一人《ひとり》の文殊《もんじゅ》より三人《さんにん》のたくらだ

※たくら……おろか者《もの》のたとえ

●反対《はんたい》の意味《いみ》のことわざ

・船頭《せんどう》多《おお》くして船山《ふねやま》に上《のぼ》る(139ページ)

問題《もんだい》53　必要《ひつよう》は□の母《はは》　□に入《はい》る言葉《ことば》は何《なに》？

地《じ》震《しん》雷《かみなり》火《か》事《じ》親《おや》父《じ》

意《い》味《み》

世《よ》の中《なか》のおそろしいものを、順《じゅん》にならべた言葉《ことば》。

覚《おぼ》え得《とく》!

昔《むかし》は、お父《とう》さんや近所《きんじょ》のおじさんは、悪《わる》いことをすると、しかるこわい存在《そんざい》だった。

使《つか》い方《かた》

地《じ》震《しん》雷《かみなり》火《か》事《じ》親《おや》父《じ》と言《い》うけれど、うちのお父《とう》さんはやさしいから当《あ》てはまらないな。でも地震《じしん》や雷《かみなり》、火事《かじ》はやっぱり時代《じだい》が変《か》わってもおそろしいものだ。

まめちしき

「地震《じしん》が起《お》きたときは竹《たけ》やぶに逃《に》げろ」という教《おし》えがあります。竹《たけ》やぶは、竹《たけ》の根《ね》が地《ち》中深《ちゅうふか》くに張《は》っているので地割《じわ》れの心配《しんぱい》もなく、竹《たけ》が倒《たお》れてくることもないということから、安全《あんぜん》だと言《い》われています。ただし、海《うみ》に近《ちか》い場合《ばあい》は、地震《じしん》が起《お》きたら山《やま》に逃《に》げろと言《い》われています。

地震雷火事《じしんかみなりかじ》親父《おやじ》?
何《なに》ソレ??
こわいものを順《じゅん》にならべたことわざだよ
じゃあウチは地震雷火事《じしんかみなりかじ》母《かあ》ちゃん
親父《おやじ》はぜんぜんこわくないもん
あ…あ…後《うし》ろ…
あ、こわい順《じゅん》なら…母《かあ》ちゃんオバケゾンビ地震《じしん》かなぁ
あはは…

●天災《てんさい》にまつわることわざ

・天災《てんさい》は忘《わす》れたころにやってくる(162ページ)

親《した》しき仲《なか》にも礼《れい》儀《ぎ》あり

意《い》味《み》

どんなに仲《なか》のよい間柄《あいだがら》でも、礼儀《れいぎ》は守《まも》らなければならないということ。

覚《おぼ》え得《とく》!

「仲《なか》」は「中《なか》」とも書《か》く。

使《つか》い方《かた》

マンガを貸《か》したのに、全然《ぜんぜん》返《かえ》ってこないんだ。仲《なか》がいいから言《い》いづらいけど、やっぱり**親《した》しき仲《なか》にも礼《れい》儀《ぎ》あり**で、貸《か》し借《か》りはきちんとしたほうがいいよね。

ある朝《あさ》
おはよう!
シーン
オハヨウ オハヨウ
次《つぎ》の朝《あさ》
おはよう!
シーン
オハヨウ オハヨウ
何《なん》であいさつもしないんだ! 親《した》しき仲《なか》にも礼《れい》儀《ぎ》ありだろ!
オウムだってしてるのに!
父《とう》さんかなしいよ!
歯《は》をみがいてる最中《さいちゅう》に言《い》わないでよ! 毎朝毎朝《まいあさまいあさ》タイミング悪《わる》いんだから!!
アホーッ

まめちしき

反対《はんたい》の意味《いみ》のことわざの「礼《れい》も過《す》ぎれば無礼《ぶれい》となる」は、礼儀正《れいぎただ》しいことは大事《だいじ》ですが、形式《けいしき》ばかりにこだわるとかえって相手《あいて》に失《しつ》礼《れい》になるという意味《いみ》です。言葉《ことば》づかいや態《たい》度《ど》がていねいすぎるといやみになる場合《ばあい》もあります。礼儀《れいぎ》に自信《じしん》がなくても、まずは素直《すなお》に気持《きも》ちを込《こ》めることが大切《たいせつ》です。

●似《に》た意味《いみ》のことわざ

・親《した》しき中《なか》に垣《かき》をせよ

●反対《はんたい》の意味《いみ》のことわざ

・礼《れい》も過《す》ぎれば無礼《ぶれい》となる

問題《もんだい》54 □は人《ひと》のためならず □に入《はい》る言葉《ことば》は何《なに》?

失《しっ》敗《ぱい》は成《せい》功《こう》のもと

意味《いみ》

失敗《しっぱい》しても、その原因《げんいん》をつきとめて反省《はんせい》すれば、次《つぎ》は成功《せいこう》するということ。

覚《おぼ》え得《とく》！

明治時代《めいじじだい》の本《ほん》には、「失敗《しっぱい》せざる人《ひと》は富《と》むことを得《え》ず」、「失敗《しっぱい》は成功《せいこう》の良師《りょうし》なり」という訳《やく》でのっていた。

使《つか》い方《かた》

自由研究《じゆうけんきゅう》の工作《こうさく》では、思《おも》ったようにできなくて失敗《しっぱい》したけど、**失敗《しっぱい》は成功《せいこう》のもと**だから、なぜ失敗《しっぱい》したのかを考《かんが》えて次《つぎ》にいかせば、きっと次《つぎ》はうまくできるよ。

どよ〜ん
落選《らくせん》したからって落《お》ちこむなよ
失敗《しっぱい》は成功《せいこう》のもとだ！このまま続《つづ》けていればいつかは入賞《にゅうしょう》するぞ！
パパ…
でも、絵《え》は練習《れんしゅう》したほうがいいぞ！

●似《に》た意味《いみ》のことわざ

・失敗《しっぱい》は成功《せいこう》の母《はは》

英語《えいご》でことわざ

同《おな》じ意味《いみ》の英語《えいご》のことわざ

Failure teaches success.

（失敗《しっぱい》は成功《せいこう》を教《おし》える）

釈迦《しゃか》に説法《せっぽう》

意味《いみ》

そのことをよく知《し》っている人《ひと》に教《おし》えようとするおろかさのこと。

由来《ゆらい》

仏教《ぶっきょう》を開《ひら》いたお釈迦様《しゃかさま》に、仏教《ぶっきょう》を教《おし》えるということから。

使《つか》い方《かた》

マンガ家《か》の先生《せんせい》と知《し》らず、友《とも》だちのお兄《にい》ちゃんにマンガのかき方《かた》について教《おし》えていたよ。まるで**釈迦《しゃか》に説法《せっぽう》**だったな。

ブランドのワンピースよ！
さくらちゃんのはどこの服《ふく》？
ママの手作《てづく》りよ
この色《いろ》とこの素材《そざい》変《か》えたほうがいいかもね
ママに言《い》っとくね
さくらちゃんのお母《かあ》さんファッションデザイナーだよ
えっ…!?

似《に》た意味《いみ》のことわざ

- 河童《かっぱ》に水練《すいれん》
- 孔子《こうし》に論語《ろんご》
- 猿《さる》に木登《きのぼ》り

まめちしき

釈迦《しゃか》は釈迦牟尼《しゃかむに》を縮《ちぢ》めた呼《よ》び方《かた》で、仏教《ぶっきょう》を開《ひら》いた人《ひと》です。インドで裕福《ゆうふく》な家《いえ》に生《う》まれたのですが、修行《しゅぎょう》に出《で》て、35歳《さい》のときに菩提樹《ぼだいじゅ》の下《した》で真理《しんり》に目覚《めざ》め、仏陀《ぶっだ》となりました。仏陀《ぶっだ》とは悟《さと》りに達《たっ》した、真理《しんり》に目覚《めざ》めた人《ひと》のことを言《い》います。釈迦《しゃか》の誕生日《たんじょうび》は4月《がつ》8日《ようか》で、寺《てら》では花祭《はなまつ》りが行《おこな》われます。

問題《もんだい》55　くさっても＿＿　＿＿に入《はい》る魚《さかな》は何《なに》？

朱《しゅ》に交《まじ》われば赤《あか》くなる

意味《いみ》

人《ひと》はつきあう友《とも》だちによって、よくも悪《わる》くも影響《えいきょう》を受《う》けるということ。だから、つきあう友《とも》だちはきちんと選《えら》びなさいという教《おし》え。

由来《ゆらい》

朱《しゅ》は赤《あか》い色《いろ》のこと。朱《しゅ》の中《なか》にいると、自《し》然《ぜん》と赤《あか》く染《そ》まることから。

覚《おぼ》え得《とく》!

よい仲間《なかま》とつきあうときは使《つか》わない。

使《つか》い方《かた》

朱《しゅ》に交《まじ》われば赤《あか》くなると言《い》うし、友《とも》だちには気《き》をつけよう。

朱《しゅ》に交《まじ》われば赤《あか》くなる?
つきあった友人《ゆうじん》に影響《えいきょう》されて変《か》わっていくってことよ
へー
あれ?フカシ?
フカシ何《なに》してんの?
6年生《ねんせい》のフロアで…
あ姉《ねえ》ちゃん
テスト対策《たいさく》だよー
朱《しゅ》に交《まじ》われば80点《てん》ぐらいとれるかと思《おも》って〜
いろいろまちがってる…
使《つか》い方《かた》も解《かい》しゃくも…

●似《に》た意味《いみ》のことわざ
・善悪《ぜんあく》は友《とも》による

●似《に》た意味《いみ》の故事成語《こじせいご》
・水《みず》は方円《ほうえん》の器《うつわ》にしたがう

まめちしき

いい人間《にんげん》とつきあうときに使《つか》えることわざは「麻《あさ》の中《なか》のよもぎ」です。このことわざは、いい人間《にんげん》に影響《えいきょう》を受《う》けて、周《まわ》りの人間《にんげん》もいい人間《にんげん》になるという意味《いみ》で、まっすぐに育《そだ》つ植物《しょくぶつ》の麻《あさ》の中《なか》では、曲《ま》がりやすいよもぎもまっすぐに育《そだ》つということが由来《ゆらい》となっています。

初《しょ》心《しん》忘《わす》るべからず

初心《しょしん》…ものごとを始《はじ》めたときの気持《きも》ち

意味《いみ》

学《まな》び始《はじ》めたときの気持《きも》ちを忘《わす》れてはいけないということ。慣《な》れても、なまけたりうぬぼれたりしてはならないという教《おし》え。

由来《ゆらい》

日本《にほん》の伝統《でんとう》芸《げい》能《のう》である能《のう》の役者《やくしゃ》、世阿弥《ぜあみ》が書《か》いた書《しょ》『花《か》鏡《きょう》』にある言葉《ことば》。

使い方《つかいかた》

テニスの練習《れんしゅう》がめんどうになってさぼっていたけど、**初心忘《しょしんわす》るべからず**で、始《はじ》めたころの楽《たの》しい気持《きも》ちを思《おも》い出《だ》して、もう一度《いちど》がんばってみよう。

バ〜ン
ああ〜 もうダメ! むずかしくって 弾《ひ》けやしない
思《おも》い出《だ》して ごらん
ピアノを 始《はじ》めたころを
ママ…
そうだわ 楽《たの》しくて うれしくて 練習《れんしゅう》が やめられなかった 初心忘《しょしんわす》るべからず!
あたしがんばる!
そう! ガンバレー! フレーフレーッ ガンバ〜レ!
だまって 応援《おうえん》して くれないかな…

まめちしき

世阿弥《ぜあみ》は室町時代《むろまちじだい》に活躍《かつやく》した能役者《のうやくしゃ》です。いまでは、能《のう》と狂言《きょうげん》を合《あ》わせて能楽《のうがく》と言《い》われ、日本芸能《にほんげいのう》のひとつです。昔《むかし》は「猿楽《えんがく》」「田楽《でんがく》」などとも呼《よ》ばれていました。能《のう》は歌《うた》や舞《まい》を中心《ちゅうしん》とした劇《げき》で、主役《しゅやく》が能面《のうめん》と呼《よ》ばれるお面《めん》をかぶって演《えん》じます。能面《のうめん》の角度《かくど》で表情《ひょうじょう》を変《か》えて演技《えんぎ》をします。

●似《に》た意味《いみ》のことわざ

・始《はじ》めが大事《だいじ》
・始《はじ》め半分《はんぶん》

問題《もんだい》56 さわらぬ□に祟《たた》りなし　□に入《はい》る言葉《ことば》は何《なに》?

知《し》らぬが仏《ほとけ》

ひろみちゃん！ちゃんとやってよ！
そこーちゃんとつくえ持《も》ち上《あ》げて！
はい！しっかり水《みず》ぶき！
ボクは班長《はんちょう》だからね
知《し》らぬが仏《ほとけ》ね
チャック開《あ》いてるよ
クスクス
クスクス

意味《いみ》

真実《しんじつ》を知《し》らなければ、仏《ほとけ》のようなおだやかな気持《きも》ちでいられるということ。

覚《おぼ》え得《とく》！

本人《ほんにん》のみが知《し》らずに、のほほんとしている人《ひと》をばかにして笑《わら》うときに使《つか》うこともある。

使《つか》い方《かた》

おばあちゃんが商店街《しょうてんがい》のくじ引《び》きで、洗剤《せんざい》をもらって当《あ》たったとじまんしていたけれど、参加賞《さんかしょう》が洗剤《せんざい》だった。**知《し》らぬが仏《ほとけ》**だ。

江 江戸《えど》いろはがるた

まめちしき

人間《にんげん》はいろいろと知《し》りたがるものですが、知《し》ってしまうと心《こころ》がモヤモヤしたり、悲《かな》しくなったりすることも少《すく》なくありません。むだに心《こころ》を乱《みだ》すようなことをせずに、仏様《ほとけさま》のように小《ちい》さなことにとらわれずに心《こころ》おだやかに過《す》ごすことが、幸《しあわ》せに暮《く》らす方法《ほうほう》だという生活《せいかつ》の知恵《ちえ》なのです。

●似《に》た意味《いみ》のことわざ

- 見《み》ぬが極楽《ごくらく》、知《し》らぬは仏《ほとけ》
- 見《み》ぬが仏《ほとけ》、聞《き》かぬが花《はな》
- 見《み》ぬもの清《きよ》し

問題《もんだい》56の答《こた》え　神《かみ》

心頭《しんとう》を滅却《めっきゃく》すれば火《ひ》もまた涼《すず》し

意味《いみ》

どんな苦《くる》しいことでも、気持《きも》ちの持《も》ち方次第《かたしだい》で苦《くる》しさを感《かん》じなくなるということ。

覚《おぼ》え得《とく》！

もとは中国《ちゅうごく》の古《ふる》い詩《し》。日本《にほん》では、織田信長《おだのぶなが》が武田信玄《たけだしんげん》を攻《せ》め、甲斐《かい》（山梨県《やまなしけん》）の恵林寺《えりんじ》に火《ひ》をつけたときに、その寺《てら》の僧《そう》である快川《かいせん》という人《ひと》が言《い》った言葉《ことば》とも言《い》われる。心《こころ》をまっさらにすれば、火《ひ》も熱《あつ》くないという意味《いみ》。

使《つか》い方《かた》

心頭《しんとう》を滅却《めっきゃく》すれば火《ひ》もまた涼《すず》しで、合宿《がっしゅく》を乗《の》り切《き》ろう！

ボクの部屋《へや》にはエアコンがない
あち～
心頭《しんとう》を滅却《めっきゃく》すれば火《ひ》もまた涼《すず》し…
すずしいと思《おも》いこめばだいじょうぶ…！
ムムム
あっ！本当《ほんとう》にすずしくなってきたぞ！
ヒンヤリ
やったぁ！
もう十月《じゅうがつ》だからね…
10
あの子《こ》いつまでゴロゴロしてる気《き》かしら？

まめちしき

気持《きも》ちをテーマにしたことわざや慣用句《かんようく》は多《おお》くあります。「病《やまい》は気《き》から」（282ページ）のほかにも、「月日《つきひ》変《か》われば気《き》も変《か》わる」（月日《つきひ》がたてば、人《ひと》の心《こころ》や考《かんが》え方《かた》も変《か》わる、時間《じかん》が解決《かいけつ》することも多《おお》くある）や「気《き》で気《き》を病《や》む」（必要《ひつよう》のない心配《しんぱい》をしてひとりで苦《くる》しむこと）などがあります。

●似《に》た意味《いみ》の故事成語《こじせいご》

・杯中《はいちゅう》の蛇影《だえい》

●反対《はんたい》の意味《いみ》の四字熟語《よじじゅくご》

・疑心暗鬼《ぎしんあんき》

問題《もんだい》57　□折《お》り損《ぞん》のくたびれもうけ　□に入《はい》る体《からだ》の部分《ぶぶん》は何《なに》？

好《す》きこそものの上手《じょうず》なれ

カリ
カリ
カリ
カリ
カリ
君《きみ》のとなりの席《せき》の万田《まんだ》って授業中《じゅぎょうちゅう》すごく熱心《ねっしん》にノート書《か》いてるね
うん！すっごくおもしろいの
おもしろい？
勉強《べんきょう》が？
それにノートじゃなくて教科書《きょうかしょ》に！
教科書《きょうかしょ》に？
？
？
二十年後《にじゅうねんご》――
マカデミー賞《しょう》アニメ部門《ぶもん》の受賞《じゅしょう》おめでとうございます！
万田《まんだ》さん

意《い》味《み》

好《す》きなことであれば一生《いっしょう》けんめいするので、いつのまにか上手《じょうず》になっているということ。

使《つか》い方《かた》

好《す》きこそものの上手《じょうず》なれで、小《ちい》さいころからピアノをやっていたお姉《ねえ》ちゃんがいまではピアニストだ。

まめちしき

「なんでもこいに名人《めいじん》なし」ということわざがあります。こちらは、なんでも器用《きよう》にできる人《ひと》は、結局秀《けっきょくひい》でたものがひとつもないという意味《いみ》です。同《おな》じような意味《いみ》で「多芸《たげい》は無芸《むげい》」ということわざもあります。

●**似《に》た意味《いみ》のことわざ**

・好《す》きは上手《じょうず》のもと

●**反対《はんたい》の意味《いみ》のことわざ**

・下手《へた》の横好《よこず》き（235ページ）

問題《もんだい》58　ミイラ取《と》りが□になる　□に入《はい》る言葉《ことば》は何《なに》？

捨《す》てる神《かみ》あれば拾《ひろ》う神《かみ》あり

意味《いみ》

見捨《みす》てる人《ひと》もいるが、一方《いっぽう》で助《たす》けてくれる人《ひと》もいる。世《よ》の中《なか》は広《ひろ》くさまざまだから、不運《ふうん》なことがあってもくよくよするなということ。

覚《おぼ》え得《とく》!

日本《にほん》には、山《やま》や川《かわ》など八百万《やおよろず》の神《かみ》(たくさんの神様《かみさま》)がいると言《い》われている。

使《つか》い方《かた》

モデルのオーディションには落《お》ちたけれど、見学《けんがく》に来《き》ていたタレント事務所《じむしょ》にお笑《わら》いデビューしないかと言《い》われた。**捨《す》てる神《かみ》あれば拾《ひろ》う神《かみ》あり**だ。

あっ!
パリーン
これで二枚目《にまいめ》! 手伝《てつだ》いはもういいわ
はぁ~ あたしって役立《やくた》たずなのね…
手《て》が空《あ》いてるならこっち手伝《てつだ》って!
おお~ 才能《さいのう》あるな~!
パッカーン
パッカーン
捨《す》てる神《かみ》あれば拾《ひろ》う神《かみ》あり!

●似《に》た意味《いみ》のことわざ

・捨《す》てる神《かみ》あれば助《たす》ける神《かみ》あり
・渡《わた》る世間《せけん》に鬼《おに》はない(291ページ)

ABC 英語《えいご》でことわざ

似《に》ている意味《いみ》の英語《えいご》のことわざ

When one door shuts, another opens.

(一方《いっぽう》の戸《と》が閉《と》じれば、もう一方《いっぽう》の戸《と》が開《ひら》く)

問題《もんだい》58の答《こた》え ミイラ

住《す》めば都《みやこ》

都《みやこ》…よいところ

意味《いみ》

はじめは不便《ふべん》だと感《かん》じた場所《ばしょ》でも、慣《な》れれば住《す》み心地《ごこち》がよくなるということ。

覚《おぼ》え得《とく》！

「住《す》まば都《みやこ》」になると、住《す》むなら都会《とかい》がよいという意味《いみ》になる。

使《つか》い方《かた》

お父《とう》さんの仕事《しごと》の都合《つごう》で、海外《かいがい》に引《ひ》っこすことになった。言葉《ことば》も通《つう》じないしわからないことも多《おお》かったけど、**住《す》めば都《みやこ》**で、いまは友《とも》だちもできて楽《たの》しい。

たけし君《くん》 あんなに遠《とお》くに 引《ひ》っこして さびしくないかな～
田舎《いなか》だから コンビニとかなくて 不便《ふべん》してて もどりたいとか 言《い》っていたりして
もう田舎《いなか》嫌《いや》だよ～
たけし君《くん》から 絵葉書《えはがき》来ているよ
本当《ほんとう》？
そっか…よかった！
食べ物がいっぱい!!
住めば都！田舎もいいぞ!!

ABC 英語《えいご》でことわざ

似《に》ている意味《いみ》の英語《えいご》のことわざ

To every bird his own nest is best.

(どの鳥《とり》も自分《じぶん》の巣《す》が一番《いちばん》よい)

●似《に》た意味《いみ》のことわざ

・地獄《じごく》もすみか

・住《す》めば都《みやこ》の風《かぜ》がふく

問題《もんだい》59　＿＿も木《き》から落《お》ちる　＿＿に入《はい》る動物《どうぶつ》は何《なに》？

急《せ》いては事《こと》を仕損《しそん》じる

急《せ》いては…あわてること
仕損《しそん》じる…しくじる

意味《いみ》

あわててものごとをやろうとすると失敗《しっぱい》するということ。

覚《おぼ》え得《とく》！

「急《せ》いては事《こと》を仕損《しそん》ずる」とも言《い》う。

使《つか》い方《かた》

寝坊《ねぼう》して急《いそ》いでじゅんびしたけど、急《いそ》げば急《いそ》ぐほど水《みず》をこぼしたり、服《ふく》をまちがえて着《き》たりして、結局《けっきょく》ちこくした。**急《せ》いては事《こと》を仕損《しそん》じる**だから、落《お》ち着《つ》けばよかった。

英語《えいご》でことわざ

似《に》ている意味《いみ》の英語《えいご》のことわざ

Haste makes waste.
(急《いそ》ぐとむだができる)

仕事《しごと》探《さが》せ？
急《せ》いては事《こと》を仕損《しそん》じるって言《い》うだろ？
こういうのはあせっちゃダメなんだよ
いいから行《い》ってきなさい
ドン
わっ！
仕事《しごと》ください
めんせつ
ボロボロ
ダメだった
そりゃそうだ

●似《に》た意味《いみ》のことわざ

・急《いそ》がば回《まわ》れ（30ページ）

●反対《はんたい》の意味《いみ》のことわざ

・善《ぜん》は急《いそ》げ（140ページ）

背《せ》に腹《はら》はかえられぬ

意味《いみ》

大事《だいじ》なことのためには、ほかを犠牲《ぎせい》にしても仕方《しかた》がないということ。

由来《ゆらい》

同《おな》じ体《からだ》の一部《いちぶ》でも、内臓《ないぞう》のある腹《はら》を背中《せなか》と同《おな》じように考《かんが》えることはできない。腹《はら》を守《まも》るためには背中《せなか》を犠牲《ぎせい》にする。背中《せなか》に腹《はら》のかわりはできないということから。

せなか
さむい…

使《つか》い方《かた》

コンサート会場《かいじょう》でのどがかわいたので、飲《の》みものを買《か》ったら高《たか》かった。だけどのどがカラカラだったので**背《せ》に腹《はら》はかえられぬ**で、仕方《しかた》なく買《か》った。

江 江戸《えど》いろはがるた

弟《おとうと》のフカシはきつく言《い》わないとわからないし
ガミガミ
〜♪
通知表
上《うえ》のムツミはちょっと言《い》うとしょげるし…
あのね
どよ〜ん
でも背《せ》に腹《はら》はかえられぬよね!
二人《ふたり》とも成績《せいせき》のことで話《はなし》があります
通知表
三十分後《さんじっぷんご》…
ファイト!
お姉《ねえ》ちゃんはやればできるんだから!
なぜ成績《せいせき》が悪《わる》いほうがなぐさめるのか…

まめちしき

江戸《えど》いろはがるたの札《ふだ》では、背中《せなか》にお灸《きゅう》をすえられている男《おとこ》の人《ひと》の絵《え》で紹介《しょうかい》されています。お灸《きゅう》で内臓《ないぞう》の調子《ちょうし》をよくするかわりに、背中《せなか》のお灸《きゅう》の熱《あつ》さをがまんしなければならないという意味《いみ》です。背《せ》に腹《はら》はかえられぬの意味《いみ》がわかりやすいですね。

●似《に》た意味《いみ》のことわざ

・背《せ》より腹《はら》

・大事《だいじ》の前《まえ》の小事《しょうじ》

問題《もんだい》60 □はわざわいの門《かど》　□に入《はい》る体《からだ》の部分《ぶぶん》は何《なに》？

栴檀《せんだん》は双葉《ふたば》より芳《かんば》し

栴檀《せんだん》…白檀《びゃくだん》という木《き》
双葉《ふたば》…芽《め》が出《で》たときの二枚《にまい》の葉《は》
芳《かんば》し…よい香《かお》りがすること

意味《いみ》
すぐれた人《ひと》は小《ちい》さなころから才能《さいのう》がきわだっているということ。

由来《ゆらい》
よい香《かお》りがする栴檀《せんだん》の木《き》は、芽《め》が出《で》てすぐの双葉《ふたば》のころからよい香《かお》りがするということから。

使《つか》い方《かた》
画家《がか》になったいとこのお兄《にい》ちゃんは、小《ちい》さいころからよく絵画《かいが》コンテストで賞《しょう》をとっていた。**栴檀《せんだん》は双葉《ふたば》より芳《かんば》し**だ。

京 京《きょう》いろはがるた

この電車《でんしゃ》は〇〇系《けい》!
あっちの電車《でんしゃ》は××系《けい》!
すごいな、テツオは小《ちい》さいのによく知《し》ってるね!
電車《でんしゃ》大好《だいす》き〜!
栴檀《せんだん》は双葉《ふたば》より芳《かんば》し
二十年後《にじゅうねんご》
ワー
ミスター・テツオに世界《せかい》・電車《でんしゃ》デザイン大賞《たいしょう》がおくられます!
おめでとうございます服《ふく》もすごいですね
電車《でんしゃ》大好《だいす》き〜!

●似《に》た意味《いみ》のことわざ
・実《み》のなる木《き》は花《はな》から知《し》れる

●反対《はんたい》の意味《いみ》の四字熟語《よじじゅくご》
・大器晩成《たいきばんせい》

まめちしき

反対《はんたい》の意味《いみ》の四字熟語《よじじゅくご》の「大器晩成《たいきばんせい》」は、子《こ》どものころは特《とく》にきわだったものがないが、ゆっくりじっくり大物《おおもの》になるという意味《いみ》です。「栴檀《せんだん》は双葉《ふたば》より芳《かんば》し」は、子《こ》どものころから大物《おおもの》の素質《そしつ》があるという意味《いみ》なので、「大器晩成《たいきばんせい》」とはちょうど反対《はんたい》の意味《いみ》になります。

船頭《せんどう》多《おお》くして船山《ふねやま》に上《のぼ》る

船頭《せんどう》…船《ふね》で指示《しじ》する人《ひと》

意味《いみ》

指導《しどう》する人《ひと》が多《おお》いと、意見《いけん》がまとまらずものごとがうまくいかないということ。

由来《ゆらい》

進《すす》む方向《ほうこう》を指示《しじ》する船頭《せんどう》がたくさんいると、混乱《こんらん》して、あろうことか山《やま》へ上《のぼ》ってしまうということから。

使《つか》い方《かた》

クラスの出《だ》しものが決《き》まったはいいが、リーダーが多《おお》すぎて、いろんな意見《いけん》が出《で》てまとまらない。**船頭《せんどう》多《おお》くして船山《ふねやま》に上《のぼ》る**だ。

グループ課題《かだい》は何《なに》にする？
ケーキ屋《や》さんがいいわ！
近所《きんじょ》の工場見学《こうじょうけんがく》は？
パン屋《や》さんにしようよ！
あ〜もうまとまらない！船頭《せんどう》多《おお》くして船山《ふなやま》に上《のぼ》るだよ！
レストランは？
本屋《ほんや》さんは？
魚屋《さかなや》さんは？
スーパーは？
クリーニング屋《や》さんは？
八百屋《やおや》さんは？

まめちしき

みんなで話《はな》し合《あ》うことわざは、「小田原評定《おだわらひょうじょう》」があります。このことわざは、昔《むかし》、豊臣秀吉《とよとみひでよし》が小田原城《おだわらじょう》（神奈川県《かながわけん》）の北条氏《ほうじょうし》を攻《せ》めたところ、北条氏側《ほうじょうしがわ》が城《しろ》の中《なか》で降参《こうさん》するか戦《たたか》うか、長《なが》い時間相談《じかんそうだん》したにも関《かか》わらず、なかなか決《き》まらなかったことからできたことわざと言《い》われています。

●反対《はんたい》の意味《いみ》のことわざ

・三人寄《さんにんよ》れば文殊《もんじゅ》の知恵《ちえ》（122ページ）

●反対《はんたい》の意味《いみ》の慣用句《かんようく》

・鶴《つる》の一声《ひとこえ》

問題《もんだい》61　＿＿とすっぽん　＿＿に入《はい》る言葉《ことば》は何《なに》？

善《ぜん》は急《いそ》げ

部屋《へや》がきたないなー
でもかたづけるのめんどくさーい
それじゃダメよ！
善《ぜん》は急《いそ》げって言《い》うでしょう？いいことはすぐにやるべきよ！
はーい
前《まえ》になくしたお年玉《としだま》だ！
こんなところにあったんだ！

善《ぜん》…よいこと

こっちの部屋《へや》も
かたづけるよ!
善《ぜん》は急《いそ》げ
だもんね!
おかね
おかね
目的《もくてき》
変《か》わってない?

意味《いみ》

よいと思《おも》ったことは、すぐに実行《じっこう》にうつしなさいということ。

覚《おぼ》え得《とく》!

「善《ぜん》は急《いそ》げ、悪《あく》は延《の》べよ」とも言《い》う。「悪《あく》は延《の》べよ」とは、どうしても悪《わる》いことをしなければならないときはできるだけ延《の》ばせ。その間《あいだ》に状況《じょうきょう》が変《か》わり、悪《わる》いことをしなくてすむかもしれない、という意味《いみ》。

悪
ハァ〜

使《つか》い方《かた》

善《ぜん》は急《いそ》げで、スポーツジムに入会《にゅうかい》した。

英語《えいご》でことわざ

似《に》ている意味《いみ》の英語《えいご》のことわざ

Make hay while the sun shines.

(陽《ひ》の照《て》っているうちに干《ほ》し草《くさ》を作《つく》れ)

●似《に》た意味《いみ》のことわざ

・思《おも》い立《た》ったが吉日《きちじつ》(61ページ)

●似《に》た意味《いみ》の故事成語《こじせいご》

・先《さき》んずれば人《ひと》を制《せい》す

●反対《はんたい》の意味《いみ》のことわざ

・急《せ》いては事《こと》を仕損《しそん》じる(136ページ)

問題《もんだい》62　□こそものの上手《じょうず》なれ　□に入《はい》る言葉《ことば》は何《なに》?

袖《そで》振《ふ》り合《あ》うも多《た》生《しょう》の縁《えん》

振《ふ》り合《あ》う…ささいなできごと
多《た》生《しょう》…何度《なんど》も生《う》まれ変《か》わること

意《い》味《み》

道《みち》で知《し》らない人《ひと》と袖《そで》が触《ふ》れ合《あ》うようなささいなことでも、たんなる偶然《ぐうぜん》ではなく、前世《ぜんせ》からの縁《えん》によるものだということ。その縁《えん》を大切《たいせつ》にしなさいという教《おし》え。

覚《おぼ》え得《とく》!

「袖《そで》振《ふ》り合《あ》うも他生《たしょう》の縁《えん》」とも書《か》く。

使《つか》い方《かた》

袖《そで》振《ふ》り合《あ》うも多生《たしょう》の縁《えん》と言《い》いますし、せっかくおいしいお店《みせ》で相席《あいせき》になったので、楽《たの》しく食事《しょくじ》しましょう。

こいつが ぶつかってきた
そっちが じゃん!
こらこら 袖《そで》振《ふ》り合《あ》うも 多《た》生《しょう》の縁《えん》
知《し》らない二人《ふたり》が ぶつかったのも
前世《ぜんせ》からの めぐりあわせかも しれないのよ
前世《ぜんせ》?
ええ
縁《えん》が あるのよ
めぐり あわせ…
だったら ボクがライオンで こいつは ハイエナだ!
わたしが おひめ様《さま》であんたは めしつかいよ!

まめちしき

「多生《たしょう》」は、何度《なんど》も生《う》まれ変《か》わること、「他《た》生《しょう》」は前世《ぜんせ》からの縁《えん》の意味《いみ》で、どちらも仏教《ぶっきょう》の教《おし》えです。仏教《ぶっきょう》では、死《し》んだ後《あと》に姿《すがた》を変《か》えて生《う》まれ変《か》わると言《い》われています。姿《すがた》はちがっていても、ささやかな出会《であ》いは前世《ぜんせ》からつながっているからだということです。

●似《に》た意味《いみ》のことわざ

- 袖《そで》すり合《あ》うも他生《たしょう》の縁《えん》
- つまずく石《いし》も縁《えん》の端《はし》

問題《もんだい》62の答《こた》え　好《す》き

備《そな》えあれば憂《うれ》いなし

憂《うれ》い…心配《しんぱい》

意味《いみ》

ふだんからじゅんびをしておけば、いざというときでも心《しん》配《ぱい》はないということ。

由来《ゆらい》

もとは中国《ちゅうごく》の書物《しょもつ》にあった言《こと》葉《ば》。

使《つか》い方《かた》

天気予報《てんきよほう》では晴《は》れだったけど、くもってきた。念《ねん》のために**備《そな》えあれば憂《うれ》いなし**で、かさを持《も》っていこう。

まめちしき

「憂《うれ》い」は「患《うれ》い」とも書《か》きますが、意味《いみ》は同《おな》じです。このことわざは、毎年《まいとし》9月1日《がつついたち》の防災《ぼうさい》の日《ひ》などでよく使《つか》われています。日本《にほん》では、地震《じしん》や台風《たいふう》、水害《すいがい》などの自然災害《しぜんさいがい》が多《おお》く、ふだんから備《そな》えをしていざというときにあわてないことが大切《たいせつ》です。防災《ぼうさい》の教《きょう》訓《くん》にぴったりのことわざですね。

●似《に》た意味《いみ》のことわざ

・転《ころ》ばぬ先《さき》の杖《つえ》(109ページ)

●反対《はんたい》の意味《いみ》のことわざ

・どろぼうを捕《と》らえて縄《なわ》をなう(173ページ)

問題《もんだい》63　一寸《いっすん》の虫《むし》にも□分《ぶ》の魂《たましい》　□に入《はい》る数字《すうじ》は？

やってみよう3

セリフにことわざを入《い》れよう

答《こた》えは295ページにあるよ。

●マンガを読《よ》んで、□に入《はい》ることわざを下《した》の①〜④の中《なか》から選《えら》ぼう。

1

イテー！
なんだよ〜 すりむいちゃったよ〜
あ！ おさいふがない！
ケガするわ おさいふなくすわ… □ だよ…

①…窮《きゅう》すれば通《つう》ず
②…鬼《おに》の目《め》にも涙《なみだ》
③…泣《な》き面《つら》に蜂《はち》
④…糠《ぬか》に釘《くぎ》

2

ドサッ
うわ、さいふが落《お》ちてきた！
それ拾《ひろ》っておいてください！
お礼《れい》です
わあ、そんなに？
もらったお金《かね》でアイス買《か》ったら当《あ》たった！
□ だねえ
当り
アイス

①…芸《げい》は身《み》を助《たす》ける
②…棚《たな》からぼた餅《もち》
③…ひょうたんから駒《こま》
④…一事《いちじ》が万事《ばんじ》

3

明日《あした》アメリカの女《おんな》の子《こ》がホームステイで家《いえ》に来《く》るわよ
ドキドキするな
あいさつとかもう一回《いっかい》勉強《べんきょう》しよう
ハロー
グッバイ
えいご
ケンジは □ 性格《せいかく》ね！
そしてよく朝《あさ》…
も…もう少《すこ》し勉強《べんきょう》…
ハ…ハロ…
グッ…バイ…
寝《ね》てないの⁉

①…石橋《いしばし》をたたいて渡《わた》る
②…果報《かほう》は寝《ね》て待《ま》て
③…三《み》つ子《ご》の魂《たましい》百《ひゃく》まで
④…くさっても鯛《たい》

4

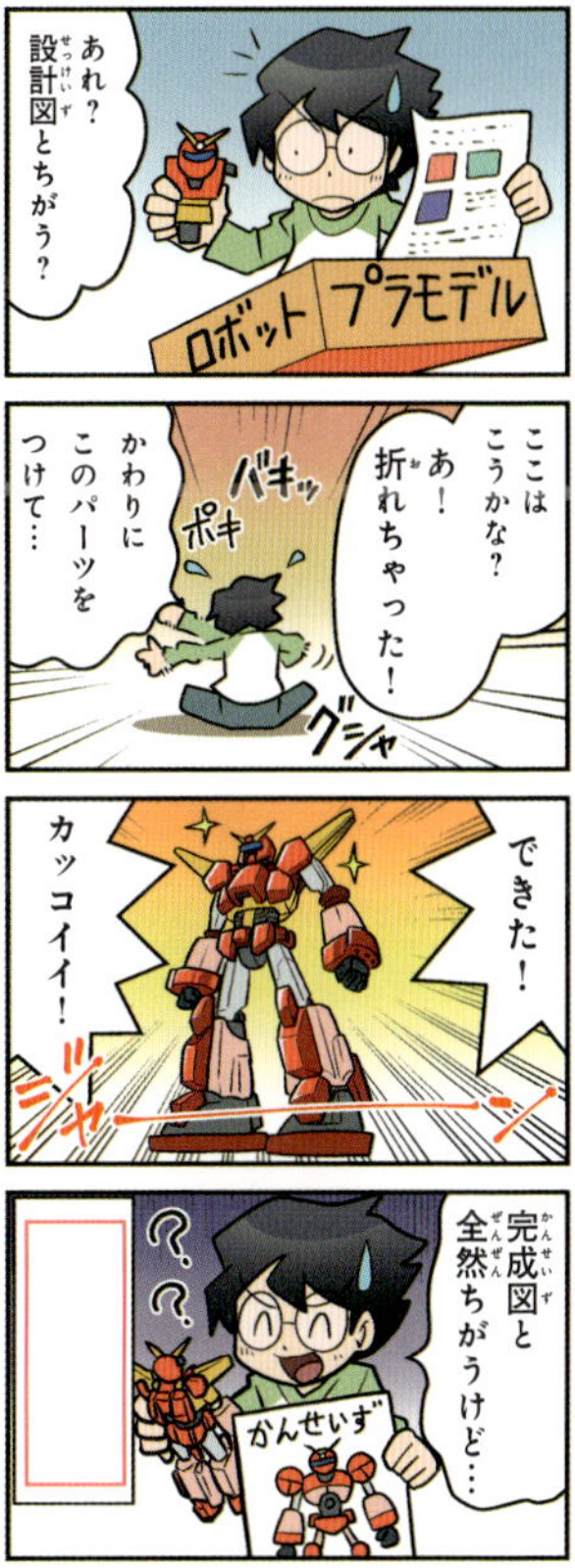

①…弘法筆《こうぼうふで》を選《えら》ばず
②…コロンブスの卵《たまご》
③…負《ま》けるが勝《か》ち
④…終《お》わりよければすべてよし

5

①…餅《もち》は餅屋《もちや》
②…山椒《さんしょう》は小粒《こつぶ》でもぴりりと辛《から》い
③…かわいい子《こ》には旅《たび》させよ
④…急《せ》いては事《こと》を仕損《しそん》じる

6

①…二兎《にと》を追《お》う者《もの》は一兎《いっと》をも得《え》ず
②…口《くち》はわざわいの門《かど》
③…人《ひと》の口《くち》には戸《と》は立《た》てられぬ
④…船頭多《せんどうおお》くして船山《ふねやま》に上《のぼ》る

マンガの流《なが》れと
ことわざの意味《いみ》を
合《あ》わせるのじゃぞ

反対《はんたい》のことわざ

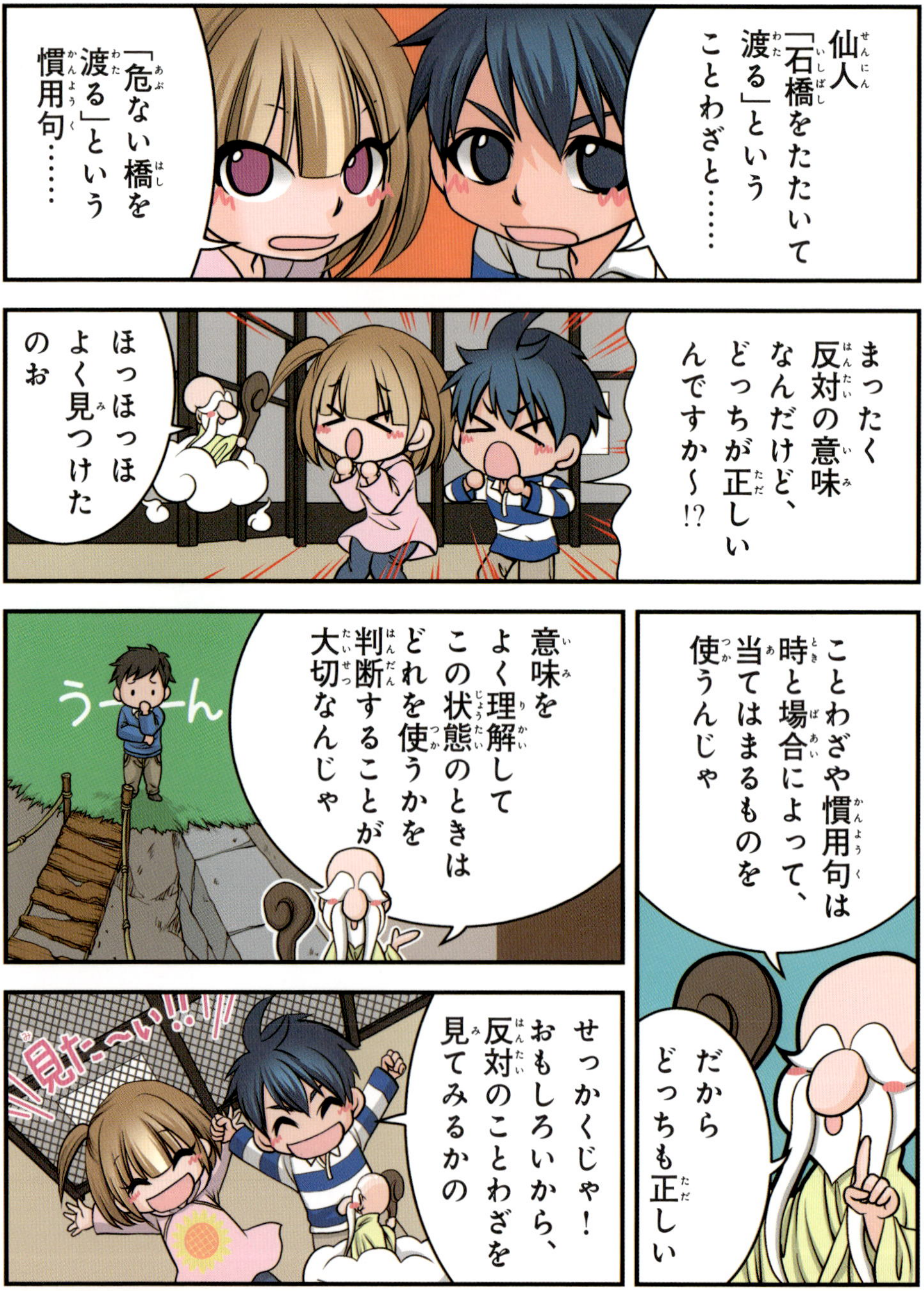

仙人《せんにん》「石橋《いしばし》をたたいて渡《わた》る」ということわざと……
「危《あぶ》ない橋《はし》を渡《わた》る」という慣用句《かんようく》……
まったく反対《はんたい》の意味《いみ》なんだけど、どっちが正《ただ》しいんですか〜!?
ほっほっほ よく見《み》つけたのお
ことわざや慣用句《かんようく》は時《とき》と場合《ばあい》によって、当《あ》てはまるものを使《つか》うんじゃ
意味《いみ》をよく理解《りかい》してこの状態《じょうたい》のときはどれを使《つか》うかを判断《はんだん》することが大切《たいせつ》なんじゃ
うーーん
だからどっちも正《ただ》しい
せっかくじゃ! おもしろいから、反対《はんたい》のことわざを見《み》てみるかの
見《み》た〜い!!!

問題《もんだい》64　□は身《み》を助《たす》ける　□に入《はい》る言葉《ことば》は何《なに》？

実際《じっさい》にはこんな使《つか》い方《かた》をするぞ
お〜
なるほどなるほど
スポーツ大会《たいかい》
運動《うんどう》が苦手《にがて》な両親《りょうしん》をもつマコト君《くん》
がんばるぞー！
かけっこはビリだった
やっぱり〜
蛙《かえる》の子《こ》は蛙《かえる》
→70ページ
水泳《すいえい》ではみごとに一位《いちい》
♪
とびが鷹《たか》を生《う》む
→171ページ
学芸会《がくげいかい》の準備《じゅんび》
どんな劇《げき》をするのか
3人《にん》で相談《そうだん》
みんなのアイデアでまとまった
それがいいね!!
三人《さんにん》寄《よ》れば文殊《もんじゅ》の知恵《ちえ》
→122ページ
だれも意見《いけん》をゆずらない
桃太郎
かぐやひめ
シンデレラ
船頭《せんどう》多《おお》くして船山《ふなやま》に上《のぼ》る
→139ページ

番外編《ばんがいへん》

ほかにもある反対《はんたい》のことわざ&故事成語《こじせいご》

果報《かほう》は寝《ね》て待《ま》て
(81ページ)
↕
まかぬ種《たね》は生《は》えぬ
(246ページ)

君子危《くんしあや》うきに近寄《ちかよ》らず
(98ページ)
↕
虎穴《こけつ》に入《い》らずんば虎子《こじ》を得《え》ず(故事成語《こじせいご》)
▶危《あぶ》ないことをしなければ、大《おお》きな成功《せいこう》はできない。

鶏口《けいこう》となるも牛後《ぎゅうご》となるなかれ(故事成語《こじせいご》)
▶大《おお》きな団体《だんたい》で一番下《いちばんした》の地位《ちい》になるよりは、小《ちい》さな団体《だんたい》で一番上《いちばんうえ》の地位《ちい》になるほうがよい。
↕
寄《よ》らば大樹《たいじゅ》の陰《かげ》
▶どうせたよるなら勢力《せいりょく》のある人《ひと》や大《おお》きな組織《そしき》のほうがよいということのたとえ。

さわらぬ神《かみ》に祟《たた》りなし
(119ページ)
↕
義《ぎ》を見《み》てせざるは勇《ゆう》なきなり(故事成語《こじせいご》)
▶正《ただ》しいことだと知《し》っていても実行《じっこう》しないのは、勇気《ゆうき》がないからだ。

オーディションを受《う》ける
あこがれのオーディション これが3度目《どめ》
今日《きょう》こそ合格《ごうかく》!
今回《こんかい》は残念《ざんねん》です
また〜
合格《ごうかく》です!
やったあ!
二度《にど》あることは三度《さんど》ある →195ページ
三度目《さんどめ》の正直《しょうじき》 →121ページ
勉強方法《べんきょうほうほう》
社会《しゃかい》と国語《こくご》を同時《どうじ》にやると…
共通《きょうつう》の部分《ぶぶん》もあって 両方覚《りょうほうおぼ》えられた
一石二鳥《いっせきにちょう》
ひとつのことで二《ふた》つ手《て》に入《い》れること
ごちゃごちゃになって どっちも覚《おぼ》えられない
あぶ蜂取《はちと》らず
いろんなことに手《て》を出《だ》して、結局何《けっきょくなに》も手《て》に入《い》れられないこと
ぼくは どっちかなあ
石橋《いしばし》を たたいて コツコツ やりなさい
ほっほっ

問題《もんだい》65　良薬《りょうやく》は□に苦《にが》し　□に入《はい》る体《からだ》の部分《ぶぶん》は何《なに》?

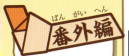

大山鳴動《たいざんめいどう》してねずみ一匹《いっぴき》

大山《たいざん》…大《おお》きな山《やま》
鳴動《めいどう》…大《おお》きな音《おと》とともに動《うご》くこと

意味《いみ》
大《おお》げさにさわいだわりには、たいしたことない結果《けっか》だというたとえ。

由来《ゆらい》
大《おお》きな山《やま》が音《おと》を立《た》てて動《うご》き出《だ》したので、何《なに》が起《お》こるかと思《おも》ったら、ねずみが一匹《いっぴき》飛《と》び出《だ》してきただけだったということから。

覚《おぼ》え得《とく》！
「大山《たいざん》」は「泰山《たいざん》」とも書《か》く。

使《つか》い方《かた》
お母《かあ》さんが足《あし》がいたいと大《おお》さわぎしたが、ねんざだった。大山鳴動《たいざんめいどう》してねずみ一匹《いっぴき》だ。

今度《こんど》来《く》る先生《せんせい》ものすごくこわいんだって
え～
え～
なんでもすぐおこるらしいよ！見《み》た目《め》も鬼《おに》のようなんだって！
ガラガラ
ガラガラ
ガッシャーン
おはよー
ドンガラ

ABC 英語《えいご》でことわざ
似《に》ている意味《いみ》の英語《えいご》のことわざ
The mountain is in labor and brings forth a mouse.
(山《やま》が産気《さんけ》づき、ねずみを一匹《いっぴき》生《う》む)

●似《に》た意味《いみ》のことわざ
・蛇《へび》が出《で》そうで蚊《か》も出《で》ぬ

問題《もんだい》65の答《こた》え　口《くち》

大《だい》は小《しょう》を兼《か》ねる

兼《か》ねる…一《ひと》つで二《ふた》つ以上《いじょう》の役目《やくめ》をする

意味《いみ》

大《おお》きなものは、小《ちい》さなもののかわりにもなり、幅広《はばひろ》く役《やく》に立《た》つということ。

覚《おぼ》え得《とく》！

大《おお》きいものは小《ちい》さいもののかわりになるが、小《ちい》さいものが大《おお》きいもののかわりになることはむずかしい。

使《つか》い方《かた》

大《だい》は小《しょう》を兼《か》ねるで、旅行《りょこう》かばんは大《おお》きいものを買《か》っておこう。

英語《えいご》でことわざ

似《に》ている意味《いみ》の英語《えいご》のことわざ

The greater serves for the lesser.

(大《だい》は小《しょう》にも役立《やくだ》つ)

エマのカバン大《おお》きいね！
パパが買《か》ってくれたネ！
大《だい》は小《しょう》を兼《か》ねるってやつだ！
それにしても大《おお》きすぎない？
何《なに》が入《はい》ってるの？
ハロー
ニュッ
パパ！
むすめが心配《しんぱい》でついてきました
はじめからそのつもりで大《おお》きなカバン買《か》いました
ずっとはいってたの？

●似《に》た意味《いみ》のことわざ

・大《だい》は小《しょう》をかなえる

●反対《はんたい》の意味《いみ》のことわざ

・杓子《しゃくし》は耳《みみ》かきにならず

問題《もんだい》66　勝《か》って□の緒《お》をしめよ　□に入《はい》る言葉《ことば》は何《なに》？

立《た》つ鳥《とり》跡《あと》を濁《にご》さず

意《い》味《み》

立《た》ち去《さ》るときは、見苦《みぐる》しくないように、後始末《あとしまつ》をするべきだということ。

由《ゆ》来《らい》

水鳥《みずどり》は、飛《と》び立《た》つときに、水《みず》辺《べ》をどろでにごさないようにして飛《と》び立《た》つということから。

使《つか》い方《かた》

卒業《そつぎょう》と同時《どうじ》に生徒会《せいとかい》もやめる日《ひ》、**立《た》つ鳥跡《とりあと》を濁《にご》さず**で、後《こう》輩《はい》がわかりやすいようにファイルにまとめたり、生徒会室《せいとかいしつ》をきれいにそうじしたりしてから出《で》た。

まめちしき

使《つか》い方《かた》には二《ふた》つあります。一《ひと》つ目《め》は、意味《いみ》の通《とお》り、後始末《あとしまつ》をきれいにしましょうというとき。二《ふた》つ目《め》は、使《つか》い方《かた》の例《れい》のように役職《やくしょく》などをやめるときの引《ひ》き際《ぎわ》がいさぎよくきれいなときです。いずれにしても、自分《じぶん》が去《さ》った後《あと》はきれいな状態《じょうたい》にしておくことが美《うつく》しいという意味《いみ》のことわざですね。

いもほり遠足《えんそく》…
立《た》つ鳥跡《とりあと》を濁《にご》さず かたづけして帰《かえ》りましょう
ゴミ
この袋《ふくろ》においも入《い》れてー
おっ! 大根《だいこん》と人参《にんじん》だ
先生《せんせい》これも持《も》って帰《かえ》っていいの?
あ! そっちはちがう!
あらあら ウチの畑《はたけ》まで
すいません!
しまった! 別《べつ》の畑《はたけ》だったのかー

●似《に》た意味《いみ》のことわざ

・飛《と》ぶ鳥跡《とりあと》を濁《にご》さず

●反対《はんたい》の意味《いみ》のことわざ

・後《あと》は野《の》となれ山《やま》となれ(23ページ)

問題《もんだい》66の答《こた》え　かぶと

棚《たな》からぼた餅《もち》

意味《いみ》

何《なに》もしていないのに、思《おも》いがけない幸運《こううん》がやってくること。

覚《おぼ》え得《とく》！

短《みじか》く「棚《たな》ぼた」とも言《い》う。

使《つか》い方《かた》

お姉《ねえ》ちゃんのバレエの発表会《はっぴょうかい》で、わたしもいっしょに東京《とうきょう》に行《い》くことになった。観光《かんこう》してみたかったので、うれしい。**棚《たな》からぼた餅《もち》**だ。

ドサッ
うわ、さいふが落《お》ちてきた！
それ拾《ひろ》っておいてください！
お礼《れい》です
わあ、そんなに？
もらったお金《かね》でアイス買《か》ったら当《あ》たった！
棚《たな》からぼた餅《もち》だねえ
当り
アイス

●似《に》た意味《いみ》のことわざ

・鴨《かも》がねぎをしょってくる（83ページ）

●反対《はんたい》の意味《いみ》のことわざ

・まかぬ種《たね》は生《は》えぬ（246ページ）

まめちしき

ぼたもちとおはぎは、名前《なまえ》はちがいますが同《おな》じものです。どちらも春《はる》と秋《あき》のお彼岸《ひがん》に仏様《ほとけさま》に供《そな》えるもので、おもちや米《こめ》をあずきのあんこで包《つつ》んで作《つく》ります。春《はる》はぼたもち、秋《あき》はおはぎで、ぼたもちは春《はる》に咲《さ》く牡丹《ぼたん》の花《はな》に、おはぎは秋《あき》の萩《はぎ》の花《はな》に似《に》ていることから、名前《なまえ》がつけられました。

問題《もんだい》67　□□に引《ひ》かれて善光寺参《ぜんこうじまい》り　□□に入《はい》る動物《どうぶつ》は何《なに》？

旅《たび》は道《みち》連《づ》れ世《よ》は情《なさ》け

道連《みちづ》れ…いっしょに行《い》くこと
情《なさ》け…思《おも》いやり

意味《いみ》

一人《ひとり》で旅《たび》に出《で》ることは不安《ふあん》だが、いっしょに行《い》く人《ひと》がいれば心強《こころづよ》いということ。また、世《よ》の中《なか》ではおたがいに思《おも》いやりを持《も》つことが大事《だいじ》だということ。

覚《おぼ》え得《とく》!

昔《むかし》の旅《たび》は、長《なが》くつらいものだったため、一人《ひとり》より連《つ》れがいたほうが安心《あんしん》だった。

使《つか》い方《かた》

旅《たび》は道《みち》連《づ》れ世《よ》は情《なさ》けで、旅《たび》先《さき》で出会《であ》った人《ひと》といっしょに観光地《かんこうち》を回《まわ》った。

江 江戸《えど》いろはがるた

ねーねー 起《お》きてよ
昼間《ひるま》にこわい話《はなし》聞《き》いちゃったから トイレ行《い》きたいんだけど こわくて…
一緒《いっしょ》に行《い》ってよ
一人《ひとり》で行《い》けるでしょ?
旅《たび》は道連《みちづ》れ世《よ》は情《なさ》けと言《い》うじゃないさ〜 もれちゃうよ…
わかったよ
早《はや》く出《で》て!!
ドン!!
ドン!!
あ〜
ババもオシッコ…

まめちしき

情《なさ》けとは、人《ひと》への思《おも》いやりのことを指《さ》します。ほかにも、「情《なさ》けは人《ひと》のためならず」(186ページ)や、「情《なさ》けが仇《あだ》」(相手《あいて》のためを思《おも》ってしたことが、かえって悪《わる》い結果《けっか》になる)、「情《なさ》けに刃向《はむ》かう刃《は》なし」(情《なさ》けをかけてくれた人《ひと》に対《たい》し、逆《さか》らうことはできない)など、情《なさ》けを使《つか》ったことわざがあります。

●似《に》た意味《いみ》のことわざ

・旅《たび》は情《なさ》け人《ひと》は心《こころ》

問題《もんだい》67の答《こた》え　牛《うし》

便《たよ》りがないのはよい便《たよ》り

便《たよ》り…手紙《てがみ》や知《し》らせ

意味《いみ》

手紙《てがみ》が来《こ》ないということは無事《ぶじ》でいる証拠《しょうこ》であり、よい便《たよ》りと同《おな》じだということ。

覚《おぼ》え得《とく》！

昔《むかし》は飛脚《ひきゃく》という職業《しょくぎょう》が、主《おも》に徒歩《とほ》で手紙《てがみ》や小荷物《こにもつ》を運《はこ》んでいたため、届《とど》くまでに時間《じかん》がかかった。

使《つか》い方《かた》

今年《ことし》から大学《だいがく》で地方《ちほう》に行《い》ったお兄《にい》ちゃんからの連絡《れんらく》はあまりないけれど、お母《かあ》さんは**便《たよ》りがないのはよい便《たよ》り**と言《い》っていた。

英語《えいご》でことわざ

同《おな》じ意味《いみ》の英語《えいご》のことわざ

No news is good news.

(便《たよ》りがないのはよい便《たよ》り)

アメリカ
エマの家《いえ》
エマから電話《でんわ》ないわねぇ
メールも来《こ》ないのかい？
便《たよ》りがないのはよい便《たよ》りと言《い》うし…きっと無事《ぶじ》についたよ
あれーアタシのケイタイないよー！
おしりに当《あ》たっていたいので置《お》いてきました
？？

●似《に》た意味《いみ》のことわざ

・無沙汰《ぶさた》は無事《ぶじ》の便《たよ》り

※ 無沙汰《ぶさた》…長《なが》い間会《あいだあ》ったり手紙《てがみ》を出《だ》したりしないこと

問題《もんだい》68　木《き》を見《み》て□を見《み》ず　□に入《はい》る言葉《ことば》は何《なに》？

短《たん》気《き》は損《そん》気《き》

短《たん》気《き》…気《き》が短《みじか》いこと、せっかち、おこりっぽい

ガシャン
ガシャン
ソラ兄《にい》ちゃん待《ま》って…
また自転車《じてんしゃ》のかぎなくしたの？
うるさい！
つくし公園《こうえん》で落《お》とさなかった？
何《なん》でおまえにそんなこと言《い》われなきゃいけないんだ！
ソラ…
ハァ ハァ
やっと追《お》いついたイチゴとケンカしないでよ！
急《いそ》いでるから、先《さき》に行《い》くぞ！
あー行《い》っちゃった
プンスカ

で、イチゴはどうしてソラを追《お》いかけてたの？
だってこれ…
あ、ソラの自転車《じてんしゃ》のかぎ！
公園《こうえん》で拾《ひろ》ったの！
短気《たんき》は損気《そんき》ねー
重《おも》い～
遠《とお》い～

意味《いみ》

気《き》が短《みじか》いと、いらいらしたり、もめごとを起《お》こしたりして、損《そん》をするということ。

覚《おぼ》え得《とく》！

「損気《そんき》」は「損《そん》」に「気《き》」を加《くわ》えて、「短気《たんき》」との語《ご》呂《ろ》合《あ》わせで作《つく》られた言《こと》葉《ば》。

英語《えいご》でことわざ

似《に》ている意味《いみ》の英語《えいご》のことわざ

Out of temper,out of money.

(短気《たんき》で金欠《きんけつ》)

使《つか》い方《かた》

いつもいらいらしている友《とも》だちは、少《すこ》しずつ遊《あそ》ぶ友《とも》だちが減《へ》っていった。やっぱり**短気《たんき》は損気《そんき》**だ。

●似《に》た意味《いみ》のことわざ

・急《せ》いては事《こと》を仕損《しそん》じる（136ページ）

問題《もんだい》69 光陰《こういん》＿＿のごとし ＿＿に入《はい》る言葉《ことば》は何《なに》？

塵《ちり》も積《つ》もれば山《やま》となる

意味《いみ》

どんな小《ちい》さなものでも、積《つ》み重《かさ》なると山《やま》のように大《おお》きなものになるということ。

覚《おぼ》え得《とく》!

コツコツ努力《どりょく》すればやがて大《おお》きな成果《せいか》を生《う》み出《だ》すという教《おし》え。

使《つか》い方《かた》

塵《ちり》も積《つ》もれば山《やま》となるで、おばあちゃんがずっと貯金《ちょきん》していた十円玉《じゅうえんだま》が、五万円《ごまんえん》になっていた。

江 江戸《えど》いろはがるた

英語《えいご》でことわざ

似《に》ている意味《いみ》の英語《えいご》のことわざ

Many a little makes a mickle.

(少量《しょうりょう》でも集《あつ》まれば多量《たりょう》になる)

毎日《まいにち》、一円玉貯金《いちえんだまちょきん》しよ〜っと!
おっ、
えらいなぁ 塵《ちり》も積《つ》もれば山《やま》となる 一円貯金《いちえんちょきん》でもバカにならないぞ〜
チャリ〜〜ン
うん がんばる!
それから数十年《すうじゅうねん》…
本当《ほんとう》に山《やま》になったな…
うん…
貯金箱《ちょきんばこ》の山《やま》!

●似《に》た意味《いみ》のことわざ

・砂長《いさごちょう》じて巌《いわお》となる

●似《に》た意味《いみ》の故事成語《こじせいご》

・雨垂《あまだ》れ石《いし》をうがつ

月《つき》とすっぽん

意味《いみ》

少《すこ》し似《に》ているところもあるが、実《じつ》はまったくちがうものであるというたとえ。

由来《ゆらい》

月《つき》とすっぽんは、どちらも丸《まる》い形《かたち》をしているが、月《つき》は美《うつく》しく、すっぽんは泥《どろ》の中《なか》にすみ、みにくいことから。

使《つか》い方《かた》

工作《こうさく》が得意《とくい》な友《とも》だちのまねをして作《つく》ってみたが、自分《じぶん》で見《み》ても、友《とも》だちの作品《さくひん》と自分《じぶん》の作品《さくひん》では、**月《つき》とすっぽん**の差《さ》がある。

まめちしき

すっぽんは、カメの一種《いっしゅ》で川《かわ》や沼《ぬま》にすんでいます。別名《べつめい》で「まる」と言《い》われるくらい、こうらがとても丸《まる》い形《かたち》をしています。また、力《ちから》がつく食材《しょくざい》として料理《りょうり》にも使《つか》われており、すっぽん料理《りょうり》は高級料理《こうきゅうりょうり》として有名《ゆうめい》です。口《くち》の力《ちから》が強《つよ》く、「すっぽんのように食《く》いついたら、はなれない」という表現《ひょうげん》もあります。

へー、かぶと君《くん》、お兄《にい》ちゃんいるんだ
お兄《にい》ちゃん有名中学《ゆうめいちゅうがく》にいるの？
えー
サッカー部《ぶ》のキャプテンも？？
月《つき》とスッポンだね…

●似《に》た意味《いみ》のことわざ
・提灯《ちょうちん》に釣《つ》り鐘《がね》

●似《に》た意味《いみ》の故事成語《こじせいご》
・雲泥《うんでい》の差《さ》

問題《もんだい》70　苦《くる》しいときの＿＿頼《だの》み　＿＿に入《はい》る言葉《ことば》は何《なに》？

鉄《てつ》は熱《あつ》いうちに打《う》て

意《い》味《み》

①体《からだ》や心《こころ》をきたえるには、子《こ》どものころや若《わか》いうちにしたほうがよいということ。
②ものごとは情熱《じょうねつ》があるうちに始《はじ》めるべきだということ。

由《ゆ》来《らい》

鉄《てつ》は、冷《さ》めてかたくなるため、真《ま》っ赤《か》に焼《や》いてやわらかいうちにたたいて形《かたち》を整《ととの》えることから。

使《つか》い方《かた》

鉄《てつ》は熱《あつ》いうちに打《う》てで、礼《れい》儀《ぎ》や作《さ》法《ほう》が身《み》につくように、子《こ》どものうちから武《ぶ》道《どう》を習《なら》わせよう。

英語《えいご》でことわざ

同《おな》じ意味《いみ》の英語《えいご》のことわざ
Strike while the iron is hot.
(鉄《てつ》は熱《あつ》いうちに打《う》て)

Yesterday at school…
英語《えいご》しゃべれるのいいよなー
教《おし》えてあげようか?
ほんとに!?
Strike while the iron is hot!
鉄《てつ》は熱《あつ》いうちに打《う》て!
やる気《き》のあるうちにやらないとね!
一週間後《いっしゅうかんご》
Good morning!
Hi!
完《かん》ぺきにマスターした

●似《に》た意味《いみ》のことわざ

- 老《お》い木《き》は曲《ま》がらぬ
- 好機逸《こうきいっ》すべからず

問題《もんだい》70の答《こた》え　神《かみ》

出《で》る杭《くい》は打《う》たれる

意味《いみ》

①人《ひと》よりすぐれている者《もの》は、人《ひと》からにくまれたりじゃまをされたりするということ。

②でしゃばった行動《こうどう》をする者《もの》は、まわりからねたまれるということ。

由来《ゆらい》

「杭《くい》」は、土《つち》の中《なか》に打《う》ち込《こ》んで、目印《めじるし》やものを支《ささ》えるための棒《ぼう》。ほかの杭《くい》より高《たか》すぎる杭《くい》は、高《たか》さをそろえるために打《う》たれるということから。

使《つか》い方《かた》

出《で》る杭《くい》は打《う》たれるだから、目《め》立《だ》たないようにしよう。

ドッジボール大会《たいかい》
作戦会議《さくせんかいぎ》
とにかく出《で》る杭《くい》は打《う》たれる
目《め》立《だ》たないようにして生《い》き残《のこ》れ！
どうやって？
すばしっこいのが一人《ひとり》だけさわいで…
ほかは静《しず》かに気配《けはい》を消《け》す
こっち
名《な》づけて出《で》ない杭作戦《くいさくせん》！
ぎゃ！
また出《で》る杭《くい》が当《あ》たってしまった
あほか

ABC 英語《えいご》でことわざ

似《に》ている意味《いみ》の英語《えいご》のことわざ

Tall trees catch much wind.

(大木《たいぼく》は風《かぜ》に折《お》れる)

●似《に》た意味《いみ》のことわざ

・高木《こうぼく》は風《かぜ》に折《お》らる

・出《で》る釘《くぎ》は打《う》たれる

問題《もんだい》71 実《みの》るほど＿＿＿の下《さ》がる稲穂《いなほ》かな　＿＿＿に入《はい》る体《からだ》の部分《ぶぶん》は何《なに》？

天災《てんさい》は忘《わす》れたころにやってくる

天災《てんさい》…自然災害《しぜんさいがい》

意味《いみ》

天災《てんさい》はいつ起《お》きるかわからないので、いつも心構《こころがま》えや対策《たいさく》が必要《ひつよう》だということ。

覚《おぼ》え得《とく》！

自然災害《しぜんさいがい》は地震《じしん》、台風《たいふう》、洪《こう》水《ずい》、落雷《らくらい》など。

使《つか》い方《かた》

天災《てんさい》は忘《わす》れたころにやってくるから、学校《がっこう》の避難訓練《ひなんくんれん》もさぼらずにきちんとやっておこう。いざというときに動《うご》くには、体《からだ》が覚《おぼ》えていないとむずかしい。

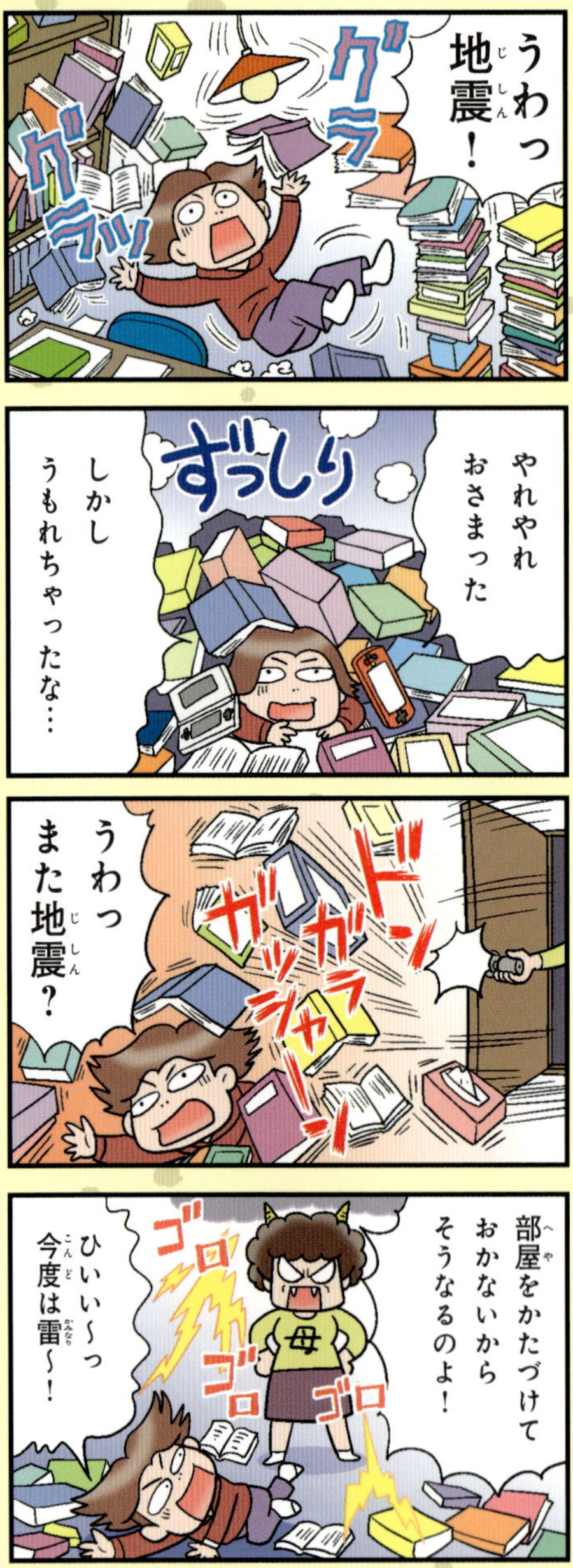

うわっ 地震《じしん》！
グラ
グラッ
やれやれ おさまった
しかし うもれちゃったな…
ずっしり
ドーン
ガラ
ガッシャーン
うわっ また地震《じしん》？
部屋《へや》をかたづけて おかないから そうなるのよ！
母
ゴロ
ゴロ
ゴロ
ひいい〜っ 今度《こんど》は雷《かみなり》〜！

●似《に》た意味《いみ》のことわざ

・災害《さいがい》は忘《わす》れたころにやってくる

●似《に》た意味《いみ》の四字熟語《よじじゅくご》

・油断大敵《ゆだんたいてき》

まめちしき

物理学者《ぶつりがくしゃ》で文学者《ぶんがくしゃ》でもある、寺田寅彦《てらだとらひこ》の言《こと》葉《ば》と言《い》われています。「災難《さいなん》なら畳《たたみ》の上《うえ》でも死《し》ぬ」（いつどこで災難《さいなん》にあうかわからないということ。畳《たたみ》のような安全《あんぜん》な場所《ばしょ》でさえ、すべって転《ころ》ぶなどして危《あぶ》ないということ）など、昔《むかし》からの知恵《ちえ》がことわざとして残《のこ》っているのですね。

天《てん》は二《に》物《ぶつ》を与《あた》えず

二物《にぶつ》…二《ふた》つのもの

意味《いみ》

一人《ひとり》の人間《にんげん》が、いくつもの長所《ちょうしょ》を持《も》つことはない。みんな欠点《けってん》があるということ。

覚《おぼ》え得《とく》!

二物《にぶつ》は、二《ふた》つの長所《ちょうしょ》、二《ふた》つの才能《さいのう》という意味《いみ》。

使《つか》い方《かた》

天《てん》は二物《にぶつ》を与《あた》えずとは言《い》うけれど、どうしてお兄《にい》ちゃんは勉強《べんきょう》もスポーツもできるんだろう。でも、音楽《おんがく》や工作《こうさく》はぼくのほうが得意《とくい》だ。

あおいちゃんは勉強《べんきょう》ができるね
答《こた》えは○×です。
はい!正解《せいかい》!
本当《ほんとう》だね
でも運動《うんどう》は苦手《にがて》なんだね
天《てん》は二物《にぶつ》を与《あた》えずだね

まめちしき

天《てん》の神《かみ》は、一人《ひとり》の人間《にんげん》に二《ふた》つの長所《ちょうしょ》を授《さず》けないという意味《いみ》ですが、世《よ》の中《なか》には「才色兼《さいしょくけん》備《び》」のように、美《うつく》しい見《み》た目《め》と才能《さいのう》を持《も》ち合《あ》わせている女性《じょせい》や「文武両道《ぶんぶりょうどう》」で勉強《べんきょう》もスポーツもできる人《ひと》もいるものです。「文武両《ぶんぶりょう》道《どう》」はスローガンとして設定《せってい》している学校《がっこう》も多《おお》いですね。

●反対《はんたい》の意味《いみ》の四字熟語《よじじゅくご》

・才色兼備《さいしょくけんび》

問題《もんだい》72　名《な》は□を表《あらわ》す　□に入《はい》る言葉《ことば》は何《なに》?

天《てん》は自《みずか》ら助《たす》くる者《もの》を助《たす》く

助《たす》くる…助《たす》ける
助《たす》く…助《たす》ける

バリ
バリ
お姉《ねえ》ちゃんがんばるね
天《てん》は自《みずか》ら助《たす》くる者《もの》を助《たす》く! よ!
人《ひと》にたよらず努力《どりょく》をすれば必《かなら》ずむくわれるはずよ!
わー
ズボッ
便器《べんき》におしりがはまったよー だれか助《たす》けてー
だれかー
トイレ
自分《じぶん》で努力《どりょく》なさい!!

意味《いみ》

自分一人《じぶんひとり》で努力《どりょく》する人《ひと》には、天《てん》の神様《かみさま》が味方《みかた》してくれるということ。

合格

覚《おぼ》え得《とく》!

西洋《せいよう》のことわざ。日本《にほん》ではサミュエル・スマイルズの『Self-Help』の訳本《やくほん》『西国立志編《さいこくりっしへん》』から広《ひろ》がり、この本《ほん》は明治時代《めいじじだい》に百万部《ひゃくまんぶ》も売《う》れ、ベストセラーとなった。

使《つか》い方《かた》

天《てん》は自《みずか》ら助《たす》くる者《もの》を助《たす》くと言《い》うように、いつまでも人《ひと》をたよってはいけない。自分《じぶん》の力《ちから》でできるようになるには、一人《ひとり》でがんばることが大事《だいじ》だ。

ABC 英語《えいご》でことわざ

同《おな》じ意味《いみ》の英語《えいご》のことわざ

Heaven helps those who help themselves.

(天《てん》は自《みずか》ら助《たす》くる者《もの》を助《たす》く)

●似《に》た意味《いみ》の故事成語《こじせいご》

・人事《じんじ》を尽《つ》くして天命《てんめい》を待《ま》つ

灯《とう》台《だい》下《もと》暗《くら》し

意《い》味《み》

身近《みぢか》なことは、かえって気《き》づきにくいということ。

由《ゆ》来《らい》

灯台《とうだい》（昔《むかし》の火《ひ》をともす道具《どうぐ》）の周《まわ》りは明《あか》るいが、すぐ下《した》は光《ひかり》が当《あ》たらず暗《くら》いことから。

使《つか》い方《かた》

お父《とう》さんがめがねがないと探《さが》していたけれど、頭《あたま》の上《うえ》にかけているのは、お父《とう》さんのめがねだった。**灯台下暗《とうだいもとくら》し**とはこのことだ。

●似《に》た意味《いみ》のことわざ

・近《ちか》くて見《み》えぬはまつ毛《げ》

まめちしき

灯台《とうだい》は、海《うみ》の近《ちか》くにある灯台《とうだい》のことではありません。電気《でんき》のなかった時代《じだい》に、火《ひ》をともして明《あ》かりにする道具《どうぐ》を灯台《とうだい》と言《い》いました。油《あぶら》を入《い》れた皿《さら》に、灯心《とうしん》と呼《よ》ばれる白《しろ》い芯《しん》をひたして、火《ひ》をともします。昔《むかし》は、ほかにも提灯《ちょうちん》や行燈《あんどん》などの明《あ》かりの道具《どうぐ》がありましたが、いずれも遠《とお》くまでは明《あか》るくなりません。

問題《もんだい》73　ローマは□日《にち》にしてならず　□に入《はい》る数字《すうじ》は？

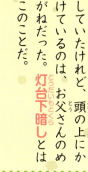

遠《とお》くの親《しん》類《るい》より近《ちか》くの他《た》人《にん》

おとどけものでーす
あ、いなかのおじさんからメロンだ！
おとなりさんにおすそ分《わ》けしよう
親《しん》せきからのいただきもので
これはこれは立派《りっぱ》なメロン
あっ！
お父《とう》さんどうしたの？
ガクッ
あいたたた！
えっ??
お母《かあ》さんは出《で》かけてるし田舎《いなか》のおじさんは遠《とお》すぎるしどうしよう
もしもし救急車《きゅうきゅうしゃ》お願《ねが》いします！
ピーポーピーポー

手術中
おかげで助《たす》かりました
いざというときは遠《とお》くの親類《しんるい》より近《ちか》くの他人《たにん》ですね
しばらく入院《にゅういん》ですがもう心配《しんぱい》ありません
入院《にゅういん》ですか
では、これ入院見《にゅういんみ》まいということで
ど…どうもありがとう

意味《いみ》

遠《とお》くに住《す》んでいる親《しん》せきよりも、いざというときは近《ちか》くにいる他人《たにん》のほうがたよりになるということ。

使《つか》い方《かた》

この間《あいだ》、一人暮《ひとりぐ》らしのおじいちゃんが具合《ぐあい》が悪《わる》くなったときに、となりの人《ひと》が気《き》づいて病院《びょういん》へ連《つ》れていってくれた。**遠《とお》くの親類《しんるい》より近《ちか》くの他人《たにん》**だ。

まめちしき

「遠《とお》くなれば薄《うす》くなる」(親《した》しかった者《もの》でも、遠《とお》くはなれてしまうとだんだん疎遠《そえん》になる)、「遠《とお》きは花《はな》の香《か》」(遠《とお》くにあるものは花《はな》の香《かお》りのようにかぐわしくよいものに感《かん》じられる)なども、「遠《とお》い」を使《つか》ったことわざです。

●似《に》た意味《いみ》のことわざ

・遠《とお》い親戚《しんせき》より近《ちか》くの他人《たにん》

●反対《はんたい》の意味《いみ》のことわざ

・血《ち》は水《みず》よりも濃《こ》い

問題《もんだい》74 話《はな》し上手《じょうず》は＿＿＿上手《じょうず》　＿＿＿に入《はい》る言葉《ことば》は何《なに》？

時《とき》は金《かね》なり

意味《いみ》

時間《じかん》はお金《かね》のように大切《たいせつ》なものだから、むだに過《す》ごしてはいけないということ。

覚《おぼ》え得《とく》！

西洋《せいよう》のことわざ。

使《つか》い方《かた》

休《やす》みの日《ひ》にぐうたら過《す》ごしていたら、宿題《しゅくだい》もやりたいこともできなかった。**時《とき》は金《かね》なり**で時間《じかん》はもどらないから、もったいないことをした。

英語《えいご》でことわざ

同《おな》じ意味《いみ》の英語《えいご》のことわざ

Time is money.

(時《とき》は金《かね》なり)

いつまでダラダラした生活《せいかつ》を送《おく》っているの
少《すこ》しはしゃんとした生活《せいかつ》を送《おく》ったらどうなの？ 時《とき》は金《かね》なりだよ！
え〜せっかくの休《やす》みだよ、借金《しゃっきん》してでもダラダラするよ

●似《に》た意味《いみ》の故事成語《こじせいご》

・歳月《さいげつ》人《ひと》を待《ま》たず

所《ところ》変《か》われば品《しな》変《か》わる

肉《にく》といえば？

意味《いみ》

場所《ばしょ》が変《か》わると、言葉《ことば》や習慣《しゅうかん》も変《か》わるということ。

ぶた
うし

使《つか》い方《かた》

転校《てんこう》した学校《がっこう》は、雪《ゆき》が降《ふ》る地《ち》域《いき》だったので、体育《たいいく》の授業《じゅぎょう》でスキーをするところでびっくりした。**所《ところ》変《か》われば品《しな》変《か》わる**ものだと思《おも》った。

エマのへや
コンコン
エマー 遊《あそ》ぼう
わっ
所《ところ》変《か》われば 品《しな》変《か》わる…
エマの 国《くに》のものって みんな おもしろいね！
いえ これは全部《ぜんぶ》 わたしが作《つく》りました
げいじゅつか
パパ いつまでいるの？

英語《えいご》でことわざ

似《に》ている意味《いみ》の英語《えいご》のことわざ

So many countries,so many customs.

（国《くに》の数《かず》だけ習慣《しゅうかん》がある）

●似《に》た意味《いみ》のことわざ

・郷《ごう》に入《い》っては郷《ごう》にしたがえ（104ページ）

問題《もんだい》75 ＿＿の甲《こう》より年《とし》の功《こう》 ＿＿に入《はい》る生《い》きものは何《なに》？

となりの花《はな》は赤《あか》い

意味《いみ》

人《ひと》のものはよく見《み》えて、うらやましく思《おも》えるということ。

由来《ゆらい》

となりの家《いえ》の庭《にわ》の花《はな》は、自分《じぶん》の家《いえ》の花《はな》より赤《あか》くきれいに見《み》えるということから。

使《つか》い方《かた》

となりの花《はな》は赤《あか》いと言《い》うけれど、友《とも》だちの家《いえ》は兄弟《きょうだい》が多《おお》くて、一人《ひとり》っ子《こ》の自分《じぶん》に比《くら》べるとうらやましく思《おも》える。

英語《えいご》でことわざ

似《に》ている意味《いみ》の英語《えいご》のことわざ

The grass is always greener on the other side of the fence.

（となりの芝生《しばふ》はいつも青《あお》い）

ソラはいいよな、妹《いもうと》がいて
お姉《ねえ》ちゃんがいるほうがいいよ 宿題《しゅくだい》聞《き》けるし
となりの花《はな》は赤《あか》いって言《い》うけどさ！
!?
きげん悪《わる》いとパンチ飛《と》んでくるし
家《いえ》では屁《へ》はこくわ
いびきはうるさいわ
ヤメローー！ もう何《なに》も言《い》うなーー！
ムツミちゃんはステキだよ！ あ〜うらやましい
シャ〜
じゃあ取《と》りかえて！
さ、うちで遊《あそ》ぼう

●似《に》た意味《いみ》のことわざ

・となりの芝生《しばふ》は青《あお》い

とびが鷹《たか》を生《う》む

意味《いみ》
平凡《へいぼん》な親《おや》から、すぐれた子《こ》どもが生《う》まれることのたとえ。

由来《ゆらい》
どこにでもいるような鳥《とり》のとびが、気高《けだか》く力強《ちからづよ》いイメージの鷹《たか》を生《う》むということから。

使《つか》い方《かた》
勉強《べんきょう》がきらいだったおじさんが、「うちは**とびが鷹《たか》を生《う》む**だよ」と言《い》って、いとこが有名《ゆうめい》な大学《だいがく》に合格《ごうかく》したことを喜《よろこ》んでいた。

フィギュアスケートすてき！
あはは、じゃあやってみるかい？
うおっ、この子《こ》は天才《てんさい》だ！
コーチ
わたしたち二人《ふたり》とも運動《うんどう》は苦手《にがて》なのにねえ…
オリンピック選手《せんしゅ》になったわ！
とびが鷹《たか》を生《う》むとはこのことね！
OLYMPIC
クル クル クル クル
鷹《たか》じゃないわ、得意《とくい》なのは白鳥《はくちょう》のおどりよ！
はいはい
OLYMPIC
ふわさ ふわさ

まめちしき

とびはとんびとも言《い》います。とびと鷹《たか》は同《おな》じタカ科《か》の鳥《とり》ですが、イメージは真逆《まぎゃく》です。とびは、ごみあさりをするためあまりいいイメージではありません。一方《いっぽう》の鷹《たか》は、鷹《たか》狩《が》り（鷹《たか》を使《つか》った小動物《しょうどうぶつ》の狩《か》り）やゆうがに飛《と》んで眼光鋭《がんこうするど》く獲物《えもの》をじっと待《ま》つ様子《ようす》などから、高貴《こうき》なイメージがあります。

●似《に》た意味《いみ》のことわざ
・とびが孔雀《くじゃく》を生《う》む

●反対《はんたい》の意味《いみ》のことわざ
・蛙《かえる》の子《こ》は蛙《かえる》（70ページ）

問題《もんだい》76　［　　］買《が》いの銭失《ぜにうしな》い　［　　］に入《はい》る言葉《ことば》は何《なに》？

捕《と》らぬ狸《たぬき》の皮《かわ》算《ざん》用《よう》

意味《いみ》

手《て》にしていないうちから、あてにしてあれこれと計算《けいさん》すること。

由来《ゆらい》

つかまえていない狸《たぬき》の皮《かわ》を、いくらで売《う》るか計算《けいさん》することから。

使《つか》い方《かた》

クイズ大会《たいかい》のイベントに出《で》ることになったお父《とう》さんは、出《で》る前《まえ》から優勝賞金《ゆうしょうしょうきん》の使《つか》い道《みち》を考《かんが》えている。**捕《と》らぬ狸《たぬき》の皮算《かわざん》用《よう》**だ。

皮算用《かわざんよう》…実現《じつげん》する前《まえ》に計画《けいかく》を立《た》てること

宝《たから》くじ買《か》ったぞー!!
当《あ》たったら…まずは家《いえ》買《か》うか…
車《くるま》も新《あたら》しくしたいしな〜ゴルフのクラブも新《あたら》しくできるな〜
なんかうれしそうだね
パパ宝《たから》くじ見《み》てニタニタしているよ捕《と》らぬ狸《たぬき》の皮算用《かわざんよう》よ

●似《に》た意味《いみ》のことわざ

・飛《と》ぶ鳥《とり》の献立《こんだて》

・もうけぬ前《まえ》の胸算用《むなざんよう》

英語《えいご》でことわざ

似《に》ている意味《いみ》の英語《えいご》のことわざ

Don't count your chickens before they are hatched.

(卵《たまご》がかえらないうちにひなの数《かず》を数《かぞ》えるな)

問題《もんだい》76の答《こた》え　安物《やすもの》

どろぼうを捕《と》らえて縄《なわ》をなう

なう…ひもなどを合《あ》わせて一本《いっぽん》にする

意味《いみ》

困《こま》ったことが起《お》きてから、あわててじゅんびすること。

由来《ゆらい》

どろぼうをとらえた後《あと》に、どろぼうを縛《しば》るためのなわをなうことから。

覚《おぼ》え得《とく》！

「どろ縄《なわ》」とも言《い》う。

使《つか》い方《かた》

遠足当日《えんそくとうじつ》になってあわてている弟《おとうと》は、**どろぼうを捕《と》らえて縄《なわ》をなう**だ。

まめちしき

いまでは、「縄《なわ》」と言《い》うとつな引《ひ》きなどで使《つか》う縄《なわ》や神社《じんじゃ》などにあるしめ縄《なわ》が身近《みぢか》かもしれません。「縄《なわ》をなう」というのは、なわを作《つく》るということです。なわは、数本《すうほん》のわらや麻《あさ》などをより合《あ》わせて作《つく》ったもので、昔《むかし》は各家庭《かくかてい》で縄《なわ》を作《つく》っていました。

うわー！ クジで車《くるま》が当《あ》たった！
あたり
やったー！ みんなでドライブ行《い》こう！
あれっ？ 免許《めんきょ》持《も》ってる人《ひと》は？
ダメじゃん！
いまから教習所《きょうしゅうじょ》行《い》くよ！
おそい！

●反対《はんたい》の意味《いみ》のことわざ

・転《ころ》ばぬ先《さき》の杖《つえ》(109ページ)
・備《そな》えあれば憂《うれ》いなし(143ページ)

問題《もんだい》77 まかぬ□は生《は》えぬ　□に入《はい》る言葉《ことば》は何《なに》？

どんぐりの背《せい》比《くら》べ

いちご いつもはちがうもん！
はいはい そうですねー
何《なん》だよ 兄弟《きょうだい》ゲンカ？
フッ
どうしたの？、
お兄《にい》ちゃんったら六十五点《ろくじゅうごてん》のくせにいばっちゃって
おまえなんて五十八点《ごじゅうはってん》だったじゃん！
？
六十五点《ろくじゅうごてん》とか五十八点《ごじゅうはってん》とか
そんなのどんぐりの背比《せいくら》べだよ
見《み》て！あの夕日《ゆうひ》は別《べつ》の国《くに》で朝日《あさひ》になってるんだ…
世界《せかい》は丸《まる》いんだ！

もっとグローバルな視点《してん》でものを考《かんが》えようよ！
フカシ
どんぐりが背《せい》くらべを…
うしろ…
こら〜そこのグローバル
その二十点《にじってん》は何《なん》なの？
どんぐりの背比《せいくら》べにもならないんじゃないの？
あっ
これはちょっとその〜

意味《いみ》

どれも同《おな》じくらいで、すぐれた者《もの》がいないということ。

由来《ゆらい》

どんぐりは、どれも大《おお》きさや形《かたち》が同《おな》じくらいということから。

覚《おぼ》え得《とく》！

特《とく》にすぐれた者《もの》がいないという、否定的《ひていてき》な状況《じょうきょう》のときに使《つか》う。

使《つか》い方《かた》

姉妹《しまい》で絵《え》のうまさを競《きそ》っていたけど、**どんぐりの背比《せいくら》べ**だ。

まめちしき

似《に》た意味《いみ》の故事成語《こじせいご》「五十歩百歩《ごじっぽひゃっぽ》」は、昔《むかし》の中国《ちゅうごく》の話《はなし》から生《う》まれた言葉《ことば》です。戦《たたか》いのときに五十歩《ごじっぽ》逃《に》げた兵士《へいし》が、百歩《ひゃっぽ》逃《に》げた兵士《へいし》を笑《わら》いましたが、二人《ふたり》とも逃《に》げたことには変《か》わらないので、たいしたちがいはないという意味《いみ》です。

●似《に》た意味《いみ》の故事成語《こじせいご》

・五十歩百歩《ごじっぽひゃっぽ》

●似《に》た意味《いみ》の四字熟語《よじじゅくご》

・大同小異《だいどうしょうい》

●反対《はんたい》の意味《いみ》のことわざ

・月《つき》とすっぽん（159ページ）

問題《もんだい》78　朱《しゅ》に交《まじ》われば＿＿＿くなる　＿＿＿に入《はい》る色《いろ》は？

やってみよう 4

ことわざのかるた辞典《じてん》を作《つく》ろう

答《こた》えは295ページにあるよ。

●ことわざのかるたを作《つく》ろう。

厚《あつ》めの紙《かみ》を四角《しかく》く切《き》って、
読《よ》み札《ふだ》と取《と》り札《ふだ》を
同《おな》じ数《かず》だけ用意《ようい》する。

取《と》り札《ふだ》　読《よ》み札《ふだ》

たて8㎝、横《よこ》6㎝くらいにすると、遊《あそ》びやすいよ。

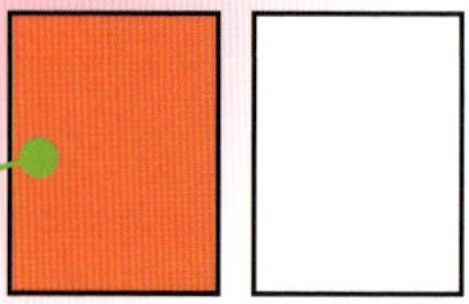

(裏《うら》)　(表《おもて》)

表《おもて》は白《しろ》、裏《うら》は好《す》きな色《いろ》やもようにすると楽《たの》しいね。

作《つく》り方《かた》

レベル1

読《よ》み札《ふだ》

かって
かぶとの
おをしめよ

ことわざを書《か》こう。

取《と》り札《ふだ》

か

ことわざの意味《いみ》を表《あらわ》した絵《え》をかこう。

レベル2

読《よ》み札《ふだ》

かって
かぶとの
おをしめよ

ことわざを書《か》こう。

取《と》り札《ふだ》

戦いに勝っても
油断するな

ことわざの意味《いみ》を書《か》こう。

友《とも》だちが作《つく》ったかるたと合《あ》わせて遊《あそ》んでみるのじゃ。
同《おな》じ文字《もじ》から始《はじ》まるかるたが二《ふた》つ以上《いじょう》あると、レベルアップするぞ。

●自分《じぶん》だけのことわざの辞典《じてん》を作《つく》ろう。

作《つく》り方《かた》

ノートや紙《かみ》にテーマを決《き》めて、
自分《じぶん》だけのオリジナル辞典《じてん》を作《つく》ろう。

はじめにテーマを書《か》こう。

月　日　曜日

体の部分別　ことわざ・慣用句

頭

頭が上がらない
相手にかなわないと思うこと
例：お父さんはお母さんに頭が上がらない

頭が痛い
心配やなやみで苦しんでいること
例：受験を考えると頭が痛い

頭が下がる
相手に感心して、尊敬する様子
例：生徒会も勉強もがんばる友だちには、頭が下がる

頭から湯気を立てる
かんかんにおこっている様子
例：先生が頭から湯気を立てている

頭をかかえる
どうしたらよいかなやむ様子

月　日　曜日

例：仲直りの方法に頭をかかえる

頭をひねる
いろいろな考えをめぐらす
例：頭をひねって、解決方法を探る

目

目が回る
忙しい様子
例：春はいつも目が回る忙しさだ

目くじらを立てる
小さなことも、すぐにとがめること
例：お姉ちゃんは機嫌が悪いと、すぐに目くじらを立てる

目くそ鼻くそを笑う
自分のことを棚に上げて、他人の欠点を笑う
例：どちらも部屋が汚いので目くそ鼻くそを笑うだ
似：五十歩百歩

似《に》ている表現《ひょうげん》や四字熟語《よじじゅくご》などがあれば、書《か》いておくと便利《べんり》。

使《つか》い方《かた》の文章《ぶんしょう》も作《つく》ってみよう。

項目《こうもく》がわかるように目立《めだ》たせよう。

辞書《じしょ》のテーマ作《づく》りの例《れい》

- 自分《じぶん》の好《す》きなことわざ
- 目標《もくひょう》とすることわざ
- 数字《すうじ》、色《いろ》、動物《どうぶつ》、植物《しょくぶつ》などのジャンル別《べつ》のことわざ
- 季節《きせつ》を表《あらわ》す言葉《ことば》が入《はい》っていることわざ

ほう〜
オリジナルは
なんでもできるのう
フォッフォッ

「いろはかるた」ってなあに？

たまにブラブラ散歩《さんぽ》もいいのお
この通《とお》りははじめてきたわ
あれかるたのお店《みせ》だってのぞいてみようよ
わあキャラクターやヒーローのかるたがいろいろある
楽《たの》しそう
そこに「いろはかるた」はないかの
え？「いろはかるた」？
昔《むかし》からあるかるたじゃよ
読《よ》み札《ふだ》はすべてことわざなんじゃ
五十音《ごじゅうおん》の「あいう〜」からではなく、「いろは〜」で始《はじ》まるから「いろはかるた」じゃ
へえ〜
あった！あれね
でも2種類《しゅるい》あるわ

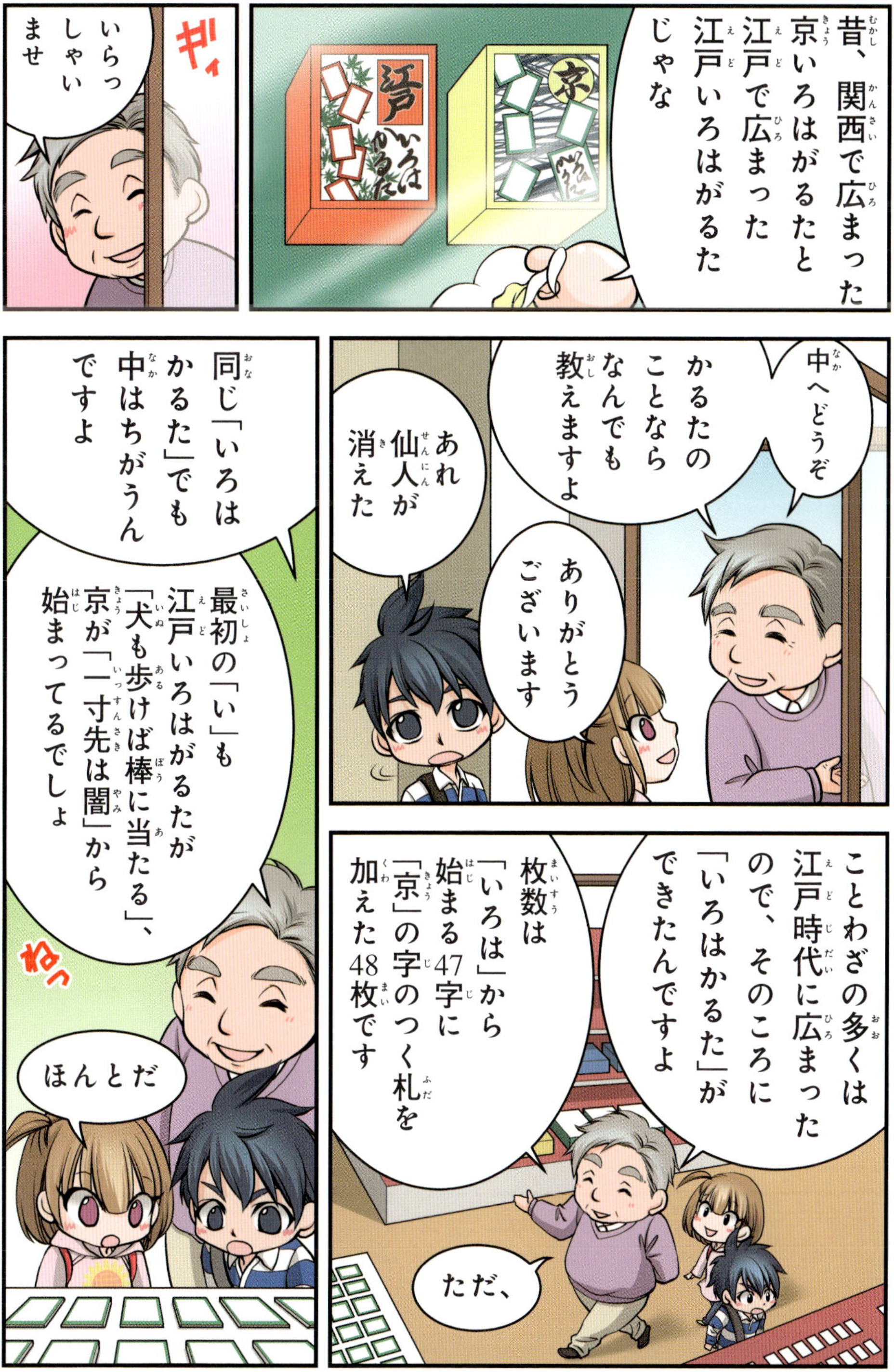

昔《むかし》、関西《かんさい》で広《ひろ》まった京《きょう》いろはがるたと江戸《えど》で広《ひろ》まった江戸《えど》いろはがるたじゃな
江戸いろはかるた
京
ギィ
いらっしゃいませ
中《なか》へどうぞ
かるたのことならなんでも教《おし》えますよ
ありがとうございます
あれ仙人《せんにん》が消《き》えた
ことわざの多《おお》くは江戸時代《えどじだい》に広《ひろ》まったので、そのころに「いろはかるた」ができたんですよ
枚数《まいすう》は「いろは」から始《はじ》まる47字《じ》に「京《きょう》」の字《じ》のつく札《ふだ》を加《くわ》えた48枚《まい》です
ただ、
同《おな》じ「いろはかるた」でも中《なか》はちがうんですよ
最初《さいしょ》の「い」も江戸《えど》いろはがるたが「犬《いぬ》も歩《ある》けば棒《ぼう》に当《あ》たる」、京《きょう》が「一寸先《いっすんさき》は闇《やみ》」から始《はじ》まってるでしょ
ねっ
ほんとだ

問題《もんだい》79　言《い》わぬが□□に入《はい》る植物《しょくぶつ》は何《なに》？

江戸《えど》いろはがるた

- い 犬《いぬ》も歩《ある》けば棒《ぼう》に当《あ》たる
- ろ 論《ろん》より証拠《しょうこ》
- は 花《はな》より団子《だんご》
- に 憎《にく》まれっ子《こ》世《よ》にはばかる
- ほ 骨《ほね》折《お》り損《ぞん》のくたびれもうけ
- へ 屁《へ》をひって尻《しり》すぼめる
- と 年寄《としよ》りの冷《ひ》や水《みず》
- ち 塵《ちり》も積《つ》もれば山《やま》となる
- り 律義者《りちぎもの》の子《こ》だくさん
- ぬ 盗人《ぬすっと》の昼寝《ひるね》
- る 瑠璃《るり》も玻璃《はり》も照《て》らせば光《ひか》る
- を 老《お》いては子《こ》にしたがえ
- わ われなべにとじぶた
- か ※かったいの瘡《かさ》うらみ
- よ よしの髄《ずい》から天井《てんじょう》のぞく
- た 旅《たび》は道連《みちづ》れ世《よ》は情《なさ》け

- れ 良薬《りょうやく》(れうやく)は口《くち》に苦《にが》し
- そ 総領《そうりょう》の甚六《じんろく》
- つ 月夜《つきよ》に釜《かま》を抜《ぬ》かれる
- ね 念《ねん》には念《ねん》を入《い》れる
- な 泣《な》き面《つら》に蜂《はち》
- ら 楽《らく》あれば苦《く》あり
- む 無理《むり》が通《とお》れば道理《どうり》が引《ひ》っこむ
- う 嘘《うそ》から出《で》たまこと
- ゐ いもの煮《に》えたも御存知《ごぞんじ》ない
- の 喉元《のどもと》過《す》ぎれば熱《あつ》さを忘《わす》れる
- お 鬼《おに》に金棒《かなぼう》
- く くさいものにはふたをする
- や 安物《やすもの》買《が》いの銭失《ぜにうしな》い
- ま 負《ま》けるが勝《か》ち
- け 芸《げい》は身《み》を助《たす》ける
- ふ 文《ふみ》はやりたし書《か》く手《て》は持《も》たぬ

- こ 子《こ》は三界《さんがい》の首《くび》っかせ
- え 得手《えて》に帆《ほ》をあげる
- て 亭主《ていしゅ》の好《す》きな赤烏帽子《あかえぼし》
- あ 頭《あたま》かくして尻《しり》かくさず
- さ 三遍回《さんべんまわ》ってたばこにしょ
- き 聞《き》いて極楽《ごくらく》見《み》て地獄《じごく》
- ゆ 油断大敵《ゆだんたいてき》
- め 目《め》の上《うえ》のたんこぶ
- み 身《み》から出《で》た錆《さび》
- し 知《し》らぬが仏《ほとけ》
- ゑ 縁《えん》は異《い》なもの味《あじ》なもの
- ひ 貧乏《びんぼう》ひまなし
- も 門前《もんぜん》の小僧習《こぞうなら》わぬ経《きょう》を読《よ》む
- せ 背《せ》に腹《はら》はかえられぬ
- す 粋《すい》は身《み》を食《く》う
- 京《きょう》 京《きょう》の夢《ゆめ》大阪《おおさか》の夢《ゆめ》

※の言葉《ことば》は、いまは使《つか》わないようにしましょう。

全部《ぜんぶ》で48まいか〜!!
たくさんあるね!

問題《もんだい》79の答《こた》え 花《はな》

天気《てんき》に関《かん》する ことわざ&四字熟語《よじじゅくご》

ことわざ

朝雨《あさあめ》にかさいらず
▶朝降《あさふ》る雨《あめ》はすぐやむので、かさを持《も》って出《で》なくてもよいということ。

朝焼《あさや》けは雨《あめ》、夕焼《ゆうや》けは日和《ひより》
▶朝焼《あさや》けはその日《ひ》に雨《あめ》が降《ふ》り、夕焼《ゆうや》けは次《つぎ》の日《ひ》がよい天気《てんき》になるということ。

富士山《ふじさん》にかさ雲《ぐも》がかかると雨《あめ》
▶富士山《ふじさん》の頂上《ちょうじょう》に雲《くも》がかかると雨《あめ》になりやすい。

夕立《ゆうだち》は馬《うま》の背《せ》を分《わ》ける
▶夕立《ゆうだち》はせまい範囲《はんい》にしか降《ふ》らない。

四字熟語《よじじゅくご》

小春日和《こはるびより》
▶十一月《じゅういちがつ》ごろの、おだやかなあたたかい天気《てんき》。

五風十雨《ごふうじゅうう》
▶五日《いつか》ごとに風《かぜ》がふき、十日《とおか》ごとに雨《あめ》が降《ふ》る、作物《さくもつ》によい天候《てんこう》。

三寒四温《さんかんしおん》
▶冬《ふゆ》に、三日《みっか》ほど寒《さむ》い日《ひ》が続《つづ》いた後《あと》、四日《よっか》ほどあたたかい日《ひ》が続《つづ》き、これがくり返《かえ》される天候《てんこう》。

天気《てんき》の言《い》い習《なら》わし

昔《むかし》から言《い》われている、天気《てんき》に関《かん》する言《い》い習《なら》わしです。各地《かくち》に、様々《さまざま》な言《い》い習《なら》わしがあります。

- うろこ雲《ぐも》が出《で》ると雨《あめ》
- 煙《けむり》がまっすぐ立《た》ち上《のぼ》ると晴《は》れ、なびくと雨《あめ》
- せみが鳴《な》きやむと雨《あめ》
- 月《つき》にうすい雲《くも》がかかると雨《あめ》
- つばめが低《ひく》く飛《と》ぶと雨《あめ》
- ねこが顔《かお》をあらうと雨《あめ》
- 飛行機雲《ひこうきぐも》がなかなか消《き》えないと雨《あめ》

京《きょう》いろはがるた

い　一寸先《いっすんさき》は闇《やみ》
ろ　論語《ろんご》読《よ》みの論語《ろんご》知《し》らず
は　針《はり》の穴《あな》から天《てん》をのぞく
に　二階《にかい》から目薬《めぐすり》
ほ　仏《ほとけ》の顔《かお》も三度《さんど》
へ　下手《へた》の長談義《ながだんぎ》
と　とうふにかすがい
ち　地獄《じごく》の沙汰《さた》も金次第《かねしだい》
り　綸言汗《りんげんあせ》のごとし
ぬ　糠《ぬか》に釘《くぎ》
る　類《るい》をもって集《あつ》まる
を　鬼《おに》も十八《じゅうはち》
わ　笑《わら》う門《かど》には福来《ふくき》たる
か　蛙《かえる》の面《つら》に水《みず》
よ　夜目遠目笠《よめとおめかさ》の内《うち》
た　立《た》て板《いた》に水《みず》

れ　連木《れんぎ》で腹《はら》を切《き》る
そ　袖《そで》すり合《あ》うも他生《たしょう》の縁《えん》
つ　月夜《つきよ》に釜《かま》を抜《ぬ》かれる
ね　猫《ねこ》に小判《こばん》
な　済《な》すときのえんま顔《がお》
ら　来年《らいねん》のことを言《い》えば鬼《おに》が笑《わら》う
む　昔取《むかしと》った杵柄《きねづか》
う　※氏《うじ》より育《そだ》ち
ゐ　鰯《いわし》の頭《あたま》も信心《しんじん》から
の　のみと言《い》えば槌《つち》
お　負《お》うた子《こ》に教《おし》えられて浅瀬《あさせ》を渡《わた》る
く　くさいものにはえがたかる
や　闇夜《やみよ》に鉄砲《てっぽう》
ま　まかぬ種《たね》は生《は》えぬ
け　下駄《げた》と焼《や》き味噌《みそ》
ふ　武士《ぶし》は食《く》わねど高楊枝《たかようじ》

こ　これに懲《こ》りよ道才坊《どうさいぼう》
え　縁《えん》の下《した》の力持《ちからも》ち
て　寺《てら》から里《さと》へ
あ　足下《あしもと》から鳥《とり》が立《た》つ
さ　さおの先《さき》に鈴《すず》
き　義理《ぎり》とふんどしは欠《か》かされぬ
ゆ　幽霊《ゆうれい》の浜風《はまかぜ》
め　※めくらの垣《かき》のぞき
み　身《み》は身《み》で通《とお》る裸《はだか》ん坊《ぼう》
し　しわん坊《ぼう》の柿《かき》の種《たね》
ゑ　縁《えん》と月日《つきひ》
ひ　ひょうたんから駒《こま》
も　餅《もち》は餅屋《もちや》
せ　栴檀《せんだん》は双葉《ふたば》より芳《かんば》し
す　雀百《すずめひゃく》まで踊《おど》り忘《わす》れず
京《きょう》　京《きょう》に田舎《いなか》あり

※の言葉《ことば》は、いまは使《つか》わないようにしましょう。

ほっほっ
たまにはひとりブラブラもいいのお

問題《もんだい》80　窮《きゅう》□猫《ねこ》をかむ　□に入《はい》る動物《どうぶつ》は何《なに》？

長《なが》いものには巻《ま》かれろ

意《い》味《み》

目上《めうえ》の人《ひと》や強《つよ》い人《ひと》には、おとなしくしたがうほうが得《とく》であるということ。

覚《おぼ》え得《とく》！

生《い》きていくうえでの処世術《しょせいじゅつ》、世渡《よわた》りの方法《ほうほう》を表《あらわ》す。

使《つか》い方《かた》

クラスの出《だ》しもの、本当《ほんとう》はおばけやしきじゃなくてゲームがよかったけど、みんなが手《て》を挙《あ》げたほうにしよう。反対《はんたい》するほどでもないし、**長《なが》いものには巻《ま》かれろ**だ。

何《なん》の行列《ぎょうれつ》かな？
キャラグッズ発売日《はつばいび》!!
本日限定《ほんじつげんてい》
ずら〜〜っ
人気《にんき》のキャラクターみたいだから買《か》っちゃった！
1時間《じかん》も並《なら》んで！
よく日《じつ》学校《がっこう》で…
きゃー かわいい〜！
わたしもほしかった〜！
いいな〜！
人気者《にんきもの》！
長《なが》いものには巻《ま》かれろだわね！

●似《に》た意味《いみ》のことわざ

- 大《おお》きいものにはのまれよ
- 泣《な》く子《こ》と地頭《じとう》には勝《か》てぬ（184ページ）
- 寄《よ》らば大樹《たいじゅ》の陰《かげ》

まめちしき

もとは、長《なが》いものには巻《ま》かれたほうが楽《らく》だという、読《よ》んでそのままの意味《いみ》でした。長《なが》いものはふりほどこうとすると余計《よけい》にからみつくため、面倒《めんどう》だからです。いまでは、長《なが》いもの＝権力《けんりょく》や強《つよ》い人《ひと》にたとえられ、逆《さか》らうよりも、素直《すなお》についていく＝巻《ま》かれるほうが楽《らく》だという意味《いみ》になりました。

問題《もんだい》80の答《こた》え　鼠《そ》（ねずみ）

泣《な》き面《つら》に蜂《はち》

意味《いみ》 悪《わる》いことが起《お》こったところに、さらに苦《くる》しみが重《かさ》なること。

由来《ゆらい》 悲《かな》しくて泣《な》いているところに、はちに顔《かお》をさされてしまうことから。

使《つか》い方《かた》 今日《きょう》は、宿題《しゅくだい》を忘《わす》れるし、体《たい》育《いく》の授業《じゅぎょう》では転《ころ》んでみんなに笑《わら》われるし、家《いえ》に帰《かえ》ったらお母《かあ》さんにおこられるしで、**泣《な》き面《つら》に蜂《はち》**だ。

江 江戸《えど》いろはがるた

イテ！
なんだよ〜 すりむいちゃったよ〜
あ！ おさいふがない！
ケガするわ おさいふなくすわ… 泣《な》き面《つら》に蜂《はち》だよ…

●似《に》た意味《いみ》の慣用句《かんようく》

・傷口《きずぐち》に塩《しお》
・踏《ふ》んだりけったり
・弱《よわ》り目《め》に祟《たた》り目《め》

まめちしき

状況《じょうきょう》がとてもわかりやすいことわざです。「泣《な》きっ面《つら》を蜂《はち》が刺《さ》す」とも言《い》います。似《に》た意味《いみ》の慣用句《かんようく》にあるように、同《おな》じような意《い》味《み》のことわざや慣用句《かんようく》はたくさんあります。「弱《よわ》り目《め》に祟《たた》り目《め》」の「祟《たた》り」とは、神様《かみさま》が与《あた》えるばつという意味《いみ》です。

問題《もんだい》81　三《み》つ子《ご》の魂《たましい》□まで　□に入《はい》る数字《すうじ》は？

泣《な》く子《こ》と地頭《じとう》には勝《か》てぬ

あ
あ
ダメだよ
おまえにはまだ早《はや》いってお母《かあ》さん言《い》ってたろ
あーん
あーん
もう…少《すこ》しだけだぞ
あげちゃダメって言《い》ったじゃない!
赤《あか》ちゃんとお母《かあ》さんには勝《か》てぬ…

意味《いみ》

①ものごとの善悪《ぜんあく》がわからない人《ひと》とは、争《あらそ》っても勝《か》ち目《め》がないこと。②権力《けんりょく》を持《も》っている人《ひと》の言《い》い分《ぶん》は、聞《き》くしかないということ。

わーん

使《つか》い方《かた》

泣《な》く子《こ》と地頭《じとう》には勝《か》てぬと言《い》うけど、うちの犬《いぬ》は本当《ほんとう》に散歩《さんぽ》ぎらいで、散歩《さんぽ》に行《い》こうとするとほえるんだ。結局《けっきょく》ほえて近所迷惑《きんじょめいわく》だから、散歩《さんぽ》に行《い》けないんだよ。

まめちしき

地頭《じとう》は、時代《じだい》によって意味《いみ》が少《すこ》し異《こと》なります。①平安時代《へいあんじだい》では領主《りょうしゅ》より荘園《しょうえん》（土地《とち》）の管理《かんり》を任《まか》された人《ひと》、②鎌倉時代《かまくらじだい》では土地《とち》を管理《かんり》、支配《しはい》する仕事《しごと》の名前《なまえ》、③江戸時代《えどじだい》では領主《りょうしゅ》や大名《だいみょう》の家臣《かしん》。どれも権力者《けんりょくしゃ》です。人《ひと》を支配《しはい》する力《ちから》がある人《ひと》や泣《な》きわめく子《こ》どもには、何《なに》を言《い》っても通用《つうよう》しないということですね。

●似《に》た意味《いみ》のことわざ

・勝《か》てば官軍《かんぐん》、負《ま》ければ賊軍《ぞくぐん》
・長《なが》いものには巻《ま》かれろ（182ページ）

問題《もんだい》81の答《こた》え　百《ひゃく》

なくて七《なな》癖《くせ》

意味《いみ》

だれにでも癖《くせ》はあるものだということ。「なくて七癖《ななくせ》あって四十八癖《しじゅうはっくせ》」の略《りゃく》。

クシャ
クシャ
ポリ
ポリ

使《つか》い方《かた》

お父《とう》さんは、自分《じぶん》に癖《くせ》はないと言《い》うけれど、**なくて七癖《ななくせ》**で、くしゃみをするときに足《あし》が上《あ》がるし、うそをつくとまばたきが多《おお》くなる。でもそのことに気《き》づいていない。

そこ！ びんぼうゆすりはやめなさい
カタカタ
あ
わかったかな？
トン
トン
トン
そういう先生《せんせい》も指《ゆび》が動《うご》いてまーす！
ごめん！ 気《き》づかなかった なくて七癖《ななくせ》ってやつかな？
カタ
カタカタ
コトコト
コトコト
カタ
カタ
ガタ
ゴト
ゴト
教室《きょうしつ》ゆれてない？
地震《じしん》？
え
ガタ
ガタ
ガタ
ちがうよ！ 震源《しんげん》は、びんぼうゆすりだ！

まめちしき

「なくて」「ななくせ」と「な」を続《つづ》けてリズムよくしています。「七《なな》」とは、実際《じっさい》の数《かず》ではなく、多《おお》いという意味《いみ》で使《つか》われており、七《なな》がつく慣用句《かんようく》に、「七転《ななころ》び八起《やお》き」（何度失敗《なんどしっぱい》してもがんばること）、「七下《ななさ》がり七上《ななあ》がり」（人生《じんせい》には何度《なんど》も浮《う》き沈《しず》みがあるもの）などがあります。

●似《に》た意味《いみ》のことわざ

・人《ひと》に一癖《ひとくせ》

問題《もんだい》82　＿＿＿の振《ふ》り見《み》て我《わ》が振《ふ》り直《なお》せ　＿＿＿に入《はい》る言葉《ことば》は何《なに》？

情《なさ》けは人《ひと》のためならず

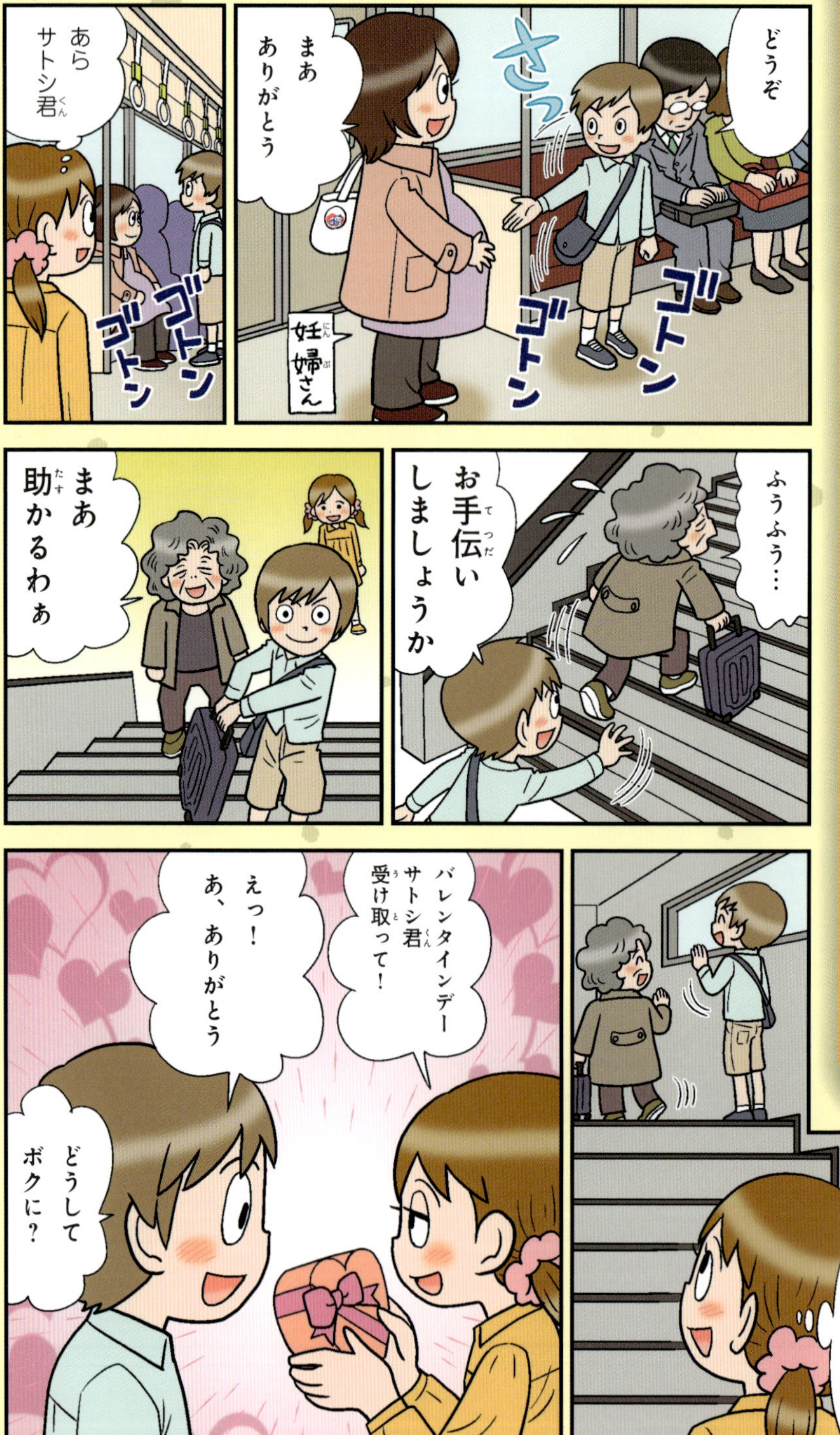

どうぞ
さっ
ゴトンゴトン
まあ ありがとう
妊《にん》婦《ぶ》さん
あら サトシ君《くん》
ゴトンゴトン
ふうふう…
お手伝《てつだ》い しましょうか
まあ 助《たす》かるわぁ
サトシ君《くん》って やさしいのね
バレンタインデー サトシ君《くん》 受《う》け取《と》って！
えっ！ あ、ありがとう
どうして ボクに？

情《なさ》け…思《おも》いやり

キャッ
サトシ君《くん》が妊婦《にんぷ》さんやお年《とし》よりに親切《しんせつ》な人《ひと》だって知《し》ったからよ
というわけでチョコもらっちゃった
えへへ
まあ～!
情《なさ》けは人《ひと》のためならず!
人《ひと》に親切《しんせつ》にするとめぐりめぐって自分《じぶん》のためになるのよね
そうか!
いつでもだれにでも親切《しんせつ》にするサトシです何《なん》でも手伝《てつだ》います
親切印《しんせつじるし》のサトシです!
そ…そこまでしなくても…

意味《いみ》

人《ひと》に親切《しんせつ》にしておけば、めぐりめぐって、いつか自分《じぶん》のためにもなる。だから人《ひと》には親切《しんせつ》にしたほうがよいということ。

覚《おぼ》え得《とく》!

「情《なさ》けをかけるとあまやかすから、その人《ひと》のためにならない」という意味《いみ》ではない。

使《つか》い方《かた》

宿題《しゅくだい》を手伝《てつだ》ってあげた友《とも》だちが、苦手《にがて》な水泳《すいえい》を教《おし》えてくれたおかげで、テストに合格《ごうかく》した。**情《なさ》けは人《ひと》のためならず**だと思《おも》った。

まめちしき

「情《なさ》け」がつくことわざはほかにもあります。「旅《たび》は道連《みちづ》れ世《よ》は情《なさ》け」（154ページ）、反対《はんたい》の意味《いみ》のことわざの「情《なさ》けが仇《あだ》」（相手《あいて》を思《おも》ってしたことが、かえって相手《あいて》によくないこと）。慣用句《かんようく》では「情《なさ》け容赦《ようしゃ》もない」（思《おも》いやりがない様《よう》子《す》）などもあります。

●似《に》た意味《いみ》の故事成語《こじせいご》

・積善《せきぜん》の家《いえ》には必《かなら》ず余慶《よけい》あり

●反対《はんたい》の意味《いみ》のことわざ

・情《なさ》けが仇《あだ》

問題《もんだい》83　捕《と》らぬ＿＿の皮算用《かわざんよう》　＿＿に入《はい》る動物《どうぶつ》は何《なに》？

なせば成《な》る

なす…ものごとを行《おこな》う
成《な》る…できる

意味《いみ》

人間《にんげん》、やろうと思《おも》えばできないことはないということ。

覚え得《おぼえとく》!

江戸時代《えどじだい》の藩主《はんしゅ》、上杉鷹山《うえすぎようざん》の和歌《わか》からできたことわざと言《い》われている。

使い方《つかいかた》

はじめからあきらめてはいけない。気持《きも》ちを強《つよ》く持《も》ってしんぼう強《づよ》く取《と》り組《く》めば、できないと思《おも》ったことでもできることがある。**なせば成《な》る**だ。

まめちしき

江戸時代後期《えどじだいこうき》、いまの山形県米沢市《やまがたけんよねざわし》にあった米沢藩《よねざわはん》の藩主《はんしゅ》だった上杉鷹山《うえすぎようざん》は、財政難《ざいせいなん》の藩《はん》を立《た》て直《なお》した政治家《せいじか》です。もとの歌《うた》は「なせば成《な》る、なさねば成《な》らぬ何事《なにごと》も、成《な》らぬは人《ひと》のなさぬなりけり」(やろうと思《おも》えばいくらでもできる。できないのは努力《どりょく》が足《た》りないからである)。

泳《およ》ぎがまったく上達《じょうたつ》しないよ…
そんなことないじゃない 去年《きょねん》よりも10メートルも多《おお》く泳《およ》げているよ
あ〜あ もっと早《はや》く上達《じょうたつ》しないものかなぁ〜
がんばるよ
なせば成《な》るだよ! がんばろう!

●似た意味《にたいみ》のことわざ

・一念《いちねん》、天《てん》に通《つう》ず
・思《おも》う念力《ねんりき》、岩《いわ》をも通《とお》す

名《な》は体《たい》を表《あらわ》す

体《たい》…ものごとの本質《ほんしつ》

意味《いみ》
人《ひと》やものの名前《なまえ》は、その性質《せいしつ》や中身《なかみ》を表《あらわ》していることが多《おお》いということ。

覚《おぼ》え得《とく》!
「名《な》」は名前《なまえ》、「体《たい》」はそのものの実体《じったい》。

元気《げんき》くん

使《つか》い方《かた》
名《な》は体《たい》を表《あらわ》すと言《い》うけれど、両親《りょうしん》がつけてくれた「大輝《だいき》」という名前《なまえ》に負《ま》けないように、がんばろうと思《おも》う。

速人君《はやとくん》は名前《なまえ》の通《とお》り足《あし》が速《はや》いよね
明奈《あきな》ちゃんは明《あか》るい性格《せいかく》だしね
賢司君《けんじくん》は賢《かしこ》いという字《じ》が入《はい》っているよね?
これから本領発揮《ほんりょうはっき》するんだよ!
賢司

●似《に》た意味《いみ》の四字熟語《よじじゅくご》
・名詮自性《みょうせんじしょう》
・名実一体《めいじついったい》

まめちしき
似《に》た意味《いみ》の四字熟語《よじじゅくご》の「名詮自性《みょうせんじしょう》」は、仏教《ぶっきょう》の言葉《ことば》です。「名《な》は体《たい》を表《あらわ》す」と同《おな》じ意味《いみ》で、『名詮《みょうせん》』は、名前《なまえ》に備《そな》わっているという意味《いみ》、『自性《じしょう》』は、本質《ほんしつ》という意味《いみ》です。また、「名実一体《めいじついったい》」(ものや人《ひと》の名前《なまえ》は、その中身《なかみ》や性質《せいしつ》を的確《てきかく》に表《あらわ》すことが多《おお》い)も同《おな》じような意味《いみ》です。

問題《もんだい》84　＿＿寸先《すんさき》は闇《やみ》　＿＿に入《はい》る数字《すうじ》は?

生兵法《なまびょうほう》は大《おお》けがのもと

生兵法《なまびょうほう》…中途半端《ちゅうとはんぱ》な技術《ぎじゅつ》や知識《ちしき》

意味《いみ》

中途半端《ちゅうとはんぱ》な知識《ちしき》にたよると、かえって大失敗《だいしっぱい》するということ。

由来《ゆらい》

中途半端《ちゅうとはんぱ》に覚《おぼ》えた武術《ぶじゅつ》では、戦《たたか》いのときに役《やく》に立《た》たないし、かえって自分《じぶん》がけがをするということから。

使《つか》い方《かた》

生兵法《なまびょうほう》は大《おお》けがのもとだと注意《ちゅうい》したのに、お兄《にい》ちゃんが、テレビで見《み》た空手《からて》のかわら割《わ》りのまねをした。案《あん》の定《じょう》、手《て》をいためて病院《びょういん》へ行《い》った。

はじめてつけるつけまつ毛《げ》ってむずかしいわ!
メガネ外《はず》してるし〜
ねーねー
ナマヘイホーって何《なに》?
?
コレ
ああ、生兵法《なまびょうほう》は大《おお》けがのもとのこと?
中途半端《ちゅうとはんぱ》な知識《ちしき》や技術《ぎじゅつ》では、かえって失敗《しっぱい》するよってこと
なるほど
人《ひと》の顔《かお》を見《み》てうなずかないでよ
わーん 大《おお》けがのもとだ!

●似《に》た意味《いみ》のことわざ

- 生物識《なまものし》り川《かわ》へはまる
- 生物識《なまものし》り堀《ほり》へはまる

ABC 英語《えいご》でことわざ

似《に》ている意味《いみ》の英語《えいご》のことわざ

A little learning is dangerous thing.

(少《すこ》しばかり知《し》っていることは危《き》険《けん》なことである)

習《なら》うより慣《な》れよ

意味《いみ》

ものごとは、人《ひと》に教《おし》えてもらうよりも、自分《じぶん》でやりながら覚《おぼ》えるほうがよく身《み》につくということ。

使《つか》い方《かた》

職人《しょくにん》の世界《せかい》では、習《なら》うよりまずはやってみて、慣《な》れることが大事《だいじ》なんだって。頭《あたま》で理解《りかい》するよりも体《からだ》で覚《おぼ》えたほうが早《はや》いんだね。**習《なら》うより慣《な》れよ**とはこのことだ。

ABC 英語《えいご》でことわざ

似《に》ている意味《いみ》の英語《えいご》のことわざ

Practice makes perfect.

（練習《れんしゅう》によって完成《かんせい》する）

●似《に》た意味《いみ》のことわざ

・経験《けいけん》は学問《がくもん》にまさる

問題《もんだい》85　枯《か》れ木《き》も□のにぎわい　□に入《はい》る言葉《ことば》は何《なに》？

二《に》階《かい》から目《め》薬《ぐすり》

意味《いみ》

まわりくどく、思《おも》うように伝《つた》わらずもどかしいこと。また、効果《こうか》がないこと。

由来《ゆらい》

二階《にかい》から下《した》にいる人《ひと》に目薬《めぐすり》をさそうとしても、うまくいかないことから。

使《つか》い方《かた》

あこがれの先輩《せんぱい》に、それとなく思《おも》いを伝《つた》えたいと思《おも》い、友《とも》だちを通《とお》して伝《つた》えてもらったけど、なんの反応《はんのう》もない。**二《に》階《かい》から目《め》薬《ぐすり》**だった。

京 京《きょう》いろはがるた

りかちゃんを振《ふ》り向《む》かせるぞ!!
パキ パキ
気《き》づいてくれ!
あれ? だれかしら…
それじゃ二階《にかい》から目薬《めぐすり》だぞ!
えへへへ…

まめちしき

昔《むかし》は、「目薬《めぐすり》」を「目洗薬《めあらいぐすり》」と言《い》い、目《め》を洗《あら》う方法《ほうほう》が一般的《いっぱんてき》でした。その後《ご》、はまぐりのからに入《はい》った目薬《めぐすり》が出《で》てきましたが、いまのような液体《えきたい》ではなく、軟膏《なんこう》と言《い》われる練《ね》りあわせた薬《くすり》だったので、それを水《みず》でうすめた液《えき》を目《め》にさすか、その液《えき》で目《め》を洗《あら》うといった使《つか》い方《かた》をしました。

●似《に》た意味《いみ》のことわざ

・天井《てんじょう》から目薬《めぐすり》

●似《に》た意味《いみ》の慣用句《かんようく》

・焼《や》け石《いし》に水《みず》

問題《もんだい》85の答《こた》え 山《やま》

逃《に》がした魚《さかな》は大《おお》きい

新発売《しんはつばい》
チョコケーキ
ヒョイ
あっ！
最後《さいご》の一《いっ》こ
買《か》われちゃった…
残念《ざんねん》ね
あぁ…きっとあれはすごくおいしかったんだろうな…！
食《た》べたかった…！
おしいことをした…
うーん
いまいち
現実《げんじつ》

意味《いみ》

手《て》に入《い》れかけて、もう少《すこ》しのところで失《うしな》ったものは、実際《じっさい》よりも価値《かち》のあるように感《かん》じ、くやしさが倍増《ばいぞう》するということ。

ブチッ
!?

使《つか》い方《かた》

お母《かあ》さんから昔《むかし》のアイドルのグッズをいらないかと聞《き》かれた。いらないと言《い》ったけど、後《あと》でプレミア価値《かち》のものだと知《し》った。**逃《に》がした魚《さかな》は大《おお》きかった。**

●似《に》た意味《いみ》のことわざ

・釣《つ》り落《お》とした魚《さかな》は大《おお》きい

まめちしき

「魚心《うおごころ》あれば水心《みずごころ》」(43ページ)や「魚《うお》の木《き》に登《のぼ》るがごとし」(魚《さかな》が木《き》に登《のぼ》ろうとするように、勝手《かって》がちがって不可能《ふかのう》なこと)、「水《みず》を得《え》た魚《うお》のよう」(ふさわしい環境《かんきょう》で活躍《かつやく》することのたとえ)、「水魚《すいぎょ》の交《まじ》わり」(親《した》しいつきあい)など、魚《さかな》を使《つか》ったことわざや慣用《かんよう》句《く》、故事成語《こじせいご》はたくさんあります。

問題《もんだい》86　出《で》る＿＿は打《う》たれる　＿＿に入《はい》る言葉《ことば》は何《なに》？

憎《にく》まれっ子《こ》世《よ》にはばかる

憎《にく》まれっ子《こ》…みんなにきらわれる人《ひと》
はばかる…地位《ちい》や勢力《せいりょく》でいばる

意味《いみ》
人《ひと》にきらわれるような人《ひと》が、かえって世《よ》の中《なか》をうまく渡《わた》って出世《しゅっせ》するということ。

使《つか》い方《かた》
あんなにいたずらっ子《こ》だった同級生《どうきゅうせい》が、二十年後《にじゅうねんご》のいまでは、有名《ゆうめい》な経営《けいえい》コンサルタントだ。昔《むかし》から悪知恵《わるぢえ》が働《はたら》くタイプだったから、うまく世間《せけん》を渡《わた》ってきたんだろう。まさに**憎《にく》まれっ子《こ》世《よ》にはばかる**だ。

江 江戸《えど》いろはがるた

まめちしき

「はばかる」は、「口《くち》にするのも、はばかられる」など、遠慮《えんりょ》する、つつしむという意味《いみ》で使《つか》われることが多《おお》い言葉《ことば》です。しかし、もう一方《いっぽう》で、のさばる、はばをきかせるなどの逆《ぎゃく》の意味《いみ》もあり、このことわざではこちらの意味《いみ》で使《つか》われています。

●似《に》た意味《いみ》のことわざ
・渋柿《しぶがき》の長持《ながも》ち

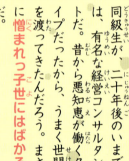

二《に》度《ど》あることは三《さん》度《ど》ある

意味《いみ》

①同《おな》じことが二度《にど》起《お》これば、もう一度《いちど》同《おな》じことが起《お》こるから油断《ゆだん》するなということ。②よいことは重《かさ》なるということ。

覚《おぼ》え得《とく》！

悪《わる》いできごとのときに使《つか》うことが多《おお》い。

使《つか》い方《かた》

二度《にど》あることは三度《さんど》あるで、また先生《せんせい》に当《あ》てられた。

英語《えいご》でことわざ

似《に》ている意味《いみ》の英語《えいご》のことわざ

One loss brings another.

(一《ひと》つの損失《そんしつ》は別《べつ》の損失《そんしつ》をもたらす)

あ、教科書《きょうかしょ》忘《わす》れた！
あ、体操着《たいそうぎ》忘《わす》れた！
二度《にど》あることは三度《さんど》あると言《い》うから気《き》をつけてね
そうそう悪《わる》いことばかりないでしょ
あ、家《いえ》のカギ持《も》って出《で》るの忘《わす》れてた！
ひ〜〜ん
家族《かぞく》が帰《かえ》るまで家《いえ》に入《はい》れないよ〜
やれやれ

●反対《はんたい》の意味《いみ》のことわざ

・三度目《さんどめ》の正直《しょうじき》(121ページ)※①の意味《いみ》の反対《はんたい》

・柳《やなぎ》の下《した》にいつもどじょうはいない(280ページ)※②の意味《いみ》の反対《はんたい》

問題《もんだい》87 □から駒《こま》 □に入《はい》る言葉《ことば》は何《なに》？

二《に》兎《と》を追《お》う者《もの》は一《いっ》兎《と》をも得《え》ず

兎《と》…うさぎ

お〜
ひろし…
パパ
呼《よ》んだ…？
ほしいものあったら
買《か》ってあげるぞ
何《なに》がいい？
えっ!?
はは…
ボク…
重《おも》い病気《びょうき》なんだね…
ボクのほしいもの
買《か》ってくれるなんて…
かくさなくていいよ…
ボクわかってるんだ
いままでありがとう
ぽけ〜
へ？？
何《なに》言《い》ってるんだ？
しっかりしろ！
臨時収入《りんじしゅうにゅう》が
あったんだよ
ほっ…

今度《こんど》の日曜《にちよう》に買《か》いに行《い》くからほしいもの決《き》めておきなさい
はい!
どっちもほしいんだよなあ〜どっちもお願《ねが》いしちゃおうかなあ〜
全然《ぜんぜん》決《き》めないから算数《さんすう》ドリルを買《か》ってきたぞ!
が〜ん
算数ドリル

意味《いみ》

よくばって一度《いちど》に二《ふた》つのことをしようとすると、どちらも成功《せいこう》しないということ。

由来《ゆらい》

二匹《にひき》の兎《うさぎ》を一度《いちど》につかまえようとすると、同時《どうじ》に逃《に》げられ、結局《けっきょく》一匹《いっぴき》もとれないということから。

使《つか》い方《かた》

二兎《にと》を追《お》う者《もの》は一兎《いっと》をも得《え》ずで、同時《どうじ》に手《て》に入《い》れるのは無理《むり》だった。

英語《えいご》でことわざ

同《おな》じ意味《いみ》の英語《えいご》のことわざ
If you run after hares, you will catch neither.
(二兎《にと》を追《お》う者《もの》は一兎《いっと》をも得《え》ず)

●似《に》た意味《いみ》のことわざ

・あぶ蜂《はち》取《と》らず

●反対《はんたい》の意味《いみ》の四字熟語《よじじゅくご》

・一石二鳥《いっせきにちょう》
・一挙両得《いっきょりょうとく》

問題《もんだい》88　鵜《う》のまねをする＿＿　＿＿に入《はい》る鳥《とり》は何《なに》？

糠《ぬか》に釘《くぎ》

意味《いみ》
手《て》ごたえがまったくないことのたとえ。

由来《ゆらい》
糠《ぬか》に釘《くぎ》を打《う》っても、何《なん》の手《て》ごたえもないことから。

使《つか》い方《かた》
お母《かあ》さんが、何度《なんど》もお父《とう》さんに注意《ちゅうい》しているのに、くつ下《した》をぬぎっぱなしにしている。**糠《ぬか》に釘《くぎ》**でお母《かあ》さんもあきらめはじめた。

京　京《きょう》いろはがるた

糠《ぬか》…玄米《げんまい》を白米《はくまい》にするときに出《で》る粉《こな》

そうじするから どいてー
んー
ゴロ ゴロ
糠味噌《ぬかみそ》に釘《くぎ》だね！
…糠《ぬか》に釘《くぎ》！
えっ？
糠《ぬか》とは… 精米《せいまい》するときに出《で》るカスみたいなもの！
それに塩《しお》や水《みず》を加《くわ》えて発酵《はっこう》させたものが糠味噌《ぬかみそ》だ！
ことわざとしては「糠《ぬか》に釘《くぎ》」が正解《せいかい》だよ！
もう まちがえるなよ！
ゴロン
それは わかったから どいてよ〜！

●似《に》た意味《いみ》のことわざ
・とうふにかすがい
・のれんに腕押《うでお》し

まめちしき
玄米《げんまい》の皮《かわ》などを取《と》り除《のぞ》き、白米《はくまい》にするときに出《で》る粉《こな》を糠《ぬか》と言《い》います。この糠《ぬか》に塩《しお》と水《みず》を加《くわ》えて発酵《はっこう》させたものを「糠床《ぬかどこ》」（糠味噌《ぬかみそ》）と呼《よ》び、野菜《やさい》を入《い》れて糠漬《ぬかづ》けを作《つく》ることができます。「糠床《ぬかどこ》」は毎日《まいにち》かきまぜて、管理《かんり》していきます。

濡《ぬ》れ手《て》で粟《あわ》

意味《いみ》

苦労《くろう》もせずに、たくさんもうけること。

由来《ゆらい》

濡《ぬ》れた手《て》で粟《あわ》の実《み》をつかむと、手《て》に粟《あわ》がいっぱいついてとれることから。

使《つか》い方《かた》

ひまだったから、妹《いもうと》の友《とも》だちのクリスマスパーティーについて行《い》ったら、ぼくまでおかしをたくさんもらった。まさに**濡《ぬ》れ手《て》で粟《あわ》**だ。

粟《あわ》…稲科《いねか》の穀物《こくもつ》

オーライ
ボス
わー
ボール ボール
あ！ すっごいキノコが生《は》えてるぞ！
あ！ これマツタケじゃない？
大《おお》もうけじゃん！
バケツに入《い》れよう
あるある
わはは濡《ぬ》れ手《て》で粟《あわ》だ！
百万円分《ひゃくまんえんぶん》くらいある？
ひゃー
200
ボク、毒《どく》キノコだよこれ

まめちしき

「濡《ぬ》れ手《て》で粟《あわ》のつかみ取《ど》り」とも言《い》います。粟《あわ》とは、古《ふる》くから栽培《さいばい》されている稲科《いねか》の穀《こく》物《もつ》で、粒《つぶ》が小《ちい》さく、黄色《きいろ》です。昔《むかし》は、米《こめ》や麦《むぎ》と同《おな》じように大切《たいせつ》な食《た》べものでした。いまではほとんど栽培《さいばい》していませんが、白米《はくまい》と混《ま》ぜてごはんとして食《た》べたり、小鳥《ことり》のえさで食《た》べさせたりします。

●似《に》た意味《いみ》の四字熟語《よじじゅくご》

・一攫千金《いっかくせんきん》

●似《に》た意味《いみ》の故事成語《こじせいご》

・漁夫《ぎょふ》の利《り》

問題《もんだい》89　火中《かちゅう》の［　　］を拾《ひろ》う　［　　］に入《はい》る言葉《ことば》は何《なに》？

猫《ねこ》にかつおぶし

意味《いみ》

好《す》きなものをそばにおくと、危険《きけん》だということ。

由来《ゆらい》

ねこの目《め》の前《まえ》に大好物《だいこうぶつ》のかつおぶしを置《お》くと、すぐに食《た》べてしまうことから。

ニャハーー♡

使《つか》い方《かた》

うちの犬《いぬ》はパンが大好物《だいこうぶつ》だ。買《か》ってきた朝食用《ちょうしょくよう》のパンをうっかりテーブルの上《うえ》に置《お》いておくと、いつのまにか食《た》べている。猫《ねこ》にかつおぶしだ。

商店街《しょうてんがい》の くじ引《び》きで おかしいっぱい 当《あ》たっちゃった
どっさり
ママ すごーーい
持《も》ちきれ ないから 手伝《てつだ》って
ほい
たくさん あるからって 一度《いちど》に食《た》べちゃ だめよ
って、 言《い》ってる先《さき》から 全部《ぜんぶ》食《た》べるん じゃない！
もっしゃ もっしゃ
猫《ねこ》にかつおぶし だよ〜

●似《に》た意味《いみ》のことわざ

- 猫《ねこ》にかつお
- 猫《ねこ》にかつおぶしの番《ばん》
- 猫《ねこ》に魚《さかな》の番《ばん》

ABC 英語《えいご》でことわざ

似《に》ている意味《いみ》の英語《えいご》のことわざ

Set the wolf to keep the sheep.

（おおかみにひつじの番《ばん》をさせる）

問題《もんだい》89の答《こた》え 栗《くり》

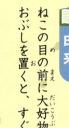

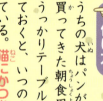

猫《ねこ》に小《こ》判《ばん》

意《い》味《み》

貴重《きちょう》なものでも、知《し》らない人《ひと》にとっては何《なん》の役《やく》にも立《た》たないということ。

由《ゆ》来《らい》

ねこに小判《こばん》を渡《わた》しても、ねこには値打《ねう》ちがわからないということから。

使《つか》い方《かた》

お父《とう》さんが骨董品《こっとうひん》のつぼをもらったけど、いまいち好《この》みじゃないらしい。結局《けっきょく》使《つか》い道《みち》がわからず、押入《おしい》れにしまっている。まったく**猫《ねこ》に小判《こばん》**だ。

京 京《きょう》いろはがるた

●似《に》た意味《いみ》のことわざ

・馬《うま》の耳《みみ》に念仏《ねんぶつ》(50ページ)
・豚《ぶた》に真珠《しんじゅ》

まめちしき

「猫《ねこ》にかつおぶし」(200ページ)、「猫《ねこ》にまたたび」(大好物《だいこうぶつ》を与《あた》えれば、効果絶大《こうかぜつだい》)、「猫《ねこ》かぶり」(本性《ほんしょう》をかくして、おとなしくしていることのたとえ)、「猫《ねこ》の手《て》も借《か》りたい」(役《やく》に立《た》たない猫《ねこ》の手《て》も借《か》りたくなるほどいそがしい)など、ねこはことわざや慣用句《かんようく》でよく使《つか》われています。

問題《もんだい》90 捨《す》てる□あれば拾《ひろ》う神《かみ》あり □に入《はい》る言葉《ことば》は何《なに》？

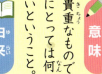

猫《ねこ》を追《お》うより魚《さかな》をのけよ

意味《いみ》

問題《もんだい》の表面《ひょうめん》を見《み》るより、根本《こんぽん》を解決《かいけつ》したほうがよいということ。

由来《ゆらい》

魚《さかな》がのった皿《さら》をねこがねらっているときに、ねこを追《お》い払《はら》うよりも皿《さら》ごと引《ひ》いたほうが早《はや》いということ。

使《つか》い方《かた》

猫《ねこ》を追《お》うより魚《さかな》をのけよで、この街《まち》を住《す》みやすくしようとしたけど、引《ひ》っこしたほうが早《はや》く解決《かいけつ》することに気《き》づいた。

太《ふと》ったー
ダイエットしよう
イチニ イチニ
また太《ふと》ったー
どうしてかしら？
モリモリ
？
パク
お姉《ねえ》ちゃん…猫《ねこ》を追《お》うより魚《さかな》をのけよ…だよ

まめちしき

ねこは、犬《いぬ》と同《おな》じように昔《むかし》から身近《みぢか》な動物《どうぶつ》で、招《まね》きねこなど商売繁盛《しょうばいはんじょう》のシンボルとして知《し》られています。一方《いっぽう》で昔話《むかしばなし》などでは、妖怪《ようかい》の一種《いっしゅ》とされる化《ば》けねこや、長《なが》く生《い》きすぎて人間《にんげん》の言葉《ことば》を話《はな》し、しっぽが2本《ほん》あるねこ又《また》など、こわい存在《そんざい》として登場《とうじょう》することもあります。

●似《に》た意味《いみ》の四字熟語《よじじゅくご》

・抽薪止沸《ちゅうしんしふつ》
・抜本塞源《ばっぽんそくげん》

念《ねん》には念《ねん》を入《い》れる

念《ねん》…十分注意《じゅうぶんちゅうい》すること

意味《いみ》

注意《ちゅうい》したうえに、さらに注意《ちゅうい》しなさいということ。

国《こく》語《ご》
算《さん》数《すう》
理《り》科《か》
社会《しゃかい》
社会

使《つか》い方《かた》

明日《あした》は早起《はやお》きして、修学旅行《しゅうがくりょこう》だ。忘《わす》れものをしたら大変《たいへん》だから、**念《ねん》には念《ねん》を入《い》れて**もう一度《いちど》持《も》ちもの確認《かくにん》をしてから寝《ね》よう。

江　江戸《えど》いろはがるた

水筒《すいとう》とぼうしと明日《あした》の遠足《えんそく》の荷物《にもつ》は…
ハンカチ チリがミ お弁当《べんとう》は明日《あした》で…
忘《わす》れものしないように…と
そうだ
おやすみなさい
まだ8時《じ》前《まえ》よ！
早《はや》すぎない？
やだ！
明日《あした》忘《わす》れないように
念《ねん》には念《ねん》を入《い》れるだよ

まめちしき

「念《ねん》」は、細《こま》かいところにもよく注意《ちゅうい》する、という意味《いみ》で、「念《ねん》には念《ねん》を入《い》れ」とも言《い》います。念《ねん》を使《つか》う言葉《ことば》はほかにもあり、「念《ねん》を押《お》す」は十分確《じゅうぶんたし》かめるという意味《いみ》、「念入《ねんい》り」は細《こま》かな点《てん》まで注意《ちゅうい》し、ていねいな様子《ようす》を表《あらわ》しています。

●似《に》た意味《いみ》のことわざ

・浅《あさ》い川《かわ》も深《ふか》く渡《わた》れ
・石橋《いしばし》をたたいて渡《わた》る(28ページ)
・転《ころ》ばぬ先《さき》の杖《つえ》(109ページ)

問題《もんだい》91　立《た》つ□跡《あと》を濁《にご》さず　□に入《はい》る生《い》きものは何《なに》？

能《のう》ある鷹《たか》は爪《つめ》をかくす

ええっ、パパ、運動会《うんどうかい》に来《き》てくれないの？
ゴメ・ン
ゴメ・ン
親子《おやこ》リレーがあるのに！
よし！おじいちゃんがかわりに出《で》てやろう
はあ〜〜〜っ
そして、運動会《うんどうかい》
よっ
よっ
お…おじいちゃん？
意外《いがい》と決《き》まってる…
ぱぁん
ワー
ワー
よしタカシ、来《こ》い！思《おも》いっきり走《はし》ってこい！
ワー
ワー
タッチ！
パシッ
すちゃっ

おじいちゃんすごい!
ぶっちぎりだ〜!
シュタタタタタ
タカシ君《くん》のおじいちゃんは、昔《むかし》、オリンピック候補《こうほ》になったことがあるんだよ
ええ〜、ちっとも知《し》らなかった!
じいちゃんかっこいい〜〜!
5-3
能《のう》ある鷹《たか》は爪《つめ》をかくすと言《い》うからね
かくしてたのは爪《つめ》だけじゃないぞ!
すぽーーん
カツラ〜〜〜!
5-3

意味《いみ》

本当《ほんとう》に才能《さいのう》のある人《ひと》は、むやみに見《み》せびらかさないということ。

由来《ゆらい》

えものをとるのが上手《じょうず》な鷹《たか》は、えものをとるとき以外《いがい》は、爪《つめ》をかくしていることから。

使《つか》い方《かた》

能《のう》ある鷹《たか》は爪《つめ》をかくすで、できることをアピールしない人《ひと》はかっこいい。

こんにちは
?

まめちしき

鷹《たか》は高《たか》いところからえものを探《さが》します。見《み》つけると急降下《きゅうこうか》して、するどい爪《つめ》でえものをおさえつけ、つかみます。その一連《いちれん》の動《うご》きはむだがなく、とてもゆうがで、かっこいいイメージがある鳥《とり》のため、キャラクターや名前《なまえ》などに使《つか》われることがあります。

●似《に》た意味《いみ》の故事成語《こじせいご》

・知《し》りて知《し》らざれ

●反対《はんたい》の意味《いみ》のことわざ

・浅瀬《あさせ》に仇波《あだなみ》

問題《もんだい》92 □の横好《よこず》き □に入《はい》る言葉《ことば》は何《なに》?

残《のこ》りものには福《ふく》がある

意《い》味《み》

人《ひと》が先《さき》に取《と》って残《のこ》ったものの中《なか》には、案外《あんがい》よいものがあるということ。

覚《おぼ》え得《とく》!

順番《じゅんばん》が後《あと》の人《ひと》やおくれてきた人《ひと》をなぐさめるときに使《つか》うことがある。

使《つか》い方《かた》

お店《みせ》のくじ引《び》きで、最後《さいご》の一《いち》枚《まい》を引《ひ》いたら、二等賞《にとうしょう》の賞品《しょうひん》が当《あ》たった。**残《のこ》りものには福《ふく》がある**と言《い》うけれど、無欲《むよく》だったのもよかったのかもしれない。

英語《えいご》でことわざ

似《に》ている意味《いみ》の英語《えいご》のことわざ

Good luck lies in odd numbers.

(半端《はんぱ》ものに幸運《こううん》あり)

みんなでロシアン大福《だいふく》しよう!
さあ!選《えら》んで!
僕《ぼく》は最後《さいご》でいいよ!
残《のこ》りものには福《ふく》があるんだよね…
当《あ》たった!
うげ!

●似《に》た意味《いみ》のことわざ

・余《あま》りものに福《ふく》がある

喉《のど》元《もと》過《す》ぎれば熱《あつ》さを忘《わす》れる

意味《いみ》

苦《くる》しいことも過《す》ぎてしまえば忘《わす》れてしまうということ。

由来《ゆらい》

熱《あつ》い飲《の》みものを飲《の》んだときは熱《あつ》さにおどろくが、喉《のど》を通《とお》り過《す》ぎれば、熱《あつ》さを忘《わす》れてしまうことから。

先週《せんしゅう》
アチー

使《つか》い方《かた》

この間《あいだ》、食《た》べ過《す》ぎておなかをこわしたばかりなのに、治《なお》ったら前《まえ》よりも食《た》べているよ。**喉元《のどもと》過《す》ぎれば熱《あつ》さを忘《わす》れる**だね。

江 江戸《えど》いろはがるた

英語《えいご》でことわざ

似《に》ている意味《いみ》の英語《えいご》のことわざ

The danger past and God forgotten.

(危険《きけん》が過《す》ぎると神《かみ》は忘《わす》れ去《さ》られる)

風邪《かぜ》引《ひ》いたー
熱《あつ》いー 苦《くる》しいー
治《なお》った！
遊《あそ》ぶぞーー！
ケンジ！ 上着《うわぎ》着《き》なさーい！
だいじょうぶだよーー！
風邪《かぜ》引《ひ》いたー
やれやれ
熱《あつ》いー 苦《くる》しいー

●似《に》た意味《いみ》のことわざ

・雨晴《あめは》れて笠《かさ》を忘《わす》る
・病治《やまいなお》りて医師《いし》忘《わす》る

問題《もんだい》93 大山鳴動《たいざんめいどう》して□一匹《いっぴき》 □に入《はい》る動物《どうぶつ》は何《なに》？

やってみよう
5

ことわざの仲《なか》間《ま》分《わ》けをしよう

答《こた》えは295ページにあるよ。

●ことわざの作《つく》りから、仲《なか》間《ま》分《わ》けをしてみよう。
左《ひだり》ページのことわざを、
下《した》のグループⒶ～Ⓔに分《わ》けてね。

それぞれ
5こずつ
あるぞ

グループⒶ

～から～

例《れい》：棚《たな》からぼた餅《もち》

グループⒷ

～に～

例《れい》：泣《な》き面《つら》に蜂《はち》

グループⒸ

～より～

例《れい》：花《はな》より団子《だんご》

グループⒹ

～の～

例《れい》：三《さん》度《ど》目《め》の正直《しょうじき》

グループⒺ

～ば～

例《れい》：苦《く》あれば楽《らく》あり

① 身《み》□出《で》た錆《さび》

② 転《ころ》ばぬ先《さき》□杖《つえ》

③ 下《へ》手《た》□横《よこ》好《ず》き

④ 釈《しゃ》迦《か》□説《せっ》法《ぽう》

⑤ 蛙《かえる》の面《つら》□水《みず》

⑥ 猫《ねこ》□小《こ》判《ばん》

⑦ 住《す》め□都《みやこ》

⑧ 糠《ぬか》□釘《くぎ》

⑨ 目《め》の上《うえ》□たんこぶ

⑩ 捕《と》らぬ狸《たぬき》□皮《かわ》算《ざん》用《よう》

⑪ ひょうたん□駒《こま》

⑫ 嘘《うそ》□出《で》たまこと

⑬ 習《なら》う□慣《な》れよ

⑭ 縁《えん》の下《した》□力《ちから》持《も》ち

⑮ 二《に》階《かい》□目《め》薬《ぐすり》

⑯ 窮《きゅう》すれ□通《つう》ず

⑰ 捨《す》てる神《かみ》あれ□拾《ひろ》う神《かみ》あり

⑱ 遠《とお》くの親《しん》類《るい》□近《ちか》くの他《た》人《にん》

⑲ 喉《のど》元《もと》過《す》ぎれ□熱《あつ》さを忘《わす》れる

⑳ 三《さん》人《にん》寄《よ》れ□文《もん》殊《じゅ》の知《ち》恵《え》

㉑ 案《あん》ずる□産《う》むが易《やす》し

㉒ さわらぬ神《かみ》□祟《たた》りなし

㉓ ペンは剣《けん》□も強《つよ》し

㉔ 猿《さる》も木《き》□落《お》ちる

㉕ 亀《かめ》の甲《こう》□年《とし》の功《こう》

世界《せかい》のことわざ

図書室《としょしつ》
世界旅行《せかいりょこう》してみたいなあ〜
本《ほん》の整理《せいり》まだできていないよ
それではことわざの世界旅行《せかいりょこう》でもしてみるかの
わっ
どういうこと？
ほっほっ そもそもことわざは日本《にほん》でできたものばかりではないんじゃ
え〜そうだったの〜!?
「学問《がくもん》に王道《おうどう》なし」はエジプト、「ローマは一日《いちにち》にしてならず」や「豚《ぶた》に真珠《しんじゅ》」、「時《とき》は金《かね》なり」は西洋《せいよう》のことわざをほん訳《やく》したものじゃ
へえ〜

日本《にほん》のことわざに似《に》ていることわざも世界《せかい》のあちこちにあるんじゃ
ヒュルルル
ということで、今日《きょう》は特別《とくべつ》なパワーでおまえたちを世界旅行《せかいりょこう》へ連《つ》れていってやるぞ
なんだ〜
中国《ちゅうごく》
ニーハオ
ジュージュー
中国《ちゅうごく》には「大工《だいく》が多《おお》いと家《いえ》がゆがんで立《た》つ」ということわざがあるよ
え〜！中国《ちゅうごく》に来《き》た〜!?
ぱっ
日本《にほん》のことわざの「船頭多《せんどうおお》くして船山《ふねやま》に上《のぼ》る」と同《おな》じような意味《いみ》じゃ
ヒュルルン
ロシア
ぱっ
今度《こんど》はロシア!?
ロシアには「こごえた顔《かお》にふぶき」ということわざがあるね

問題《もんだい》94　聞《き》いて極楽《ごくらく》□地獄《じごく》　□に入《はい》る言葉《ことば》は何《なに》？

日本《にほん》のことわざの「泣《な》き面《つら》に蜂《はち》」と同《おな》じような意味《いみ》じゃな
ブルガリア
ブルガリアには「ほかの人《ひと》のたまごは黄身《きみ》が二《ふた》つある」ということわざがあるわよ
こんどはブルガリア!!
ぱっ
ヨーグルト

日本《にほん》の「となりの花《はな》は赤《あか》い」「となりの芝生《しばふ》は青《あお》い」と同《おな》じ意味《いみ》じゃ
ちとつかれてきたのお
ぼくたちも～

世界《せかい》のことわざ	日本《にほん》のことわざ
ぞうに乗《の》ってバッタとり （タイ）	労多《ろうおお》くして功少《こうすく》なし →苦労《くろう》したわりに報《むく》われないこと
蓮《はす》のはっぱに水《みず》をさすがごとし （カンボジア）	糠《ぬか》に釘《くぎ》→198ページ のれんに腕押《うでお》し→198ページ
子《こ》どもとは大人《おとな》の父《ちち》である （英語圏《えいごけん》の国《くに》）	三《み》つ子《ご》の魂百《たましいひゃく》まで→256ページ 雀百《すずめひゃく》まで踊《おど》り忘《わす》れず→256ページ
ねむっている犬《いぬ》は寝《ね》かせておけ （英語圏《えいごけん》の国《くに》）	藪《やぶ》をつついて蛇《へび》を出《だ》す→281ページ さわらぬ神《かみ》に祟《たた》りなし→119ページ
壁《かべ》も聞《き》いている （グアテマラ）	壁《かべ》に耳《みみ》あり障子《しょうじ》に目《め》あり→80ページ

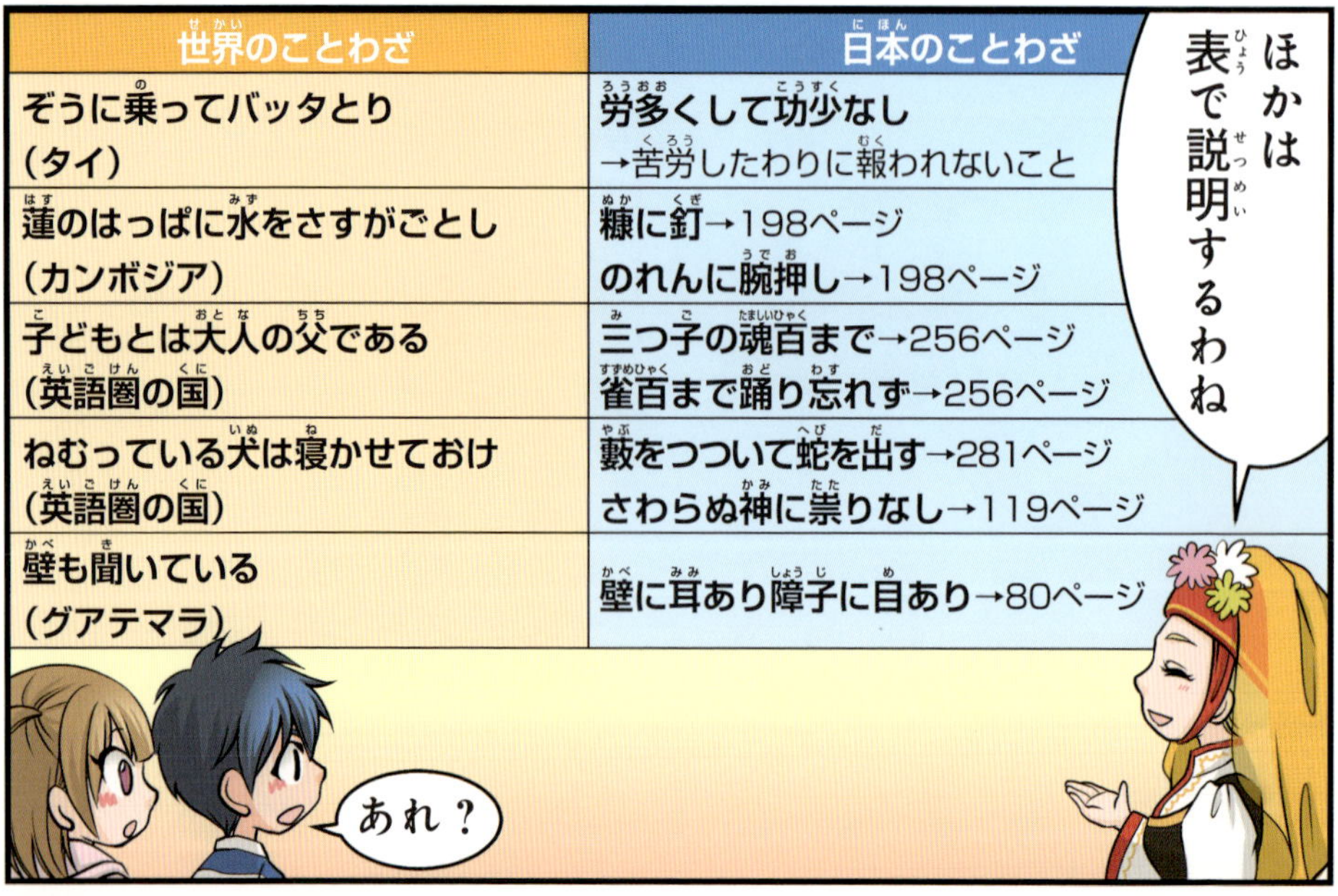
ほかは表《ひょう》で説明《せつめい》するわね
あれ？

家族《かぞく》に関《かん》する ことわざ、慣用句《かんようく》 &四字熟語《よじじゅくご》

ことわざ

老《お》いては子《こ》にしたがえ
▶年《とし》をとってからは、何《なに》ごとも子《こ》どもにまかせてしたがったほうがよいということ。

負《お》うた子《こ》に教《おし》えられる
▶自分《じぶん》より年下《としした》の人《ひと》や経験《けいけん》の少《すく》ない人《ひと》に教《おし》えられることもあるということ。

親《おや》の心《こころ》子《こ》知《し》らず
（62ページ）

かわいい子《こ》には旅《たび》させよ
（85ページ）

孝行《こうこう》のしたい時分《じぶん》に親《おや》はなし
（102ページ）

子《こ》どものけんかに親《おや》が出《で》る
（106ページ）

慣用句《かんようく》

親《おや》のすねをかじる
▶ひとり立《だ》ちできない子《こ》どもが、親《おや》から援助《えんじょ》をしてもらうこと。

親《おや》の七光《ななひかり》
▶親《おや》の名声《めいせい》のおかげで、実力《じつりょく》や才能《さいのう》がなくても世間《せけん》からいい扱《あつか》いを受《う》けること。

四字熟語《よじじゅくご》

乳母日傘《おんばひがさ》
▶小《ち》さいときから大事《だいじ》に大事《だいじ》に育《そだ》てられること。

亭主関白《ていしゅかんぱく》
▶夫《おっと》が妻《つま》に対《たい》して、いつもえらそうにいばっていること。

良妻賢母《りょうさいけんぼ》
▶夫《おっと》に対《たい》してはよい妻《つま》、子《こ》どもに対《たい》してはかしこい母《はは》親《おや》であること。

まだあるよ
これね

世界《せかい》のことわざ	日本《にほん》のことわざ・慣用句《かんようく》
蛙《かえる》の好《す》きな人《ひと》は魚《さかな》がきらい（アフリカ各地《かくち》）	たで食《く》う虫《むし》も好《す》き好《ず》き→人《ひと》の好《この》みは人《ひと》それぞれだということ
同《おな》じ羽《はね》をもった鳥《とり》は群《む》れる（英語圏《えいごけん》の国《くに》）	類《るい》は友《とも》を呼《よ》ぶ→286ページ
早起《はやお》きに三光《さんこう》あり、寝坊《ねぼう》に三慌《さんこう》あり（中国《ちゅうごく》）	早起《はやお》きは三文《さんもん》の得《とく》→220ページ
知《し》っているところでは人《ひと》を尊《とうと》び 知《し》らないところでは習慣《しゅうかん》を学《まな》べ（イギリス）	郷《ごう》に入《い》っては郷《ごう》にしたがえ→104ページ

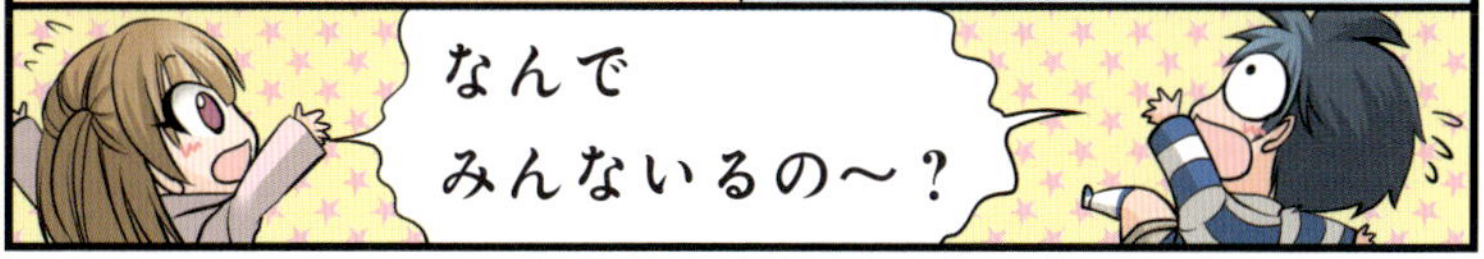

なんで みんないるの〜？

ここはデパートの特設会場《とくせつかいじょう》で世界《せかい》のことわざ展《てん》をやってるんですよ
え〜
日本のデパート
世界ことわざ展
そういえばみんな日本語《にほんご》で話《はな》してたわ

近所《きんじょ》にワープさせる力《ちから》しかないとはわしも修行《しゅぎょう》が足《た》りんのお
今回《こんかい》はつかれたわい

問題95　□の面《つら》に水《みず》　□に入《はい》る生《い》きものは何《なに》？

はえば立《た》て立《た》てば歩《あゆ》めの親心《おやごころ》

意味《いみ》

子《こ》どもの成長《せいちょう》を楽《たの》しみに待《ま》ち望《のぞ》む親心《おやごころ》のこと。

覚《おぼ》え得《とく》!

子《こ》どもがはうようになったら、次《つぎ》は立《た》つように、立《た》ったら歩《ある》くようにという親《おや》の願《ねが》いを表《あらわ》している。

使《つか》い方《かた》

昔《むかし》のアルバムを見《み》ていたら、たくさん自分《じぶん》の写真《しゃしん》があった。お母《かあ》さんとお父《とう》さんが**はえば立《た》て立《た》てば歩《あゆ》めの親心《おやごころ》**で育《そだ》ててくれたことがよくわかった。

まめちしき

「親《おや》の心《こころ》子《こ》知《し》らず」(62ページ)とあるように、親《おや》の子《こ》どもへの思《おも》いは深《ふか》いものです。親子《おやこ》のことわざは「かわいい子《こ》には旅《たび》させよ」(85ページ)や「子《こ》を持《も》って知《し》る親《おや》の恩《おん》」(111ページ)などがありますが、成長《せいちょう》とともに自分《じぶん》も子《こ》どもから親《おや》になり、思《おも》いはつながっていくのですね。

まだ分数《ぶんすう》で引《ひ》っかかってるの?
覚《おぼ》えちゃえばあっというまよ
ここにかけて…
ほら がんばって
お母《かあ》さん九九《くく》のときもそう言《い》ったじゃん
なわとびのときだって!
はえば立《た》て立《た》てば歩《あゆ》めの親心《おやごころ》!
結局《けっきょく》大人《おとな》になるまでずーっと言《い》われるのよ

●似《に》た意味《いみ》のことわざ

・子《こ》に過《す》ぎたる宝《たから》なし

・子《こ》にまさる宝《たから》なし

箸《はし》にも棒《ぼう》にもかからない

意味《いみ》

①ひどすぎて、どうしようもないこと。

②取《と》り柄《え》がないこと。

由来《ゆらい》

細《ほそ》くて短《みじか》い箸《はし》でも、太《ふと》くて長《なが》い棒《ぼう》のどちらでも取《と》り扱《あつか》うことができないことから。

使《つか》い方《かた》

うちの犬《いぬ》は、ふせや待《ま》てを教《おし》えてもまったくできないし、番犬《ばんけん》になるかと言《い》えば、人《ひと》なつっこくてだれにでもなつくし、**箸《はし》にも棒《ぼう》にもかからない**よ。

まめちしき

日本人《にほんじん》は必《かなら》ず食事《しょくじ》で使《つか》う箸《はし》。ほかにも、「箸《はし》に当《あ》たり棒《ぼう》に当《あ》たる」（あちこちに当《あ》たり散《ち》らすこと。八《や》つ当《あ》たり）や「箸《はし》の上《あ》げ下《お》ろし」（こまかな一挙一動《いっきょいちどう》。こまかいことにも口《くち》やかましく小言《こごと》を言《い》う場合《ばあい》に用《もち》いる）などのことわざもあります。身近《みぢか》なものはたとえにしやすいのですね。

●似《に》た意味《いみ》の慣用句《かんようく》

・煮《に》ても焼《や》いても食《く》えない

問題《もんだい》96　□にかつおぶし　□に入《はい》る動物《どうぶつ》は何《なに》？

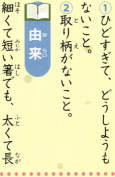

働《はたら》かざる者《もの》食《く》うべからず

意味《いみ》

働《はたら》こうとせずになまける人《ひと》は、食《た》べる資格《しかく》がないということ。食《た》べていくには、まじめに働《はたら》かなければならないということ。

覚《おぼ》え得《とく》!

新約聖書《しんやくせいしょ》にある言葉《ことば》。

使《つか》い方《かた》

休《やす》みの日《ひ》に、お母《かあ》さんに言《い》われたお手伝《てつだ》いをサボったら、夕食《ゆうしょく》のときに「**働《はたら》かざる者食《ものく》うべからず**」と言《い》われて、しぶしぶお手伝《てつだ》いをした。

英語《えいご》でことわざ

似《に》ている意味《いみ》の英語《えいご》のことわざ

If any would not work, neither should he eat.

(働《はたら》こうとしない者《もの》は、食《た》べることもしてはならない)

ゴロゴロしていないでそうじくらいしなさい!
はいはい…後《あと》でね…
もう…おやつあげないよ!
♪おやつ〜おやつ〜
おなかが減《へ》りましたね…
働《はたら》かざる者《もの》は食《く》うべからず!
!!

●働《はたら》くにまつわることわざ

・なまけ者《もの》の節句《せっく》働《ばたら》き

話《はな》し上《じょう》手《ず》は聞《き》き上《じょう》手《ず》

意《い》味《み》

話《はな》すことが上《じょう》手《ず》な人《ひと》は、人《ひと》の話《はなし》を聞《き》くことも上《じょう》手《ず》ということ。

使《つか》い方《かた》

お母《かあ》さんは、**話《はな》し上《じょう》手《ず》は聞《き》き上《じょう》手《ず》**で、家《か》族《ぞく》や近《きん》所《じょ》の人《ひと》にとてもしたわれている。

うんうん
それでね…

ペラペラ
それでさー パパがさー
ケンジ！
ペラペラ
話《はな》し上《じょう》手《ず》は聞《き》き上《じょう》手《ず》って言《い》うでしょ？
本当《ほんとう》に話《はな》し上《じょう》手《ず》になりたければ人《ひと》の話《はなし》も聞《き》くべきよ
はーい
じゃアタシの話《はなし》も聞《き》いてネ！
それでね！その後《あと》ね！
ペラペラペラ ペラペラペラ ペラペラペラ
エマちゃん…あなたも人《ひと》の話《はなし》を…その…
その後《ご》三《さん》時《じ》間《かん》一人《ひとり》でしゃべり続《つづ》けた

まめちしき

話《はな》し上《じょう》手《ず》になるには、話《はな》す声《こえ》の大《おお》きさを調《ちょう》整《せい》したり、スピードを変《か》えたりするといいでしょう。聞《き》き上《じょう》手《ず》になるには、相《あい》手《て》の話《はなし》に合《あ》わせて相《あい》づちを打《う》ったりうなずいたりすると、相《あい》手《て》も話《はな》しやすいです。相《あい》手《て》の話《はなし》をさえぎったり、話《わ》題《だい》をうばったりしないことも大《だい》事《じ》なポイントです。

●反《はん》対《たい》の意《い》味《み》のことわざ

・話《はな》し上《じょう》手《ず》の聞《き》き下《へ》手《た》

問《もん》題《だい》97 天《てん》は□物《ぶつ》を与《あた》えず □に入《はい》る数《すう》字《じ》は？

花《はな》より団《だん》子《ご》

わーいっぱい
そうかも〜!!
いいわね〜二人《ふたり》とも お花《はな》が好《す》きなんて
ウチはまったく 興味《きょうみ》なし!
おお
フカシは 花《はな》より団子《だんご》 だもんねー
何《なに》それ?
きれいな花《はな》を見《み》るより おいしいお団子《だんご》を食《た》べる ほうが好《す》きっていうこと
いえいえいえ! ウチの子《こ》たちも ちがうの!
?
ママー! ビニールぶくろ
持《も》って帰《かえ》らないの
そうよー
ないわよ やめてちょうだい

お花《はな》はつまないでみんなで楽《たの》しむ…
モゾ
モゾモゾ
花《はな》じゃないよこれー！
ぎゃーダンゴムシ!!
花《はな》よりダンゴムシだよねー！
大丈夫《だいじょうぶ》!?
ボクは団子《だんご》のほうがいいなー

意味《いみ》

美《うつく》しいものよりも、実際《じっさい》に役《やく》に立《た》つもののほうがよいというたとえ。

由来《ゆらい》

美《うつく》しい桜《さくら》の花《はな》をながめるよりも、団子《だんご》を食《た》べるほうがよいということから。

使《つか》い方《かた》

花見《はなみ》の楽《たの》しみは、**花《はな》より団子《だんご》**で、花《はな》よりごちそうだ。

江 江戸《えど》いろはがるた

まめちしき

桜《さくら》は、古《ふる》くから日本人《にほんじん》に親《した》しまれている花《はな》です。桜《さくら》は満開《まんかい》になってから約《やく》1週間《しゅうかん》で散《ち》りはじめるため、満開《まんかい》を楽《たの》しめる時間《じかん》は短《みじか》く、春《はる》の花見《はなみ》の時期《じき》には全国各地《ぜんこくかくち》の桜《さくら》の名所《めいしょ》が多《おお》くの人《ひと》でにぎわいます。

●似《に》た意味《いみ》のことわざ
・花《はな》の下《した》より鼻《はな》の下《した》

●似《に》た意味《いみ》の慣用句《かんようく》
・名《な》を捨《す》てて実《じつ》をとる

問題《もんだい》98　苦《く》あれば□あり　□に入《はい》る言葉《ことば》は何《なに》？

早《はや》起《お》きは三《さん》文《もん》の得《とく》

得《とく》…いいこと、利益《りえき》
三文《さんもん》…わずかなお金《かね》

意味《いみ》
朝早《あさはや》く起《お》きると、何《なに》かよいことがあるということのたとえ。

覚《おぼ》え得《とく》!
①「得《とく》」は「徳《とく》」とも書《か》く。
②文《もん》は昔《むかし》のお金《かね》の単位《たんい》。

使《つか》い方《かた》
早起《はやお》きは三文《さんもん》の得《とく》で、朝早《あさはや》く起《お》きて走《はし》るようにしたら、頭《あたま》がすっきりして、学校《がっこう》の授業《じゅぎょう》も集中《しゅうちゅう》できるようになった。

英語《えいご》でことわざ
似《に》ている意味《いみ》の英語《えいご》のことわざ
The early bird catches the worm.
(早起《はやお》きの鳥《とり》は虫《むし》を捕《つか》まえる)

おはよう~
ずいぶん早起《はやお》きね
チチチチ
行《い》ってきま~す
やあ おはよう!
あ、センパイ♡
早起《はやお》きは三文《さんもん》の得《とく》だなぁ 君《きみ》と出会《であ》えるなんて
まあ、センパイ♡

●似《に》た意味《いみ》のことわざ
・朝起《あさお》き千両《せんりょう》
・朝起《あさお》きは三文《さんもん》の徳《とく》

腹《はら》が減《へ》っては戦《いくさ》ができぬ

意味《いみ》

何《なに》をするにも、腹《はら》ごしらえが大切《たいせつ》だということ。

覚《おぼ》え得《とく》！

いまでは、戦《いくさ》は勉強《べんきょう》や仕事《しごと》という意味《いみ》で使《つか》うことが多《おお》い。

使《つか》い方《かた》

これから、サッカーの決勝戦《けっしょうせん》だ。**腹《はら》が減《へ》っては戦《いくさ》ができぬ**と言《い》うから、みんなきちんとごはんを食《た》べておこう。

英語《えいご》でことわざ

似《に》ている意味《いみ》の英語《えいご》のことわざ

The stomach carries the feet.

(胃《い》が足《あし》を運《はこ》ぶ)

なんか集中《しゅうちゅう》できないな〜
そうだ！
おなかが減《へ》っているからだ!!
しっかり食《た》べてがんばるよ
それじゃ食《た》べすぎだよ…
オイ！
ZZZ…

●戦《たたか》いにまつわることわざ

- 柔《じゅう》よく剛《ごう》を制《せい》す
- 勝敗《しょうはい》は時《とき》の運《うん》
- 逃《に》げるが勝《か》ち

問題《もんだい》99　□も歩《ある》けば棒《ぼう》に当《あ》たる　□に入《はい》る動物《どうぶつ》は何《なに》？

針《はり》の穴《あな》から天《てん》をのぞく

意味《いみ》
自分《じぶん》の少《すこ》しの知識《ちしき》だけで、勝《かっ》手《て》に判断《はんだん》すること。

由来《ゆらい》
小《ちい》さな針《はり》の穴《あな》から見《み》える空《そら》を空全体《そらぜんたい》だと思《おも》うことから。

使《つか》い方《かた》
いくら海外《かいがい》にくわしいからと言《い》って、行《い》ったことがないのにあれこれ言《い》われても、**針《はり》の穴《あな》から天《てん》をのぞく**ようで、聞《き》く気《き》になれない。

京 京《きょう》いろはがるた

●似《に》た意味《いみ》のことわざ
・井《い》の中《なか》の蛙大海《かわずたいかい》を知《し》らず(40ページ)
・よしの髄《ずい》から天井《てんじょう》をのぞく

まめちしき
「よしの髄《ずい》から天井《てんじょう》をのぞく」の「よし(葦《よし》)」とは、植物《しょくぶつ》のあし(葦《あし》)の別名《べつめい》です。稲科《いねか》の植物《しょくぶつ》ですすきに似《に》ています。「髄《ずい》」とは、茎《くき》の中心《ちゅうしん》の細《ほそ》い穴《あな》のことで、針《はり》の穴《あな》と同《おな》じたとえです。「針《はり》のむしろ」(とてもつらく苦《くる》しい、いることができない場所《ばしょ》のたとえ)など、針《はり》を使《つか》った慣用句《かんようく》もあります。

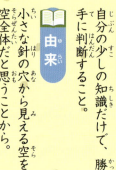

必要《ひつよう》は発明《はつめい》の母《はは》

意味《いみ》

どうしても必要《ひつよう》だと思《おも》うからこそ、発明《はつめい》が生《う》まれるということ。

覚《おぼ》え得《とく》！

スウィフトの有名《ゆうめい》な文学作品《ぶんがくさくひん》『ガリバー旅行記《りょこうき》』の中《なか》に、もとになった英語《えいご》の言葉《ことば》がある。

使《つか》い方《かた》

必要《ひつよう》は発明《はつめい》の母《はは》で、ないと困《こま》ると思《おも》っていると、あれこれ工夫《くふう》して、より便利《べんり》なものが生《う》まれるものだ。

英語《えいご》でことわざ

同《おな》じ意味《いみ》の英語《えいご》のことわざ

Necessity is the mother of invention.

(必要《ひつよう》は発明《はつめい》の母《はは》)

発明《はつめい》は必要《ひつよう》から生《う》まれるんだって
必要《ひつよう》？何《なに》かなー
ことわざ
自動宿題《じどうしゅくだい》かたづけ機《き》
コレだよ！
自動《じどう》お部屋《へや》そうじ機《き》
そうだ！かわりにしかられ機《き》
あはは
だったらお母《かあ》さんは自動《じどう》しかり機《き》ね
げっ
じゃあしかられ機《き》にしかり機《き》はまかせて
コラ
コラ！
宿題《しゅくだい》する時間《じかん》がたっぷりできたわね～
ソ～

●似《に》た意味《いみ》のことわざ

・窮《きゅう》すれば通《つう》ず(91ページ)

人《ひと》の噂《うわさ》も七《しち》十《じゅう》五《ご》日《にち》

意味《いみ》

うわさは長続《ながつづ》きせず、いつか消《き》えるものだということ。

由来《ゆらい》

人《ひと》のうわさは、七十五日《しちじゅうごにち》もすればあきられて、忘《わす》れ去《さ》られるということから。

使《つか》い方《かた》

人《ひと》の噂《うわさ》も七十五日《しちじゅうごにち》で、わたしが家庭科《かていか》の授業《じゅぎょう》で、塩《しお》と砂糖《さとう》をまちがえてまずい料理《りょうり》を作《つく》ったことは、もうみんな話題《わだい》にしない。

●似《に》た意味《いみ》のことわざ

・善《よ》きも悪《あ》しきも七十五日《しちじゅうごにち》

まめちしき

七十五日《しちじゅうごにち》は、「石《いし》の上《うえ》にも三年《さんねん》」の三年《さんねん》などと同様《どうよう》、よくことわざで使《つか》われる期間《きかん》で、大体《だいたい》の日数《にっすう》を表《あらわ》しています。「初物《はつもの》を食《く》えば、七十五日《しちじゅうごにち》生《い》き延《の》びる」ということわざもあり、こちらも初物《はつもの》を食《た》べると長生《ながい》きできるという意味《いみ》で、七十五日分《しちじゅうごにちぶん》長生《ながい》きできるという意味《いみ》ではありません。

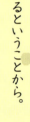

人《ひと》の口《くち》には戸《と》は立《た》てられぬ

意味《いみ》
うわさは止《と》めることができないということ。

由来《ゆらい》
家《いえ》の出入《でい》り口《ぐち》は戸《と》を立《た》ててふさげるが、人《ひと》の口《くち》には戸《と》を立《た》てることができないということから。

うわさ

使《つか》い方《かた》
あんなに口止《くちど》めしたのに、いつのまにかうわさが広《ひろ》まっている。**人《ひと》の口《くち》には戸《と》は立《た》てられぬ**と言《い》うけれど、早《はや》く忘《わす》れてほしい。

ガッシャ〜ン
あ!!
ぜったいにひみつだぞ
にげろ〜!!
こいつさ〜ガラスわって逃《に》げたんだぜ〜
最低《さいてい》!
あ!おまえ!
人《ひと》の口《くち》に戸《と》は立《た》てられないの!
ゾク!

●似《に》た意味《いみ》のことわざ
・口《くち》から出《で》れば世間《せけん》
・世間《せけん》の口《くち》に戸《と》は立《た》てられぬ

まめちしき
「噂《うわさ》をすれば影《かげ》がさす」(52ページ)や「人《ひと》の噂《うわさ》も七十五日《しちじゅうごにち》」(224ページ)、「火《ひ》のないところに煙《けむり》は立《た》たぬ」(229ページ)などもうわさのことわざです。四字熟語《よじじゅくご》にも「流言蜚語《りゅうげんひご》」という言葉《ことば》があり、世間《せけん》に流《なが》れている根拠《こんきょ》のないうわさという意味《いみ》で、「流言《りゅうげん》」も「蜚語《ひご》」も根拠《こんきょ》のないうわさのことです。

問題《もんだい》101　□の上《うえ》のたんこぶ　□に入《はい》る体《からだ》の部分《ぶぶん》は何《なに》？

ゴロ
ゴロ
ポテトスナック
ケンイチ！寝《ね》てばかりじゃダメよ！日曜《にちよう》なんだから
いいじゃーん
まったくもう…なまけ者《もの》で困《こま》っちゃうわ！
人《ひと》の振《ふ》り見《み》て我《わ》が振《ふ》り直《なお》せ…！
外《そと》で遊《あそ》んできまーす
ザー

人《ひと》の振《ふ》り見《み》て我《わ》が振《ふ》り直《なお》せ

振《ふ》り…行動《こうどう》や態度《たいど》

雨《あめ》が降《ふ》ってちゃ無理《むり》だよねー
もー！二人《ふたり》そろって！
ゴロ
ゴロ
……

意《い》味《み》

人《ひと》の行《おこな》いを見《み》て、自分《じぶん》の行《おこな》いをふり返《かえ》りなさいということ。

使《つか》い方《かた》

友《とも》だちの失敗《しっぱい》をみんなで笑《わら》ったけど、**人《ひと》の振《ふ》り見《み》て我《わ》が振《ふ》り直《なお》せ**で、自分《じぶん》も気《き》をつけようと思《おも》った。

まめちしき

似《に》た意味《いみ》の故事成語《こじせいご》の「他山《たざん》の石《いし》」は、ほかの山《やま》のつまらない石《いし》も自分《じぶん》の宝石《ほうせき》をみがくのに役立《やくだ》つということで、他《た》人《にん》がまちがったことも参考《さんこう》になるという意味《いみ》です。「先生《せんせい》を他山《たざん》の石《いし》としてがんばります」など、目上《めうえ》の人《ひと》に対《たい》して使《つか》うと失礼《しつれい》になります。

●似《に》た意味《いみ》の故事成語《こじせいご》

・他山《たざん》の石《いし》
・人《ひと》こそ人《ひと》の鏡《かがみ》

問題《もんだい》102　時《とき》は□なり　□に入《はい》る言葉《ことば》は何《なに》？

人《ひと》を呪《のろ》わば穴《あな》二《ふた》つ

意味《いみ》

人《ひと》をおとしいれようとすれば、いつか自分《じぶん》の身《み》にはね返《かえ》ってくるということ。

由来《ゆらい》

穴《あな》はお墓《はか》の穴《あな》のことで、人《ひと》を呪《のろ》い殺《ころ》そうとすれば、必《かなら》ず自《じ》分《ぶん》も報《むく》いを受《う》けるので、相手《あいて》と自分《じぶん》のお墓《はか》をじゅんびしなければならないということから。

使《つか》い方《かた》

人《ひと》を呪《のろ》わば穴二《あなふた》つと言《い》うから、いやなことは忘《わす》れたほうが気《き》が楽《らく》だよ。

●二《に》がつく慣用句《かんようく》

・二《に》の足《あし》を踏《ふ》む
・二《に》の舞《まい》を演《えん》じる

英語《えいご》でことわざ

似《に》ている意味《いみ》の英語《えいご》のことわざ

Curses like chickens,come home to roost.

(呪《のろ》いはひよこがねぐらに帰《かえ》るように我《わ》が身《み》に返《かえ》るものだ)

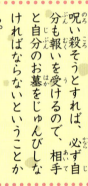

火《ひ》のないところに煙《けむり》は立《た》たぬ

意味《いみ》

うわさには、必《かなら》ず何《なに》か原因《げんいん》があるということ。

由来《ゆらい》

火《ひ》の気《け》がないところに煙《けむり》は発生《はっせい》しないことから。

覚《おぼ》え得《とく》!

西洋《せいよう》のことわざ。

使《つか》い方《かた》

となりのクラスの子《こ》が転校《てんこう》するといううわさを聞《き》いた。この間会《あいだあ》ったときは何《なに》も言《い》っていなかったけど、本当《ほんとう》だった。**火《ひ》のないところに煙《けむり》は立《た》たぬ**だ。

英語《えいご》でことわざ

同《おな》じ意味《いみ》の英語《えいご》のことわざ

There is no smoke without fire.

(火《ひ》のないところに煙《けむり》は立《た》たぬ)

今度《こんど》の学園祭《がくえんさい》でGKBがステージやるらしいよ！
おお〜っ！
GKBってG＝芸能界一《げいのうかいいち》のK＝かわいさB＝ばくはつアイドルの、GKBだよな！
GKB
そして学園祭当日《がくえんさいとうじつ》
GKC
オラオラ〜GKCだぜ〜！
G＝学校一《がっこういち》K＝危険《きけん》なC＝クラスメートだぜ〜っ!!
火《ひ》のないところに煙《けむり》は立《た》たぬと言《い》うけれど…

●似《に》た意味《いみ》のことわざ

・まかぬ種《たね》は生《は》えぬ(246ページ)

●反対《はんたい》の意味《いみ》のことわざ

・根《ね》がなくても花《はな》は咲《さ》く

問題《もんだい》103 ＿＿降《ふ》って地固《じかた》まる ＿＿に入《はい》る言葉《ことば》は何《なに》？

ひょうたんから駒《こま》

ひょうたん…植物《しょくぶつ》の実《み》
駒《こま》…馬《うま》

意味《いみ》

思《おも》いもよらないことが起《お》こること。じょうだんで言《い》ったことが本当《ほんとう》になってしまうこと。

由来《ゆらい》

ひょうたんから本物《ほんもの》の馬《うま》が出《で》るはずがないということから。

使《つか》い方《かた》

おじいちゃんの家《いえ》から見《み》つかった古《ふる》いつぼを、古道具屋《ふるどうぐや》さんに持《も》っていったら、高《たか》く売《う》れた。**ひょうたんから駒《こま》**が出《で》たようだ。

京 京《きょう》いろはがるた

たまには本棚《ほんだな》の整理《せいり》でもするかな
?
おや…
あ！一《いち》万《まん》円《えん》札《さつ》！
そうだ…へそくりにかくしていたの忘《わす》れていた…
まさにひょうたんから駒《こま》

まめちしき

ひょうたんは、うり科《か》の植物《しょくぶつ》の種類《しゅるい》で、実《み》の中《なか》を取《と》って器《うつわ》として使用《しよう》していました。また、お酒《さけ》を入《い》れたり、水《みず》くみに使《つか》われたりもしていました。駒《こま》には、馬《うま》や馬《うま》の子《こ》、すごろくゲームで使《つか》う道具《どうぐ》、将棋《しょうぎ》で使《つか》う道具《どうぐ》など、さまざまな意味《いみ》があります。

●似《に》た意味《いみ》のことわざ

・嘘《うそ》から出《で》たまこと（45ページ）
・灰《はい》ふきから蛇《じゃ》が出《で》る

問題《もんだい》103の答《こた》え　雨《あめ》

武士《ぶし》は食《く》わねど高楊枝《たかようじ》

高楊枝《たかようじ》…食後《しょくご》にようじを使《つか》ってゆったりした様子《ようす》

意味《いみ》
①やせがまんをすること。
②まずしくても気位《きぐらい》は高《たか》く持《も》つべきだということ。

由来《ゆらい》
武士《ぶし》はまずしくてごはんが食《た》べられなくても、つまようじを使《つか》い、食《た》べたふりをしていたことから。

ぐぅ〜

使《つか》い方《かた》
ある有名《ゆうめい》な学者《がくしゃ》が、わかくまずしいときも、身《み》なりだけは清潔《せいけつ》にきちんと見《み》えるようにしていたと言《い》っていた。**武士《ぶし》は食《く》わねど高楊枝《たかようじ》**だ。

京 京《きょう》いろはがるた

絵《え》が売《う》れないねー
100万《まんえん》円
30万《まんえん》円
お帰《かえ》りなさい 食《た》べますか？
イ… イリマセン！
武士《ぶし》は食《く》わねど高楊枝《たかようじ》……！
人《ひと》の助《たす》けは借《か》りないのデス！
グ〜〜…
エマのお父《とう》さんの絵《え》、食《た》べものが多《おお》いね？

●似《に》た意味《いみ》のことわざ
・鷹《たか》は飢《う》えても穂《ほ》を摘《つ》まず
●似《に》た意味《いみ》の故事成語《こじせいご》
・渇《かっ》しても盗泉《とうせん》の水《みず》を飲《の》まず

まめちしき
ほかにも、「武士《ぶし》に二言《にごん》なし」（武士《ぶし》はいったん言《い》ったことは取《と》り消《け》さない）、「武士《ぶし》は相《あい》身《み》互《たが》い」（武士同士《ぶしどうし》は思《おも》いやりを持《も》って助《たす》け合《あ》わねばならない）など、武士《ぶし》に関《かん》することわざはありますが、どれも武士《ぶし》としての品《ひん》位《い》を落とさない行動《こうどう》であることがわかります。

問題《もんだい》104 ＿＿忘《わす》るべからず ＿＿に入《はい》る言葉《ことば》は何《なに》？

下《へ》手《た》な鉄《てっ》砲《ぽう》も数《かず》撃《う》ちゃ当《あ》たる

ねえねえ ふわふわくるんって アニメ知《し》ってる？
かわいいの〜
さぁ
ふわふわの ぬいぐるみ ほしいなー
だめ
あ！ メロンだ 食《た》べたーい
みて みてー
今度《こんど》ね
そういえば すっごいほしい ゲームソフトが あってね
やっぱり？
おたんじょう日《び》にね
あー チョコの森《もり》 ほしいなー！
ハァー
もう！ 一《ひと》つだけよ

題《だい》して「下手《へた》な鉄砲《てっぽう》も数《かず》撃《う》ちゃ当《あ》たる」作戦《さくせん》！
これでGET
成功《せいこう》のコツはほしいものは高《たか》いものから順《じゅん》にたくさん言《い》うこと！
ママにも思《おも》うぞんぶんダメって言《い》わせてあげると、気《き》がすんで気前《きまえ》がよくなるのよね
何《なに》が気《き》がすむの？
え？
ひとりごと！

意味《いみ》

下手《へた》な人《ひと》でも、数多《かずおお》くやればうまくいくこともあるということ。

由来《ゆらい》

下手《へた》な鉄砲《てっぽう》撃《う》ちでも、数多《かずおお》く撃《う》てばたまには命中《めいちゅう》することもあることから。

バン
バン

覚え得《おぼえどく》！

人《ひと》をはげますときに使《つか》うこともある。

使《つか》い方《かた》

下手《へた》な鉄砲《てっぽう》も数撃《かずう》ちゃ当《あ》たるで、何度《なんど》も懸賞《けんしょう》に応募《おうぼ》した。

ABC 英語《えいご》でことわざ

似《に》ている意味《いみ》の英語《えいご》のことわざ

He that shoots often at last,shall hit the mark.

（何度《なんど》も撃《う》つ人《ひと》はついに的《まと》に当《あ》てる）

●似《に》た意味《いみ》のことわざ

・下手《へた》な鍛冶屋《かじや》も一度《いちど》は名剣《めいけん》

問題《もんだい》105　柳《やなぎ》の下《した》にいつも□はいない　□に入《はい》る魚《さかな》は何《なに》？

下手《へた》の考《かんが》え休《やす》むに似《に》たり

意味《いみ》

よい考《かんが》えが浮《う》かぶわけでもないのに、長《なが》い時間《じかん》考《かんが》えても時間《じかん》のむだだということ。

由来《ゆらい》

囲碁《いご》や将棋《しょうぎ》で言《い》われた言葉《ことば》。

下手《へた》な差《さ》し手《て》がよい手《て》を思《おも》いつくはずもないのに、あれこれ考《かんが》え込《こ》むのは時間《じかん》がもったいないことから。

使《つか》い方《かた》

クロスワードパズルがなかなか解《と》けないお母《かあ》さんは、くやしいのかずっと考《かんが》えている。でも、**下手《へた》の考《かんが》え休《やす》むに似《に》たり**と言《い》うし、そろそろごはんを作《つく》ってほしい。

うう〜ん うう〜ん
下手《へた》の考《かんが》え 休《やす》むに似《に》たり 長《なが》く考《かんが》えても ムダだよ
負《ま》けを みとめなよ 父《とう》さん
むっ！
バーン
ええ〜い こんなもの〜！ ちゃぶ台返《だいがえ》しじゃ〜〜！
ピタッ
これ 強力磁石《きょうりょくじしゃく》だから ムダだよ
くう〜っ！

●似《に》た意味《いみ》のことわざ

・下手《へた》な思案《しあん》は休《やす》むに同《おな》じ

まめちしき

囲碁《いご》や将棋《しょうぎ》は昔《むかし》からあるゲームです。囲碁《いご》は、黒《くろ》と白《しろ》の石《いし》を使《つか》って二人《ふたり》で対戦《たいせん》するもので中国《ちゅうごく》から伝《つた》わったと言《い》われています。将棋《しょうぎ》は二人《ふたり》で駒《こま》を使《つか》って対戦《たいせん》するものでインドで発祥《はっしょう》し、中国《ちゅうごく》を経由《けいゆ》して広《ひろ》まったようです。ヨーロッパやアメリカでは、同《おな》じようなボードゲームにチェスがあります。

問題《もんだい》105の答《こた》え　どじょう

下手《へた》の横好《よこず》き

横好《よこず》き…やたらと好《す》きなこと

意味《いみ》

下手《へた》なのに、そのことが好《す》きで熱中《ねっちゅう》すること。

覚《おぼ》え得《とく》!

下手《へた》の物好《ものず》きとも言《い》う。

使《つか》い方《かた》

お父《とう》さんは不器用《ぶきよう》なのにプラモデルを作《つく》ることが好《す》きで、どんどん家《いえ》に作《つく》ったものが増《ふ》えていくけど、ちっとも上手《じょうず》にならない。本当《ほんとう》に**下手《へた》の横《よこ》好《ず》き**だ。

パパのカラオケ
ひどいな〜
ぼ〜け〜
下手《へた》の横好《よこず》きとはいえ
これはひどい
さあ!
次《つぎ》はこれを
歌《うた》うぞ!
どうしたの?
サッ

●似《に》た意味《いみ》のことわざ

・下手《へた》の物好《ものず》き

●反対《はんたい》の意味《いみ》のことわざ

・好《す》きこそものの上手《じょうず》なれ(132ページ)

まめちしき

横好《よこず》きのように、横《よこ》がつく慣用句《かんようく》もあります。「横《よこ》やりを入《い》れる」(横《よこ》から第三者《だいさんしゃ》が口《くち》を出《だ》して文句《もんく》を言《い》うこと)、「横車《よこぐるま》を押《お》す」(無理《むり》を通《とお》す)、「横紙《よこがみ》をやぶる」(無理《むり》を押《お》し通《とお》す)など、横《よこ》がつく言葉《ことば》は見当《けんとう》はずれや無理《むり》などの意味《いみ》が多《おお》いです。

問題《もんだい》106 転《ころ》がる□に苔《こけ》は生《は》えない　□に入《はい》る言葉《ことば》は何《なに》?

ペンは剣《けん》よりも強《つよ》し

意味《いみ》

武力《ぶりょく》よりも、言葉《ことば》の力《ちから》のほうが社会《しゃかい》を動《うご》かす強《つよ》い力《ちから》があるということ。

由来《ゆらい》

イギリスの政治家《せいじか》で小説家《しょうせつか》でもあるリットンの作品中《さくひんちゅう》に用《もち》いられていた言葉《ことば》から。

覚《おぼ》え得《とく》!

西洋《せいよう》のことわざ。

使《つか》い方《かた》

ペンは剣《けん》よりも強《つよ》しで、暴《ぼう》力《りょく》や武力《ぶりょく》ではない方法《ほうほう》で世界《せかい》平和《へいわ》を目指《めざ》したい。

ペンは剣《けん》よりも強《つよ》しと言《い》って…
武力《ぶりょく》よりも文字《もじ》の力《ちから》のほうが強《つよ》いとされている
今日《きょう》は作文《さくぶん》の授業《じゅぎょう》だ!
テーマは「わたしの好《す》きな人《ひと》」!
わたしの好《す》きな人《ひと》 エマ
アタシはケンジが好《す》きです
アイラブユー♡
そ…そんな! アイラブユーって!
たおれた
ホントにペンの力《ちから》は強《つよ》いのネー
ドテーン

英語《えいご》でことわざ

同《おな》じ意味《いみ》の英語《えいご》のことわざ

The pen is mightier than the sword.

(ペンは剣《けん》よりも強《つよ》し)

●似《に》た意味《いみ》のことわざ

・文《ぶん》は武《ぶ》に勝《まさ》る

仏《ほとけ》作《つく》って魂《たましい》入《い》れず

意味《いみ》

形《かたち》はできても、大事《だいじ》な部分《ぶぶん》がおろそかになっていて、意味《いみ》がないということ。

由来《ゆらい》

仏像《ぶつぞう》を作《つく》っても魂《たましい》を入《い》れなければ、完成《かんせい》とは言《い》えないことから。

できた！

使《つか》い方《かた》

ピアノの発表会《はっぴょうかい》の衣装《いしょう》を、お母《かあ》さんが作《つく》ってくれた。しかし、サイズが小《ちい》さくて入《はい》らなかった。まさに**仏作《ほとけつく》って魂入《たましいい》れず**だ。

書道《しょどう》の練習《れんしゅう》がんばるわね
書道大会《しょどうたいかい》に選《えら》ばれるようがんばるぞ！
書道大会《しょどうたいかい》の作品《さくひん》ができた人《ひと》は先生《せんせい》に持《も》ってきて！
よし！うまくできた
お、春野《はるの》！
最高《さいこう》傑作《けっさく》です！
名前《なまえ》がないぞ 仏作《ほとけつく》って魂入《たましいい》れずだな
しまったー
あはは

●似《に》た意味《いみ》の故事成語《こじせいご》

・画竜点睛《がりょうてんせい》を欠《か》く

まめちしき

似《に》た意味《いみ》の故事成語《こじせいご》である「画竜点睛《がりょうてんせい》を欠《か》く」とは、中国《ちゅうごく》から伝《つた》わった言葉《ことば》です。昔《むかし》、中国《ちゅうごく》の絵《え》の名人《めいじん》が竜《りゅう》の絵《え》をかき、最後《さいご》に竜《りゅう》の瞳《ひとみ》をかき入《い》れたら、竜《りゅう》が天《てん》にのぼっていったという話《はなし》より、大事《だいじ》な仕上《しあ》げを「画竜点《がりょうてん》睛《せい》」と言《い》い、仕上《しあ》げが不十分《ふじゅうぶん》であることを「画竜点睛《がりょうてんせい》を欠《か》く」と言《い》います。

問題《もんだい》107 一事《いちじ》が□事《じ》 □に入《はい》る数字《すうじ》は？

仏《ほとけ》の顔《かお》も三《さん》度《ど》

意味《いみ》

どんなにおだやかな人《ひと》でも、何度《なんど》もひどいことをされたらおこり出《だ》すということ。

由来《ゆらい》

心《こころ》の広《ひろ》い仏《ほとけ》でも、三度《さんど》も顔《かお》をなで回《まわ》されたらおこるということから。

使《つか》い方《かた》

つい何度《なんど》も約束《やくそく》をやぶったら、いつもおだやかな友《とも》だちがおこった。**仏《ほとけ》の顔《かお》も三度《さんど》**だ。今度《こんど》から気《き》をつけよう。

京 京《きょう》いろはがるた

まめちしき

仏《ほとけ》や神《かみ》のつくことわざは、ほかにも「仏千人《ほとけせんにん》神千人《かみせんにん》」(世《よ》の中《なか》には悪《わる》い人《ひと》ばかりではなく、いい人《ひと》もたくさんいる)、「神様《かみさま》にも祝詞《のりと》」(神様《かみさま》にもお祈《いの》りの言葉《ことば》を声《こえ》に出《だ》して言《い》わないと聞《き》き入《い》れてくれないように、相手《あいて》にはきちんと伝《つた》えたほうがよいということ)などがあります。

●似《に》た意味《いみ》のことわざ

・地蔵《じぞう》の顔《かお》も三度《さんど》まで

●似《に》た意味《いみ》の慣用句《かんようく》

・堪忍袋《かんにんぶくろ》の緒《お》が切《き》れる

骨《ほね》折《お》り損《ぞん》のくたびれもうけ

骨《ほね》折《お》り損《ぞん》…努力《どりょく》がむだになること
くたびれもうけ…つかれただけで何《なに》も成果《せいか》がないこと

意味《いみ》

苦労《くろう》したのに、何《なん》の得《とく》もなく、ただつかれただけということ。

使《つか》い方《かた》

家族旅行《かぞくりょこう》のために、旅《たび》のしおりを作《つく》ったり、コースを考《かんが》えたりしたが、結局中止《けっきょくちゅうし》になった。**骨《ほね》折《お》り損《ぞん》のくたびれもうけ**だった。

江 江戸《えど》いろはがるた

こちらの方《かた》が裏庭《うらにわ》をほったところ小判《こばん》が出《で》てきたそうです！
パパ！うちも出《で》るかな？
さっそくほってみよう！
ぼくもやるよ！
バカみたい…ちゃんともとにもどしてよね

まめちしき

ものごとをやるのに苦労《くろう》が多《おお》いことを「骨《ほね》が折《お》れる」と言《い》い、「骨《ほね》を折《お》る」（一生《いっしょう》けんめいにものごとを行《おこな》う）、「骨《ほね》がある」（くじけない強《つよ》い心《こころ》がある）、「骨抜《ほねぬ》きにする」（大切《たいせつ》なところを取《と》って中身《なかみ》のないものにする）、「骨身《ほねみ》を削《けず》る」（体《からだ》がやせ細《ほそ》るほど一所《いっしょ》けん命《めい》にする）など骨《ほね》のつく慣用句《かんようく》はたくさんあります。

●似《に》た意味《いみ》のことわざ

・労多《ろうおお》くして功少《こうすく》なし

問題《もんだい》108　□から出《で》たまこと　□に入《はい》る言葉《ことば》は何《なに》？

やってみよう 6

ことわざで作文《さくぶん》を書《か》こう

答《こた》えは295ページにあるよ。

●会話《かいわ》を読《よ》んで□に入《はい》ることわざを下《した》の□から選《えら》んでね。

1 「毎日《まいにち》こつこつとがんばっているね」
「□です」

2 「君《きみ》たちはけんかして前《まえ》より仲《なか》よくなったね」
「□ですね」

3 「くじ引《び》きをどうぞ」
「引《ひ》くのは三回目《さんかいめ》、今度《こんど》こそ□だ」

4 「ゲームをやめるように言《い》いに行《い》ったお兄《にい》ちゃんがもどってこない」
「□だ」

5 「るいちゃん、アイドルを目指《めざ》しているのに、オーディション受《う》けないんだって」
「□なのにね」

6 「お母《かあ》さんは外出前《がいしゅつまえ》に何度《なんど》も家《いえ》の点検《てんけん》をする」
「□タイプだね」

三度目《さんどめ》の正直《しょうじき》
まかぬ種《たね》は生《は》えぬ
ミイラ取《と》りがミイラになる
塵《ちり》も積《つ》もれば山《やま》となる
石橋《いしばし》をたたいて渡《わた》る
雨降《あめふ》って地固《じかた》まる

●文章《ぶんしょう》の流《なが》れに合《あ》うように、[　　]に入《はい》ることわざを[　　]から選《えら》んでね。

2こずつ
ことわざを
選《えら》ぶんじゃな

1

休日《きゅうじつ》ひまだったので散歩《さんぽ》に出《で》たら、たまたま会《あ》った友《とも》だちのお母《かあ》さんに会《あ》って、おやつをおごってもらえることになった。

[A] と言《い》うし、出《で》かけてよかった。

でも、チョコレートパフェといちごパフェでなやんでいたら、プリンにしなさいと決《き》められてしまった。

[B] だった。

- 能《のう》ある鷹《たか》は爪《つめ》をかくす
- 犬《いぬ》も歩《ある》けば棒《ぼう》に当《あ》たる
- 濡《ぬ》れ手《て》で粟《あわ》
- 二《に》兎《と》を追《お》う者《もの》は一《いっ》兎《と》をも得《え》ず
- 二《に》度《ど》あることは三《さん》度《ど》ある

2

お姉《ねえ》ちゃんは、高校《こうこう》に入《はい》ったら、とても楽《たの》しそうに学校《がっこう》に行《い》っている。[A] で、お姉《ねえ》ちゃんのように元気《げんき》で明《あか》るい友《とも》だちばかりだ。

ぼくは、先月《せんげつ》友《とも》だちと大《おお》げんかしたばかりで落《お》ち込《こ》んでいたら、風邪《かぜ》を引《ひ》いてしまった。学校《がっこう》を休《やす》んで家《いえ》で寝《ね》ていると、お母《かあ》さんのきげんが悪《わる》く、八《や》つ当《あ》たりされて [B] だ。

- 長《なが》いものには巻《ま》かれろ
- 出《で》る杭《くい》は打《う》たれる
- 泣《な》き面《つら》に蜂《はち》
- 郷《ごう》に入《い》っては郷《ごう》にしたがえ
- 類《るい》は友《とも》を呼《よ》ぶ

性格《せいかく》を表《あらわ》すことわざ

ほっほっ 今日《きょう》も学校《がっこう》を 散歩《さんぽ》してきたが いろんな性格《せいかく》の 子《こ》がおるのお
おかえり
ことわざや 慣用句《かんようく》で 性格《せいかく》を 表《あらわ》してみたい ものじゃ
それ おもしろ そう
え〜っと しょうたは 「捕《と》らぬ狸《たぬき》の皮算《かわざん》用《よう》」 タイプね
テストで いい点《てん》 とったら あれこれ 買《か》って もらうって いつも 言《い》ってるもん
お〜い
うまいのお
クラスの 友《とも》だちのも 考《かんが》えてみようかな
ぼくも 参加《さんか》させてくれよ
クラス 委員長《いいんちょう》の 細田君《ほそだくん》は 「石橋《いしばし》をたたいて渡《わた》る」 タイプね
うん 慎重派《しんちょうは》だもんね

問題《もんだい》108の答《こた》え　嘘《うそ》

努力家《どりょくか》のタケルは「七転《ななころ》び八起《やお》き」タイプだな
次《つぎ》はもっと速《はや》く！
てきぱきしているサエコは「口《くち》も八丁《はっちょう》手《て》も八丁《はっちょう》」タイプね
ペラペラ
ペラペラ
どんどん出《で》るのお
いじめっこの泥川《どろがわ》は「憎《にく》まれっ子《こ》世《よ》にははばかる」タイプ
まだまだ出《で》るよ
その人《ひと》のキャラクターを思《おも》い出《だ》すと自然《しぜん》と出《で》てくるね
人《ひと》まねばかりして、いつも失敗《しっぱい》してるリュウジは「鵜《う》のまねをする烏《からす》」タイプ
ほっほっほっ
何《なに》を言《い》っても関心《かんしん》を示《しめ》さないトオルは「馬《うま》の耳《みみ》に念仏《ねんぶつ》」タイプ

問題《もんだい》109　＿＿の子《こ》は蛙《かえる》　＿＿に入《はい》る生《い》きものは何《なに》？

二人《ふたり》とも
ずいぶん
ことわざを
覚《おぼ》えたのお
まあねー
でも
このへんが
限界《げんかい》かな

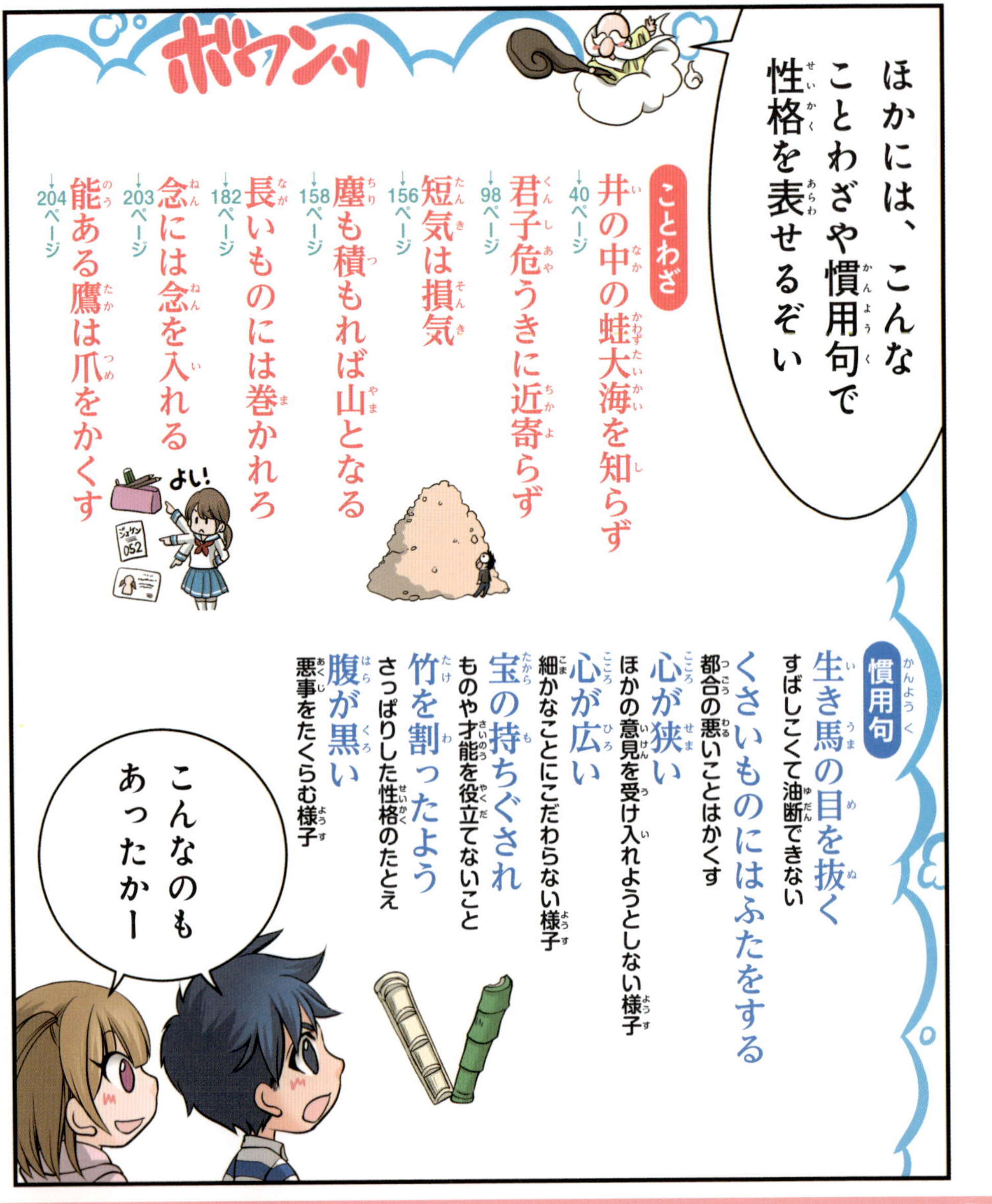
ボワンッ
ほかには、こんな
ことわざや慣用句《かんようく》で
性格《せいかく》を表《あらわ》せるぞい
ことわざ
井《い》の中《なか》の蛙《かわず》大海《たいかい》を知《し》らず
↓40ページ
君子《くんし》危《あや》うきに近寄《ちかよ》らず
↓98ページ
短気《たんき》は損気《そんき》
↓156ページ
塵《ちり》も積《つ》もれば山《やま》となる
↓158ページ
長《なが》いものには巻《ま》かれろ
↓182ページ
念《ねん》には念《ねん》を入《い》れる
↓203ページ
能《のう》ある鷹《たか》は爪《つめ》をかくす
↓204ページ
よい!
ジュケン
052
慣用句《かんようく》
生《い》き馬《うま》の目《め》を抜《ぬ》く
すばしこくて油断《ゆだん》できない
くさいものにはふたをする
都合《つごう》の悪《わる》いことはかくす
心《こころ》が狭《せま》い
ほかの意見《いけん》を受《う》け入《い》れようとしない様子《ようす》
心《こころ》が広《ひろ》い
細《こま》かなことにこだわらない様子《ようす》
宝《たから》の持《も》ちぐされ
ものや才能《さいのう》を役立《やくだ》てないこと
竹《たけ》を割《わ》ったよう
さっぱりした性格《せいかく》のたとえ
腹《はら》が黒《くろ》い
悪事《あくじ》をたくらむ様子《ようす》
こんなのも
あったかー

番外編《ばんがいへん》

悪《わる》い意味《いみ》に聞《き》こえることわざ、慣用句《かんようく》&四字熟語《よじじゅくご》、故事成語《こじせいご》

ことわざ

鳥《とり》なき里《さと》のこうもり
▶すぐれた人《ひと》のいないところでは、つまらない者《もの》がいばるということ。

慣用句《かんようく》

肝《きも》が小《ちい》さい
▶おくびょう、度胸《どきょう》がない。

毒《どく》にも薬《くすり》にもならない
▶害《がい》にならないし、ためにもならない。いてもいなくても何《なん》の影響《えいきょう》もない人《ひと》のたとえ。

四字熟語《よじじゅくご》

器用貧乏《きようびんぼう》
▶何《なん》でも一応《いちおう》うまくできるため、一《ひと》つのことに集中《しゅうちゅう》できず立派《りっぱ》な仕事《しごと》ができないこと。

厚顔無恥《こうがんむち》
▶ひじょうにずうずうしくあつかましい様子《ようす》。

八方美人《はっぽうびじん》
▶だれからもよく思《おも》われるように立《た》ち回《まわ》る人《ひと》。

平平凡凡《へいへいぼんぼん》
▶特《とく》にすぐれたところもなく、きわめてありふれている様子《ようす》。

故事成語《こじせいご》

虎《とら》の威《い》を借《か》るきつね
▶自分《じぶん》には力《ちから》がないのに、強《つよ》い人《ひと》の力《ちから》をたより、そのかげにかくれていばること。

性格《せいかく》を表《あらわ》すことわざや慣用句《かんようく》は、相手《あいて》のことをよく知《し》っているということと
意味《いみ》をよく理解《りかい》してこそはじめて使《つか》えるんじゃ
ただ、本人《ほんにん》には直接言《ちょくせつい》わないほうがいいことわざや慣用句《かんようく》もあることを忘《わす》れんことじゃな
はーい
あ、さやかのことまだ言《い》ってなかった
口《くち》はわざわいの…
待《ま》って！しょうたじゃダメ！仙人《せんにん》に言《い》ってもらう
ほっほっそうじゃな「話《はな》し上手《じょうず》は聞《き》き上手《じょうず》」タイプというところかの
いやあそれほどでも〜
もじもじ
ちぇっ
ほめすぎだよ

問題《もんだい》110　□は道連《みちづ》れ世《よ》は情《なさ》け　□に入《はい》る言葉《ことば》は何《なに》？

まかぬ種《たね》は生《は》えぬ

まかぬ…まかない

負《ま》けた！
108 VS 0
ズバーン
どうして勝《か》てないんだろう？
わからな～い
また負《ま》けた！

ズババババ
グー
zzz…
またまた負《ま》けた！
200 VS 0

勝《か》てないね
モグ
モグ
不思議《ふしぎ》だね
ダラ ダラ
練習《れんしゅう》してなけりゃ負《ま》けて当《あ》たり前《まえ》だ！
まかぬ種《たね》は生《は》えぬ!!

意味《いみ》
努力《どりょく》をしなければ、よい結果《けっか》を期待《きたい》しても得《え》られない。

由来《ゆらい》
種《たね》をまかなければ、何《なに》も生《は》えてこないということから。

使《つか》い方《かた》
まかぬ種《たね》は生《は》えぬと言《い》

英語《えいご》でことわざ
似《に》ている意味《いみ》の英語《えいご》のことわざ
Harvest follows seedtime.
(収穫《しゅうかく》は種《たね》をまいた後《あと》に来《く》る)

うように、何《なに》もしなければ、有名人《ゆうめいじん》にはなれないよ。

京 京《きょう》いろはがるた

たねは?
う〜ん…
たねは?

●反対《はんたい》の意味《いみ》のことわざ
- 果報《かほう》は寝《ね》て待《ま》て(81ページ)
- 鴨《かも》がねぎをしょってくる(83ページ)
- 棚《たな》からぼた餅《もち》(153ページ)

問題《もんだい》111 なくて＿＿癖《くせ》 ＿＿に入《はい》る数字《すうじ》は？

負《ま》けるが勝《か》ち

意味《いみ》

相手《あいて》と無理《むり》に争《あらそ》わず、勝《か》ちを相手《あいて》にゆずり自分《じぶん》が負《ま》けたことにしておいたほうが、結《けっ》局《きょく》は自分《じぶん》のほうが優位《ゆうい》になること。

オレだって…
はいはい
うふふふ…

使《つか》い方《かた》

まだ小《ち》さい子《こ》とトランプをするときは、小《ち》さい子《こ》が勝《か》つようにしてあげている。そのほうが言《い》うことも聞《き》いてくれるし、**負《ま》けるが勝《か》ち**だ。

江 江戸《えど》いろはがるた

お子様《こさま》ランチはこちらの赤《あか》ちゃんですね？
イチゴはハンバーグよね？
ボクもハンバーグ！赤《あか》ちゃんじゃないもん
じゃーわたしのとこうかんこしようか？
いちご お子《こ》様《さま》ランチ 好《す》きなんだ～
イチゴちゃんごめんね！おばさんのこのデザート食《た》べていいからね
えへへラッキー！

まめちしき

このことわざは、逆説《ぎゃくせつ》の用法《ようほう》を用《もち》いたことわざとして知《し》られています。逆説《ぎゃくせつ》とは、一《いっ》般的《ぱんてき》な考《かんが》えに反《はん》するように見《み》えて、実《じつ》は真《しん》理《り》を表《あらわ》していることを言《い》います。ほかにも「失敗《しっぱい》は成功《せいこう》のもと」（126ページ）や「急《いそ》がば回《まわ》れ」（30ページ）なども、逆説《ぎゃくせつ》の用法《ようほう》を用《もち》いたことわざです。

●似《に》た意味《いみ》のことわざ

- ・損《そん》して得取《とくと》る
- ・逃《に》げるが勝《か》ち
- ・負《ま》けて勝《か》つ

問題《もんだい》111の答《こた》え　七《なな》

馬《ま》子《ご》にも衣《い》装《しょう》

馬《ま》子《ご》…昔《むかし》の馬《うま》を引《ひ》く仕事《しごと》

意《い》味《み》

どんな人《ひと》でも、着《き》かざれば立《りっ》派《ぱ》に見《み》えるということのたとえ。

覚《おぼ》え得《とく》!

馬《ま》子《ご》は、まだ交通機関《こうつうきかん》が発達《はったつ》していないときに、馬《うま》を引《ひ》いて人《ひと》や荷物《にもつ》を運《はこ》ぶことを仕事《しごと》にしていた人《ひと》。馬《うま》方《かた》などとも言《い》う。

使《つか》い方《かた》

いつも作《さ》業《ぎょう》着《ぎ》姿《すがた》のお父《とう》さんが、いとこの結婚式《けっこんしき》のときにスーツを着《き》ていた。**馬《ま》子《ご》にも衣《い》装《しょう》**でかっこよかった。

まめちしき

馬《ま》子《ご》は、よごれやすいこともあり、ほとんどが粗末《そまつ》な身《み》なりをしていました。そのことから、ふだんは身《み》なりに気《き》をつかわないような職業《しょくぎょう》の人《ひと》でも、立派《りっぱ》な服《ふく》を着《き》ればかっこよく見《み》えるということです。「孫《まご》にも衣《い》装《しょう》」ではないので注意《ちゅうい》しましょう。

ここだ！立《りっ》派《ぱ》な貸《かし》衣《い》装《しょう》がそろってる写《しゃ》真《しん》スタジオ！
写真スタジオエレガント
パシャ
みんな着《き》かざって馬《ま》子《ご》にも衣《い》装《しょう》だね！
馬《ま》子《ご》って何《なに》？
ああ、それはね…
その衣《い》装《しょう》もございます
No.1234 なりきり-MAGO
そうそうこれだよ

●似《に》た意《い》味《み》のことわざ

・馬《ま》子《ご》にも衣《い》装《しょう》髪《かみ》かたち

●反対《はんたい》の意《い》味《み》のことわざ

・衣《ころも》ばかりで和《お》尚《しょう》はできぬ

問題《もんだい》112　下《へ》手《た》の考《かんが》え＿＿に似《に》たり　＿＿に入《はい》る言《こと》葉《ば》は何《なに》？

待《ま》てば海《かい》路《ろ》の日《ひ》和《より》あり

意味《いみ》

いまは悪《わる》い状況《じょうきょう》でも、じっと待《ま》っていればきっとよいことがあるということ。

由来《ゆらい》

待《ま》っていれば、航海《こうかい》できるよい天気《てんき》の日《ひ》がやってくるということから。

使《つか》い方《かた》

なかなかうまくいかないことも多《おお》いけど、**待《ま》てば海《かい》路《ろ》の日《ひ》和《より》あり**で、気長《きなが》にじっくり待《ま》つことにしよう。

SALE
あ〜 なかなか 安《やす》くならないな〜
限定品
¥10,000
待《ま》てば海路《かいろ》の日和《ひより》ありだよね… しんぼう強《づよ》く、安《やす》くなるまでがまんするか…
SALE
えっ!?
限定品
¥10,000
SALE
わーい!! ありがとう!
限定品
¥10,000
どて!!

まめちしき

もとは「待《ま》てば甘露《かんろ》の日和《ひより》あり」ということわざでした。甘露《かんろ》とは、中国《ちゅうごく》の伝説《でんせつ》で天《てん》が降《ふ》らせるという甘《あま》い露《つゆ》のことです。王《おう》がよい政治《せいじ》を行《おこな》えば、天《てん》が甘露《かんろ》の雨《あめ》を降《ふ》らすと言《い》われており、甘露《かんろ》の雨《あめ》が降《ふ》る幸福《こうふく》な天気《てんき》を『甘露《かんろ》の日和《ひより》』と言《い》いました。

●似《に》た意味《いみ》のことわざ

・石《いし》の上《うえ》にも三年《さんねん》(27ページ)
・果報《かほう》は寝《ね》て待《ま》て(81ページ)
・棚《たな》からぼた餅《もち》(153ページ)

問題《もんだい》112の答《こた》え　休《やす》む

丸《まる》い卵《たまご》も切《き》りようで四《し》角《かく》

意味《いみ》

言《い》い方《かた》、やり方《かた》ひとつで、ものごとは円満《えんまん》に収《おさ》まったり、もめたりすることがあるということ。

覚《おぼ》え得《とく》!

後《あと》に「ものも言《い》いようで角《かど》が立《た》つ」と続《つづ》けて言《い》うこともある。(269ページ)

そうしてみたらどう?
うん
そうじゃない!
イラ

使《つか》い方《かた》

丸《まる》い卵《たまご》も切《き》りようで四角《しかく》と言《い》うように、あまり感情的《かんじょうてき》にならずに、話《はな》し合《あ》おう。後悔《こうかい》しないようによく考《かんが》えてから発言《はつげん》しよう。

ちゃんと練習《れんしゅう》してよ男子《だんし》!
うっせーな〜
いっつもサボってばっかり…
まかせて!
ねえB組《ぐみ》には負《ま》けたくないよね
お、おう
B組《ぐみ》は土曜日《どようび》に自主練《じしゅれん》してるんだって!
じゃあオレたちも練習《れんしゅう》だ!
ぜって一負《ま》けねえぞ!!!

●似《に》た意味《いみ》のことわざ

・ものは言《い》いなし事《こと》は聞《き》きなし

●似《に》た意味《いみ》の慣用句《かんようく》

・ものは言《い》いよう

まめちしき

「丸《まる》い卵《たまご》も切《き》りようで四角《しかく》、ものも言《い》いようで角《かど》が立《た》つ」の「角《かど》が立《た》つ」とは、ものごとがもめて面倒《めんどう》になることを言《い》います。また、円満《えんまん》やおだやかな意味《いみ》で「丸《まる》い」と言《い》ったり、円満《えんまん》でないことを「角《かど》」と言《い》ったりします。たとえば、「事《こと》を丸《まる》くおさめる」や「角《かど》が立《た》つ言《い》い方《かた》はやめよう」などです。

問題《もんだい》113 来年《らいねん》のことを言《い》えば□が笑《わら》う □に入《はい》る言葉《ことば》は何《なに》?

ミイラ取《と》りがミイラになる

ミイラ…くさっていない死体《したい》

おかえりー
遊《あそ》びに行《い》くなら宿題《しゅくだい》してからね
えー
ソラ兄《にい》ちゃんは?
宿題《しゅくだい》が何《なん》だったかとなりのフカシ君《くん》に聞《き》きに行《い》ったわ
ずるーい!そんなこと言《い》ってぜったい遊《あそ》んでる!
お兄《にい》ちゃんよんでくる!
こらこら〜
もう…
やっぱり二人《ふたり》とも帰《かえ》ってこないわ…
イツキ、ママおとなりにイチゴたちむかえに行《い》ってくる
ピンポーン
あははは
ママ!見《み》て見《み》ておもしろいの
春野《はるの》さんお茶《ちゃ》しましょ

やれやれ ワン太《た》
これが ミイラ取《と》りが ミイラになる ってやつだね
え？ ミイラに されちゃうの？
こわいこわい 帰《かえ》ろうっと
ただいま あれ？ イッキ 一人《ひとり》？
ママもソラも イチゴも おとなりで ミイラになって ます～！

意味《いみ》

人《ひと》を連《つ》れもどしに行《い》った人《ひと》が帰《かえ》ってこないこと。また、説得《せっとく》しようとした人《ひと》が逆《ぎゃく》に説得《せっとく》されてしまうこと。

覚《おぼ》え得《とく》！

ミイラを取《と》りに出《で》かけた人《ひと》が、そのまま自分《じぶん》もミイラになってしまったということ。

使《つか》い方《かた》

連《つ》れて帰《かえ》るはずが、いっしょになってカラオケで歌《うた》ってた。**ミイラ取《と》りがミイラになる**だ。

ミイラは どこ？

まめちしき

ミイラは、人間《にんげん》や動物《どうぶつ》の死体《したい》がくさらずにもとの形《かたち》に近《ちか》い状態《じょうたい》で保存《ほぞん》されているもので、エジプトなど世界各国《せかいかっこく》にあります。昔《むかし》はミイラからとれる油《あぶら》が薬《くすり》の材料《ざいりょう》として高《たか》く売《う》れたので、ミイラを探《さが》しに行《い》く人《ひと》がいました。

●似《に》た意味《いみ》のことわざ

・木菟《ずく》引《ひ》きが木菟《ずく》に引《ひ》かれる

※ 木菟《ずく》はミミズク

問題《もんだい》114　弘法《こうぼう》＿＿を選《えら》ばず　＿＿に入《はい》る言葉《ことば》は何《なに》？

身《み》から出《で》た錆《さび》

錆《さび》…金属《きんぞく》が空気《くうき》などにふれてできたもの

意味《いみ》

自分《じぶん》がした悪《わる》い行《おこな》いが、後《あと》で自分《じぶん》を苦《くる》しめること。

覚《おぼ》え得《とく》!

錆《さび》は、金属《きんぞく》が空気《くうき》や水《みず》にふれるとあらわれるもの。ここでは、悪《わる》い結果《けっか》という意味《いみ》。

水《みず》の中《なか》に入《い》れたら
さびちゃった…

使《つか》い方《かた》

一夜《いちや》づけでテストにのぞんだが、すべてヤマがはずれた。テストの点数《てんすう》が悪《わる》かったら居残《いのこ》り決定《けってい》だが、**身《み》から出《で》た錆《さび》**だ。

江 江戸《えど》いろはがるた

あっ、今夜《こんや》はおすしか!
へへへ お兄《にい》ちゃんのマグロにわさびをたっぷり入《い》れちゃおう
にゅ～～
今日《きょう》はおなかの具合《ぐあい》がよくないな…
このマグロミーコにあげるよ 大好物《だいこうぶつ》だろ?
身《み》から出《で》た錆《さび》である

●似《に》た意味《いみ》の四字熟語《よじじゅくご》

・因果応報《いんがおうほう》

・自業自得《じごうじとく》

まめちしき

似《に》た意味《いみ》の四字熟語《よじじゅくご》の「因果応報《いんがおうほう》」(過去《かこ》の自分《じぶん》が行《おこな》った善悪《ぜんあく》がいまの自分《じぶん》の幸《しあわ》せに影響《えいきょう》する)、「自業自得《じごうじとく》」(自分《じぶん》でつくった善悪《ぜんあく》の行《おこな》いの報《むく》いを、全部《ぜんぶ》自分自身《じぶんじしん》で受《う》けること)は仏教《ぶっきょう》の言葉《ことば》です。主《おも》に悪《わる》い行《おこな》いについて使《つか》います。

見《み》ざる聞《き》かざる言《い》わざる

パチンコ
あ!パパだ!
パパ~
あ!ひろし!
いまパチンコ屋《や》さんから出《で》てきたよね…ママに言《い》っちゃおうかな~
ひ…ひろし…
どうしようかな~
たのむ!ここは見《み》ざる聞《き》かざる言《い》わざるで~!

意味《いみ》

人《ひと》の欠点《けってん》などは、見《み》ない、聞《き》かない、言《い》わないほうがよいということ。

由来《ゆらい》

「見猿《みざる》聞《き》か猿《ざる》言《い》わ猿《ざる》」の三匹《さんびき》の猿《さる》にかけたもので、「ざる」は猿《さる》と「~しない」という打消《うちけ》しの意《い》味《み》の言葉《ことば》を重《かさ》ねている。

使《つか》い方《かた》

合宿《がっしゅく》でいっしょに生活《せいかつ》をすると、いろんな人《ひと》の欠点《けってん》が見《み》えるが、ここは**見《み》ざる聞《き》かざる言《い》わざる**で乗《の》り切ろう。

まめちしき

三匹《さんびき》の猿《さる》「見猿《みざる》聞《き》か猿《ざる》言《い》わ猿《ざる》」は、三猿像《さんえんぞう》と言《い》われ世界中《せかいじゅう》で見《み》られます。日本《にほん》でも、各《かく》地《ち》に彫《ほ》りものがありますが、栃木県《とちぎけん》の日光《にっこう》東照宮《とうしょうぐう》の彫《ほ》りものが有名《ゆうめい》です。両目《りょうめ》、口《くち》、両耳《りょうみみ》をそれぞれ手《て》でおおっていて、右《みぎ》から見猿《みざる》言《い》わ猿《ざる》聞《き》か猿《ざる》の順番《じゅんばん》です。

●猿《さる》にまつわる慣用句《かんようく》

・犬猿《けんえん》の仲《なか》
・猿芝居《さるしばい》
・猿《さる》まね

問題《もんだい》115 □よければすべてよし □に入《はい》る言葉《ことば》は何《なに》?

三《み》つ子《ご》の魂《たましい》百《ひゃく》まで

三《み》つ子《ご》…三歳《さんさい》の子《こ》ども
魂《たましい》…人間《にんげん》の性質《せいしつ》、本性《ほんしょう》
百《ひゃく》…百歳《ひゃくさい》

意味《いみ》 幼《おさな》いころの性質《せいしつ》は、年《とし》を取《と》っても変《か》わらないということ。

由来《ゆらい》 三歳《さんさい》のときの性格《せいかく》は、百歳《ひゃくさい》になっても変《か》わらないということから。

3才
ポリポリ
10才
30才
ポリポリ
70才
100才

使《つか》い方《かた》 小《ちい》さいころから飛行機《ひこうき》が大《だい》好《す》きだった友《とも》だちは、大人《おとな》になってパイロットになり、世《せ》界中《かいじゅう》の空《そら》を飛《と》んでいる。**三《み》つ子《ご》の魂《たましい》百《ひゃく》まで**だ。

しんじ君《くん》のおべんとう大《おお》きいわねぇ
いろんなお店《みせ》に食《た》べにも行《い》ってるそうよ
食《た》べるのが好《す》きなのね
十五年後《じゅうごねんご》
ずいぶん大《おお》きくなったわね…!
あら? しんじ君《くん》?
グルメリポーターになったんですって!
三《み》つ子《ご》の魂《たましい》百《ひゃく》までって言《い》うものねぇ

●似《に》た意味《いみ》のことわざ

・雀百《すずめひゃく》まで踊《おど》り忘《わす》れず

英語《えいご》でことわざ

似《に》ている意味《いみ》の英語《えいご》のことわざ

The leopard cannot change his spots.

(ひょうは斑点《はんてん》を変《か》えることはできない)

実《みの》るほど頭《あたま》の下《さ》がる稲穂《いなほ》かな

意《い》味《み》

本当《ほんとう》にすぐれた人《ひと》は、いばらずにひかえめであるということのたとえ。

由《ゆ》来《らい》

稲《いね》の穂《ほ》が、実《みの》るほど重《おも》くなり、たれ下《さ》がる様子《ようす》から人《ひと》が頭《あたま》を下《さ》げていることにたとえた。

使《つか》い方《かた》

あの会社《かいしゃ》の社長《しゃちょう》は、とてももうかっているのに、**実《みの》るほど頭《あたま》の下《さ》がる稲穂《いなほ》かな**で、いつも謙虚《けんきょ》で尊敬《そんけい》できる。

実《みの》るほど頭《あたま》の下《さ》がる稲穂《いなほ》かなって言《い》うのはね
立派《りっぱ》な人《ひと》ほどえらぶらずに腰《こし》が低《ひく》くなるってことよ
へー
あ、おとなりのおじいさんこんにちは
こんにちはー
おじいさんも腰《こし》が低《ひく》いね
稲穂《いなほ》みたいに
ああ…
それはそうなんだけど…
あれは昨日《きのう》からぎっくり腰《ごし》なんだって
あたたた
散歩《さんぽ》はまだ早《はや》いですよ

●似《に》た意味《いみ》のことわざ

・実《みの》る稲穂《いなほ》は頭《こうべ》を垂《た》れる

●似《に》た意味《いみ》の慣用句《かんようく》

・腰《こし》が低《ひく》い

まめちしき

稲穂《いなほ》からとれるものは、お米《こめ》です。お米《こめ》は稲《いね》の果実《かじつ》で、春《はる》に田《た》植《う》えをして、秋《あき》に収穫《しゅうかく》します。その年《とし》に収穫《しゅうかく》したお米《こめ》は新米《しんまい》と言《い》い、水分《すいぶん》が少《すこ》し多《おお》めにふくまれています。日本《にほん》にはたくさんのお米《こめ》の種類《しゅるい》があり、北《きた》から南《みなみ》までいろいろな都道府県《とどうふけん》で作《つく》られています。

問題《もんだい》116 渡《わた》る世間《せけん》に鬼《おに》は＿＿＿　＿＿＿に入《はい》る言葉《ことば》は何《なに》？

身《み》を捨《す》ててこそ浮《う》かぶ瀬《せ》もあれ

意味《いみ》

自分《じぶん》の身《み》をぎせいにする覚悟《かくご》を持《も》ってはじめて、成功《せいこう》につながるということ。

由来《ゆらい》

おぼれたときに、水《みず》の流《なが》れに体《からだ》をゆだねると自然《しぜん》に体《からだ》が浮《う》き、浅瀬《あさせ》に立《た》つこともできるということから。

使《つか》い方《かた》

身《み》を捨《す》ててこそ浮《う》かぶ瀬《せ》もあれと言《い》うように、捨《す》て身《み》になって取《と》り組《く》めば、いいアイデアが浮《う》かぶかもしれない。

英語《えいご》でことわざ

似《に》ている意味《いみ》の英語《えいご》のことわざ

Fortune favours the bold.

(幸運《こううん》の女神《めがみ》は勇者《ゆうしゃ》を助《たす》ける)

ウ～～ッ
危《あぶ》ない！
こっちだ！こっちにかかってこい！
ワンワンワン
ワンワン
この前《まえ》はありがとう
チュ♥
身《み》を捨《す》ててこそ浮《う》かぶ瀬《せ》もあれ

●似《に》た意味《いみ》のことわざ

・肉《にく》を切《き》らせて骨《ほね》を断《た》つ

六日《むいか》の菖蒲《あやめ》、十日《とおか》の菊《きく》

意味《いみ》

時期《じき》がおくれて、役《やく》に立《た》たないこと。

由来《ゆらい》

菖蒲《あやめ》は五月五日《ごがついつか》の端午《たんご》の節句《せっく》でかざる花《はな》、菊《きく》は九月九日《くがつここのか》にかざる花《はな》で、それぞれ一日《いちにち》おくれでは役《やく》に立《た》たないということから。

覚《おぼ》え得《とく》！

十日《とおか》の菊《きく》、六日《むいか》の菖蒲《あやめ》とも言《い》う。

使《つか》い方《かた》

いまさらもらっても、六日《むいか》の菖蒲《あやめ》、十日《とおか》の菊《きく》だよ。

なぁ～ サッカーやるから 来《こ》ないか？
今日《きょう》は えんりょするよ
帰《かえ》り道《みち》
どこへ 行《い》くの？
まるお君《くん》の サッカー 見《み》に行《い》くの
え!?
なんてこった！ ななみちゃんが 来《く》るなんて！
もどって いいとこ 見《み》せなくちゃ！
いまさら おそいよ！
まーそう言《い》わずに そこをなんとか

●似《に》た意味《いみ》の慣用句《かんようく》

・後《あと》の祭《まつ》り

●似《に》た意味《いみ》の四字熟語《よじじゅくご》

・夏炉冬扇《かろとうせん》

まめちしき

5月5日《がついつか》の端午《たんご》の節句《せっく》は、男《おとこ》の子《こ》の成長《せいちょう》を祝《いわ》って、菖蒲《しょうぶ》(菖蒲《あやめ》)を魔除《まよ》けとしてかざる習慣《しゅうかん》があります。9月9日《がつここのか》の重陽《ちょうよう》の節句《せっく》では、季節《きせつ》の移《うつ》り変《か》わりを菊《きく》の花《はな》をかざって祝《いわ》います。ほかにも、3月3日《がつみっか》の桃《もも》の節句《せっく》(ひなまつり)では、女《おんな》の子《こ》の成長《せいちょう》を祝《いわ》い、魔除《まよ》けとして桃《もも》の花《はな》をかざります。

問題《もんだい》117 仏《ほとけ》の顔《かお》も□度《ど》 □に入《はい》る数字《すうじ》は？

昔《むかし》取《と》った杵《きね》柄《づか》

杵柄《きねづか》…うすに入《い》れたもちなどをつくときの杵《きね》の持《も》ち手《て》部分《ぶぶん》

意味《いみ》
昔《むかし》きたえた技術《ぎじゅつ》は、年《とし》を取《と》ってもおとろえないということ。

由来《ゆらい》
昔《むかし》、杵《きね》を使《つか》っていた人《ひと》はその後何年《ごなんねん》たっても上手《じょうず》に使《つか》えるということから。

使《つか》い方《かた》
昔取《むかしと》った杵柄《きねづか》で、おばあちゃんはいまでも裁縫《さいほう》が得意《とくい》だ。洋服《ようふく》も着物《きもの》もどちらもできるので、みんなおばあちゃんをたよってくる。

京 京《きょう》いろはがるた

よっ
ほっ
パパ うまいね！
パチパチ
昔取《むかしと》った杵柄《きねづか》だよ！
どうしても勝《か》てない人《ひと》がいてやめちゃったんだけどね
へー
よっ
勝《か》てない人《ひと》
ほっ

まめちしき

うすと杵《きね》を使《つか》ってつくもちつきは、蒸《む》したもち米《ごめ》をうすに入《い》れて、杵《きね》でぺったんぺったんとついていきます。同時《どうじ》に返《かえ》し手《て》という、ついたもちを手《て》でひっくり返《かえ》す人《ひと》が必要《ひつよう》で、ついては返《かえ》しをリズムよく繰《く》り返《かえ》して、もちができていきます。いまでも正月《しょうがつ》のイベントなどで見《み》ることができます。

●反対《はんたい》の意味《いみ》のことわざ

・きりんも老《お》いてはどばに劣《おと》る
※どば…とてもおそい馬《うま》

・昔千里《むかしせんり》も今一里《いまいちり》

無理《むり》が通《とお》れば道理《どうり》が引《ひ》っ込《こ》む

無理《むり》…筋《すじ》が通《とお》らないこと
道理《どうり》…ものごとのそうあるべき道筋《みちすじ》

意味《いみ》

筋道《すじみち》が通《とお》らないことが世《よ》の中《なか》で堂々《どうどう》と行《おこな》われると、筋《すじ》の通《とお》った正《ただ》しいことが行《おこな》われなくなるということ。

無理《むり》
道理《どうり》

使《つか》い方《かた》

海外《かいがい》で自然災害《しぜんさいがい》が起《お》こって、ものが手《て》に入《はい》らず暴動《ぼうどう》が起《お》こったニュースをやっていた。まさに**無理《むり》が通《とお》れば道理《どうり》が引《ひ》っ込《こ》む**だ。

江 江戸《えど》いろはがるた

学級委員《がっきゅういいん》は有田君《ありたくん》と鮫島君《さめじまくん》で決選投票《けっせんとうひょう》です
鮫島君《さめじまくん》
鮫島君《さめじまくん》
まかせてよ有田君《ありたくん》！
ドサドサ～
有田君《ありたくん》
鮫島君《さめじまくん》
鮫島君《さめじまくん》
有田君《ありたくん》
有田君《ありたくん》
有田君《ありたくん》
鮫島君《さめじまくん》二十票《にじっぴょう》
有田君《ありたくん》三十三票《さんじゅうさんぴょう》
四十人《よんじゅうにん》クラスなのに人数多《にんずうおお》すぎでしょ
だれだ不正《ふせい》をしたのは？
しまった
バレちゃった

まめちしき

無理《むり》とは筋《すじ》の通《とお》らないまちがったことで、道理《どうり》は筋《すじ》の通《とお》った正《ただ》しいことです。ルールを守《まも》らない人《ひと》が増《ふ》えれば、ルールを守《まも》る人《ひと》たちもばからしくなって守《まも》らなくなってしまうかもしれません。まちがったことが行《おこな》われているときやひなんするときに使《つか》うことわざです。

●似《に》た意味《いみ》のことわざ

・勝《か》てば官軍《かんぐん》、負《ま》ければ賊軍《ぞくぐん》

問題《もんだい》118　□に金棒《かなぼう》　□に入《はい》る言葉《ことば》は何《なに》？

目《め》くそ鼻《はな》くそを笑《わら》う

目《め》くそ…目《め》やに

意味《いみ》

自分《じぶん》の欠点《けってん》に気《き》づかず、人《ひと》の欠点《けってん》を笑《わら》うこと。

由来《ゆらい》

目《め》くそが鼻《はな》くそのことを、きたないと笑《わら》うことから。

使《つか》い方《かた》

兄弟《きょうだい》でテストの点数《てんすう》を笑《わら》いあっていたが、二人《ふたり》とも点数《てんすう》の低《ひく》さは同《おな》じくらい。まさに**目《め》くそ鼻《はな》くそを笑《わら》う**だ。

英語《えいご》でことわざ

似《に》ている意味《いみ》の英語《えいご》のことわざ

The pot called the kettle black.

(鍋《なべ》がやかんを黒《くろ》いと言《い》う)

アハハ たったの 十点《じってん》かよ!
そういう おまえだって たった 十一点《じゅういってん》じゃん!
一点《いってん》の差《さ》は 大《おお》きい!
大《たい》した 差《さ》じゃ ない!
オレのほうが 一《いっ》センチ 背《せ》が高《たか》い!
スッ
大《たい》した 差《さ》じゃ ない!
オレのほうが!
いや オレのほうが!
どっちもどっち、目《め》くそ鼻《はな》くそを笑《わら》うだね

●似《に》た意味《いみ》の慣用句《かんようく》

・猿《さる》の尻笑《しりわら》い

●似《に》た意味《いみ》の故事成語《こじせいご》

・五十歩百歩《ごじっぽひゃっぽ》

問題《もんだい》118の答《こた》え　鬼《おに》

目《め》の上《うえ》のたんこぶ

意味《いみ》

自分《じぶん》よりも地位《ちい》や実力《じつりょく》が上《うえ》で、目《め》ざわりでじゃまな人《ひと》。

由来《ゆらい》

目《め》の上《うえ》にできたこぶは、上《うえ》を見《み》るときにじゃまになることから。

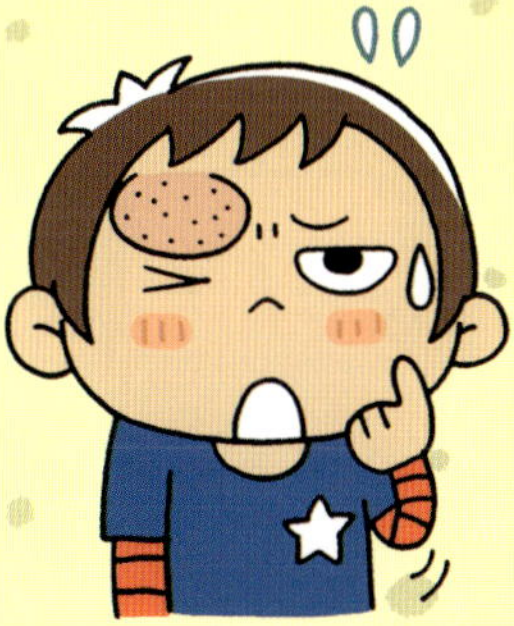

使い方《つかいかた》

ライバルは**目《め》の上《うえ》のたんこぶ**とも言《い》えるが、ライバルがいなかったら自分《じぶん》の記録《きろく》はのびなかった。

江 江戸《えど》いろはがるた

カレンダー
12月 14
クリスマスがもうすぐだな～
でもその前《まえ》にテストがあるんだよね～
テスト
おかげでいまいちもり上《あ》がれないんだよね～
まさに目《め》の上《うえ》のたんこぶだ…

●似《に》た意味《いみ》のことわざ

・目《め》の上《うえ》のこぶ
・花《はな》に嵐《あらし》

まめちしき

目《め》がつくことわざや慣用句《かんようく》は、「目《め》くそ鼻《はな》くそを笑《わら》う」（262ページ）、「目《め》は口《くち》ほどにものを言《い》う」（264ページ）や「目《め》から火《ひ》が出《で》る」（頭《あたま》や顔《かお》を思《おも》いきりぶつけたときの状態《じょうたい》）、「目《め》からうろこが落《お》ちる」（何《なに》かがきっかけとなり、急《きゅう》にものごとの本質《ほんしつ》がわかるようになる）など、たくさんあります。

問題《もんだい》119　＿＿がないのはよい便《たよ》り　＿＿に入《はい》る言葉《ことば》は何《なに》？

目《め》は口《くち》ほどにものを言《い》う

ポーッ
お姉《ねえ》ちゃんはあの子《こ》のことが好《す》きなのか！
ど…どうしてわかったの!?
目《め》は口《くち》ほどにものを言《い》う…って言《い》うだろ
その目《め》を見《み》ればすぐにわかるよ
思《おも》い切《き》って告白《こくはく》しなよ！
う…うん！そうね！

問題《もんだい》119の答《こた》え　便《たよ》り

つきあってください！
ガーン
そっち!?
ラブラブです

意味《いみ》

気持《きも》ちのこもった目《め》つきは、言葉《ことば》で伝《つた》えるのと同《おな》じくらい気持《きも》ちが伝《つた》わるということ。

覚《おぼ》え得《とく》！

喜怒哀楽《きどあいらく》の感情《かんじょう》は、目《め》に出《で》やすいもの。思《おも》っていないことを口《くち》で言《い》っても目《め》の表情《ひょうじょう》でばれることもある。

使《つか》い方《かた》

口《くち》では言《い》わないけど、あの子《こ》のことを好《す》きなのはばれてるよ。**目《め》は口《くち》ほどにものを言《い》う**からね。

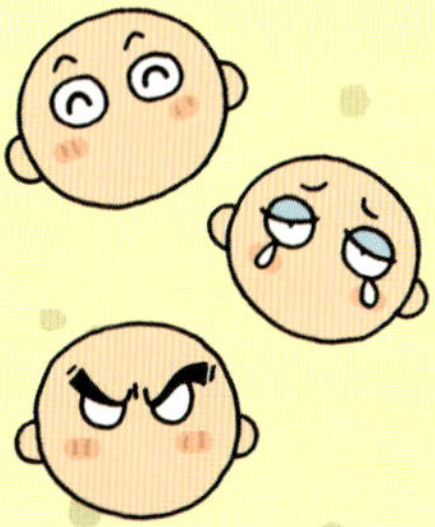

まめちしき

動揺《どうよう》したときやあせったときに「目《め》が泳《およ》ぐ」、おどろいたときに「目《め》を白黒《しろくろ》させる」、「目《め》を丸《まる》くする」、おこったりおどろいたりしたときに「目《め》の色《いろ》を変《か》える」なども、目《め》で心《こころ》の動《うご》きを伝《つた》える慣用句《かんようく》です。

●似《に》た意味《いみ》の故事成語《こじせいご》

・目《め》は心《こころ》の鏡《かがみ》

問題《もんだい》120　□兎《と》を追《お》う者《もの》は一兎《いっと》をも得《え》ず　□に入《はい》る数字《すうじ》は？

餅《もち》は餅《もち》屋《や》

意味《いみ》
何《なに》ごとも、それぞれの専門家《せんもんか》にまかせるのが一番《いちばん》よいということ。

由来《ゆらい》
もちをつくのは、もち屋《や》が一《いち》番上手《ばんじょうず》でおいしいということから。

使《つか》い方《かた》
餅《もち》は餅屋《もちや》で、お店《みせ》で買《か》うより、おすしやさんで食《た》べるおすしが一番《いちばん》おいしい。

京《きょう》いろはがるた

似《に》た意味《いみ》のことわざ
・海《うみ》のことは漁師《りょうし》に問《と》え

似《に》た意味《いみ》の慣用句《かんようく》
・蛇《じゃ》の道《みち》は蛇《へび》

まめちしき
昔《むかし》は、もちは縁起《えんぎ》もので、お正月《しょうがつ》やお祝《いわ》いごとなどの特別《とくべつ》な日《ひ》にしか食《た》べられない大切《たいせつ》な食《た》べものでした。昔《むかし》は、もちは自分《じぶん》たちの家《いえ》で作《つく》るものでしたが、そのうちにもちを専門《せんもん》に売《う》るもち屋《や》ができていきました。いまでも、お正月《しょうがつ》や節句《せっく》などの季節《きせつ》の変《か》わり目《め》に食《た》べる習慣《しゅうかん》がありますね。

問題《もんだい》120の答《こた》え　二《に》

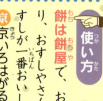

元《もと》の木《もく》阿《あ》弥《み》

意《い》味《み》

努力《どりょく》してよくなった状態《じょうたい》が、またもとの悪《わる》い状態《じょうたい》にもどること。

由《ゆ》来《らい》

昔《むかし》、ある大名《だいみょう》が病気《びょうき》で死《し》んだとき、子《こ》どもがまだ幼《おさな》かったので、敵《てき》をあざむくために、大名《だいみょう》と声《こえ》がそっくりの木《も》阿《あ》弥《み》という者《もの》を身《み》代《が》わりにした。その後《ご》子《こ》どもが成人《せいじん》したとき、木《もく》阿《あ》弥《み》はもとの身分《みぶん》にもどったという話《はなし》から。

えっ
ぼっぼく…？
今日から大名の身代わりね

使《つか》い方《かた》

落《お》ち葉《ば》をかたづけたのに、風《かぜ》で散《ち》らばってしまって元《もと》の木《もく》阿《あ》弥《み》だ。

宝《たから》くじ当《あ》たった！
50,000,000
うおぉ
わははは！家《いえ》建《た》てた！
わははは！車《くるま》買《か》った！
バーン
貸《か》してあったお金《かね》も返《かえ》してね
銀行員《ぎんこういん》
ドーン！
あ…忘《わす》れてた
元《もと》の木《もく》阿《あ》弥《み》！
しゅ〜〜ん
売家
車売ります

まめちしき

「元《もと》の木《もく》阿《あ》弥《み》」の由来《ゆらい》は、ほかにもあります。二《ふた》つ目《め》は、修行《しゅぎょう》して山《やま》にこもっていた男《おとこ》が、年《とし》とともに修行《しゅぎょう》がきつくなり、結局前《けっきょくまえ》の生《せい》活《かつ》にもどってしまったという話《はなし》、三《みっ》つ目《め》は、おわんの朱色《しゅいろ》がはげて、もとの木地《きじ》が出《で》たことを言《い》う「元《もと》の木椀《もくわん》」から変《か》わったとされる説《せつ》です。

●似《に》た意味《いみ》のことわざ

・元《もと》の木庵《もくあん》
・元《もと》の木椀《もくわん》

問題《もんだい》121　＿＿の心《こころ》子《こ》知《し》らず　＿＿に入《はい》る言葉《ことば》は何《なに》？

もの言《い》えば唇《くちびる》寒《さむ》し秋《あき》の風《かぜ》

聞《き》いてくれよ～
うちのお母《かあ》さんなんか
何《なに》もわかっていないんだ
あれやれだ
これやれだ
……
なんだか
自分《じぶん》の欠点《けってん》
言《い》っている
みたいでむなしい…
もの言《い》えば唇寒《くちびるさむ》し
秋《あき》の風《かぜ》だね

意味《いみ》

①人《ひと》の悪口《わるぐち》などを言《い》ったりじまんをしたりした後《あと》は、むなしい気持《きも》ちになるということ。

②よけいなことを言《い》うと、わざわいを招《まね》くということ。

由来《ゆらい》

江戸《えど》時代《じだい》の俳人《はいじん》、松尾芭蕉《まつおばしょう》の俳句《はいく》から。

使《つか》い方《かた》

もの言《い》えば唇寒《くちびるさむ》し秋《あき》の風《かぜ》と言《い》うように、あまり人《ひと》のことを悪《わる》く言《い》わないほうが、自分《じぶん》のためだよ。

まめちしき

松尾芭蕉《まつおばしょう》は、江戸時代《えどじだい》の俳人《はいじん》です。俳人《はいじん》とは、俳句《はいく》(5、7、5のリズムで作《つく》る短《みじか》い詩《し》)を作《つく》る人《ひと》のことです。芭蕉《ばしょう》は、日本各地《にほんかくち》を旅《たび》しながら俳句《はいく》を詠《よ》み、紀行文《きこうぶん》や日記《にっき》などを本《ほん》として発行《はっこう》しました。「古池《ふるいけ》や蛙飛《かわずと》びこむ水《みず》の音《おと》」や「閑《しずか》さや岩《いわ》にしみ入《い》る蝉《せみ》の声《こえ》」などの俳句《はいく》が有名《ゆうめい》です。

●似《に》た意味《いみ》のことわざ

・口《くち》はわざわいの門《かど》(96ページ)

問題《もんだい》121の答《こた》え　親《おや》

ものも言《い》いようで角《かど》が立《た》つ

意味《いみ》

言《い》い方《かた》ひとつで、相手《あいて》に悪《わる》く受《う》け取《と》られることがあるということ。

覚《おぼ》え得《とく》！

「丸《まる》い卵《たまご》も切《き》りようで四角《しかく》」をつけて言《い》うこともある。（251ページ）

こけしって…
失礼なっ…
そのかみ型こけしっぽいね！

使《つか》い方《かた》

友《とも》だちのお兄《にい》ちゃんが変《へん》な服《ふく》を着《き》ていた。でも本人《ほんにん》はかっこいいと思《おも》っていた。**ものも言《い》いようで角《かど》が立《た》つ**ので、「個性的《こせいてき》ですね」と言《い》った。

いやー すばらしい 作品《さくひん》ですね！
パパ わかるの？ ボクには全然《ぜんぜん》 わからないや
しっ！
ものも言《い》いようで 角《かど》が立《た》つ…だよ！
こういうのは とりあえず ほめておけば いいんだ！
いやー これも すばらしいですね
それは さっき捨《す》てた ゴミです

●似《に》た意味《いみ》のことわざ

・ものは言《い》いなし事《こと》は聞《き》きなし

英語《えいご》でことわざ

似《に》ている意味《いみ》の英語《えいご》のことわざ

A good tale ill told is marred in the telling.

(いい話《はなし》も語《かた》り方次第《かたしだい》で損《そこ》なわれる)

問題《もんだい》122　□が鷹《たか》を生《う》む　□に入《はい》る鳥《とり》は何《なに》？

桃《もも》栗《くり》三《さん》年《ねん》柿《かき》八《はち》年《ねん》

意味《いみ》
どんなものでも、ものになるまでにはそれなりの年数《ねんすう》がかかるということ。

由来《ゆらい》
桃《もも》と栗《くり》は、芽《め》が出《で》てから実《み》がなるまで三年《さんねん》かかり、柿《かき》は八《はち》年《ねん》かかることから。

3
8

使《つか》い方《かた》
桃栗三年柿八年《ももくりさんねんかきはちねん》と言《い》うように、何《なに》かを身《み》につけようと思《おも》ったら、一日《いちにち》、二日《ふつか》で身《み》につくものではない。一人前《いちにんまえ》になるには、時間《じかん》がかかるものだ。

まめちしき
この後《あと》に、「梅《うめ》は酸《す》いとて十三年《じゅうさんねん》」「梅《うめ》は酸《す》い酸《す》い十八年《じゅうはちねん》」「ゆずは九年《くねん》」「ゆずは遅《おそ》くて十三年《じゅうさんねん》」「枇杷《びわ》は九年《くねん》でなりかねる」「枇杷《びわ》は九年《くねん》で登《な》りかねる梅《うめ》は酸《す》い酸《す》い十三年《じゅうさんねん》」「ゆずのばかめは十八年《じゅうはちねん》」などの言葉《ことば》をつなげて言《い》うこともあります。

バスケット部《ぶ》に入《はい》ったけどぜんぜんうまくなれない…
クスン…
だいじょうぶよ～
桃栗三年柿八年《ももくりさんねんかきはちねん》!
何《なに》ごとも結果《けっか》が出《で》るにはそれなりの時間《じかん》がかかるっていうこと
お母《かあ》さんだってこんなに立派《りっぱ》になるには四十年《よんじゅうねん》かかったんだよね
あら立派《りっぱ》だなんてそんな…
立派《りっぱ》な体重《たいじゅう》って意味《いみ》
コラー

●植物《しょくぶつ》にまつわる慣用句《かんようく》
・根《ね》も葉《は》もない

●植物《しょくぶつ》にまつわる故事成語《こじせいご》
・李下《りか》に冠《かんむり》を正《ただ》さず　※李《り》…すもも

問題《もんだい》122の答《こた》え　とび

門《もん》前《ぜん》の小《こ》僧《ぞう》習《なら》わぬ経《きょう》を読《よ》む

意味《いみ》
いつも見《み》たり聞《き》いたりしていることは、知《し》らないうちに覚《おぼ》えてしまうということ。

由来《ゆらい》
寺《てら》の門《もん》の前《まえ》に住《す》んでいる子《こ》どもは、いつのまにかお経《きょう》を覚《おぼ》えていて、習《なら》わなくてもお経《きょう》を読《よ》めるようになるということから。

使《つか》い方《かた》
毎日《まいにち》ピアノを弾《ひ》いていたら、うちのインコが覚《おぼ》えてメロディーを歌《うた》うようになった。**門《もん》前《ぜん》の小《こ》僧《ぞう》習《なら》わぬ経《きょう》を読《よ》む**だよ。

江 江戸《えど》いろはがるた

●似《に》た意味《いみ》のことわざ
・勧学院《かんがくいん》の雀《すずめ》は蒙求《もうぎゅう》をさえずる

●反対《はんたい》の意味《いみ》のことわざ
・習《なら》わぬ経《きょう》は読《よ》めぬ

まめちしき
似《に》た意味《いみ》のことわざの「勧学院《かんがくいん》の雀《すずめ》は蒙求《もうぎゅう》をさえずる」の勧学院《かんがくいん》は平安時代《へいあんじだい》に藤原氏《ふじわらうじ》の子《し》弟《てい》を教育《きょういく》した学校《がっこう》のことで、蒙求《もうぎゅう》は昔《むかし》の中《ちゅう》国《ごく》の児童《じどう》向《む》けの教科書《きょうかしょ》のことです。この学《がっ》校《こう》にすんでいたすずめは毎日教科書《まいにちきょうかしょ》の内容《ないよう》を耳《みみ》にしていたので、覚《おぼ》えて口《くち》にすることができるという意味《いみ》です。

問題《もんだい》123　□は剣《けん》よりも強《つよ》し　□に入《はい》る言葉《ことば》は何《なに》？

やってみよう 7

ことわざ 日記《にっき》と新聞《しんぶん》を書《か》こう

答《こた》えは295ページにあるよ。

●ことわざで日記《にっき》を書《か》いてみよう。

6月　12日　金曜日

今日は、となりの席のたかし君が
教科書を忘れたので、
授業中にわたしの教科書を
いっしょに見せてあげた。
帰りに雨が降ってきて、
かさがなくて困っていたら、
たかし君がかさをかしてくれたので、
雨にぬれずに帰ることができて
うれしかった。

今日のことわざ
情けは人のためならず

今日《きょう》の印象的《いんしょうてき》な
できごとを
ことわざで
表《あらわ》してみるのじゃ

使《つか》いやすい　オススメことわざ

・明日《あした》は明日《あした》の風《かぜ》がふく→くよくよせずにがんばろう!

・石《いし》の上《うえ》にも三《さん》年《ねん》→がまんしてがんばってみよう!

・思《おも》い立《た》ったが吉日《きちじつ》→やろうと思《おも》ったらすぐ行動《こうどう》

・初《しょ》心《しん》忘《わす》るべからず→はじめを思《おも》いだしてがんばろう!

・棚《たな》からぼた餅《もち》→ラッキーなことにめぐまれた

・骨《ほね》折《お》り損《ぞん》のくたびれもうけ→やるだけむだだった

前向《まえむ》きな言葉《ことば》で
終《お》わると、
気持《きも》ちも前向《まえむ》きに
なりそうじゃ

●ことわざ新聞《しんぶん》を作《つく》ってみよう。

見出《みだ》しにことわざを入《い》れて、引《ひ》きつけよう。

ことわざ新聞

作成者：丸山大吉

芸は身を助ける!?

体操のおかげでけがせず！

6月8日の大雨の日。この日は朝からどしゃぶり。下校時間も、まだザアザア降りで、みんな少し学校で雨がおさまるのを待ってから帰ろうとしていた。そんなとき、たかし君が「先に帰る」と一人教室を出ていった。みんなが心配そうに昇降口の方を見ていたら、たかし君がかさをさして、かけていった。すると、たかし君が雨でぬれた地面でつるっとすべった。みんなが「あっ‼」と言ったとき、たかし君はくるっと一回転。見事にけがはなかった。小さいころから続けている体操がたかし君の身を助けたのである。

能ある鷹は爪をかくす

ある日、クラスの課外授業に、英語を教えに来てくれるミスタージョンがいっしょについてきてくれることになった。歩いていると、道にまよったおじいちゃんがいた。ぼくたちはみんなで道を教えようと思ったが、場所がわからない。するとミスタージョンがペラペラと日本語で道を教えていた。日本語が話せることをこの日にみんなが知った。

好きなことわざランキング！

周《まわ》りの友《とも》だちや家族《かぞく》に聞《き》いてみよう。理由《りゆう》も聞《き》くと記事《きじ》にしやすいよ。

- 1位　明日は明日の風がふく……10票
- 2位　棚からぼた餅……8票
- 3位　当たってくだけろ……5票
- 4位　笑う門には福来たる……3票
- 5位　思い立ったが吉日……2票

今週のオリジナルことわざ

294ページの「オリジナルのことわざを作《つく》ろう」も、さんこうにしてね。

- **十円も積もれば大金**　ひろし
- **わたがしと雲**　あいり
- **一流選手は一人で技をみがく**　たかし
- **F1ドライバーに車**　ななこ
- **先にあやまるが勝ち**　しょう

ことわざクイズ

クイズのページもさんこうにして作《つく》ってみよう。

入る数字が「三」ではないことわざはどれ？

1 **石の上にも□年**
2 **□度目の正直**
3 **仏の顔も□度**
4 **天は□物を与えず**

答えは次号

がんばる気《き》持《も》ちになることわざ

学校《がっこう》の昼休《ひるやす》み
おなかいっぱいだし校庭《こうてい》で遊《あそ》んでこようっと
ん
山田《やまだ》何《なに》してんだよ
わー
えっあの子《こ》と友《とも》だちになりたいって？
ここは「当《あ》たってくだけろ」だ
思《おも》い切《き》って本人《ほんにん》に言《い》ってみろよ
行《い》ってこーい！
ひゃあ
バシッ
あの……
うん？
ことわざが力《ちから》を貸《か》したってところじゃな
あ
うまくいったな

いまのようにがんばる気持《きも》ちになることわざもあるんじゃ
えへへ思《おも》わず言《い》っちゃったよ
わーっ
ガラガラーン
なんだろ行《い》ってみよう
ピューーッ
あれさやかどうしたんだよ
あっ
学芸会《がくげいかい》の入場門《にゅうじょうもん》にかざる塔《とう》を作《つく》ってるんだけど、うまくいかなくてすっかりやる気《き》をなくしちゃって
ふむ
もう無理《むり》だよ～
どうしよう～
「失敗《しっぱい》は成功《せいこう》のもと」じゃなぜ失敗《しっぱい》したのかやり方《かた》の悪《わる》い点《てん》を考《かんが》え直《なお》していけば次《つぎ》は成功《せいこう》するぞ
うんそうだよねがんばってみる

問題《もんだい》124　能《のう》ある□は爪《つめ》をかくす　□に入《はい》る鳥《とり》は何《なに》？

ヤッヤッ
すごいな
また
やる気出《きだ》して
やってるよ
ほっほっ

ことわざには
生《い》きるうえでの
知恵《ちえ》がたくさん
つまって
いるから、
元気《げんき》や勇気《ゆうき》が
出《で》るんじゃ
へぇー

ほかにも
いっぱいあるぞ
ことわざ
明日《あした》は明日《あした》の風《かぜ》がふく ↓16ページ
案《あん》ずるより産《う》むが易《やす》し ↓26ページ
聞《き》くは一時《いっとき》の恥《はじ》聞《き》かぬは一生《いっしょう》の恥《はじ》 ↓88ページ
苦《く》あれば楽《らく》あり ↓94ページ
捨《す》てる神《かみ》あれば拾《ひろ》う神《かみ》あり ↓134ページ
善《ぜん》は急《いそ》げ ↓140ページ
ローマは一日《いちにち》にしてならず ↓287ページ
笑《わら》う門《かど》には福来《ふくき》たる ↓292ページ
故事成語《こじせいご》
虎穴《こけつ》に入《い》らずんば虎子《こじ》を得《え》ず
危険《きけん》なことをしなければ成功《せいこう》はない
人事《じんじ》を尽《つ》くして天命《てんめい》を待《ま》つ
精一杯《せいいっぱい》のことをしたらあとは運《うん》にまかせる
千里《せんり》の道《みち》も一歩《いっぽ》より始《はじ》まる
大《おお》きな成功《せいこう》も小《ちい》さなことから始《はじ》まる
はっはっ
はっはっ
よし!
やるぞー
元気《げんき》になる
故事成語《こじせいご》も
あるんだね

番外編《ばんがいへん》

がんばる気持《きも》ちになることわざ、四字熟語《よじじゅくご》&故事成語《こじせいご》

ことわざ

冬来《ふゆき》たりなば春遠《はるとお》からじ
▶いまはつらく苦《くる》しくても、やがて幸《しあわ》せなときがやってくるはずだから、しんぼうしなさいという教《おし》え。

楽《らく》は苦《く》の種《たね》、苦《く》は楽《らく》の種《たね》
▶いま、楽《らく》をすれば後《あと》で苦《く》労《ろう》をすることになり、いま、苦労《くろう》すれば、後《あと》で楽《らく》をすることになるということ。

わざわいも三年《さんねん》たてば用《よう》に立《た》つ
▶わざわいと思《おも》ったことも、年月《ねんげつ》が過《す》ぎれば幸《しあわ》せのもとになることがある。

四字熟語《よじじゅくご》

七転八起《しちてんはっき》
▶何度失敗《なんどしっぱい》しても、くじけないでがんばること。

大器晩成《たいきばんせい》
▶すぐれた才能《さいのう》のある人《ひと》は、わかいときはあまり目立《めだ》たないが、年《とし》をとってから力《ちから》を発揮《はっき》して立派《りっぱ》になるということ。

故事成語《こじせいご》

禍福《かふく》はあざなえる縄《なわ》のごとし
▶人生《じんせい》の不運《ふうん》と幸運《こううん》は、縄《なわ》のようにからみあっていて、つねに変化《へんか》するもの。

精神一到何事《せいしんいっとうなにごと》か成《な》らざらん
▶心《こころ》を集中《しゅうちゅう》してものごとを行《おこな》えば、どんなむずかしいことでも必《かなら》ずできる。

わざわいを転《てん》じて福《ふく》となす
▶悪《わる》いできごとにあってもくじけず、それをうまく利用《りよう》し、かえって自分《じぶん》の都合《つごう》のよいようにする。

仙人《せんにん》 ぼくにも がんばる ことわざ ほしいな
ほっほっ そうじゃな
しょうたには「少年《しょうねん》よ大志《たいし》を抱《いだ》け」ということわざをおくろう
わあ！ うれしいな ぼく、がんばるよ！
待《ま》ってー
あれ さやか だ
仙人《せんにん》の おかげで できたよ
みごとじゃ！ まさに「なせば成《な》る」じゃな
ことわざ スゴイ
がくげいかいへ
ようこそ
ど~ん

問題《もんだい》125 聞《き》くは一時《いっとき》の恥《はじ》聞《き》かぬは＿＿の恥《はじ》 ＿＿に入《はい》る言葉《ことば》は何《なに》？

安《やす》物《もの》買《が》いの銭《ぜに》失《うしな》い

問題《もんだい》125の答《こた》え　一生《いっしょう》

安物買《やすものが》いの銭失《ぜにうしな》いじゃないのか〜
失礼《しつれい》ね！だいじょうぶよ！
石《いし》がなくなってる！
あ！取《と》っ手《て》が…
!
ほらみなさい…

意味《いみ》

安《やす》いものは品質《ひんしつ》が悪《わる》く長持《ながも》ちしないので、結《けっ》局《きょく》買《か》い替《か》えや修理《しゅうり》が必要《ひつよう》になるからかえって損《そん》をするということ。

使《つか》い方《かた》

安《やす》いバッグを買《か》ったら、ファスナーはすぐにこわれるしやぶけるしで、すぐにだめになった。結《けっ》局《きょく》新《あたら》しいバッグを買《か》って、**安物買《やすものが》いの銭失《ぜにうしな》い**だった。

江 江戸《えど》いろはがるた

500円

まめちしき

似《に》た意味《いみ》の慣用句《かんようく》の「安《やす》かろう悪《わる》かろう」は「高《たか》かろう良《よ》かろう、安《やす》かろう悪《わる》かろう」とも言《い》います。銭《ぜに》にまつわることわざは、「悪銭身《あくせんみ》につかず」（15ページ）や「江戸《えど》っ子《こ》は宵越《よいご》しの銭《ぜに》は持《も》たぬ」（江戸《えど》っ子《こ》は気前《きまえ》よくその日《ひ》にかせいだお金《かね》はその日《ひ》のうちに使《つか》ういさぎよさがある）などがあります。

●似《に》た意味《いみ》の慣用句《かんようく》

・安《やす》いものは高《たか》いもの
・安《やす》かろう悪《わる》かろう

問題《もんだい》126　目《め》くそ□を笑《わら》う　□に入《はい》る言葉《ことば》は何《なに》？

柳《やなぎ》の下《した》にいつもどじょうはいない

意味《いみ》

一度《いちど》うまくいったからといって、次《つぎ》もうまくいくとはかぎらないということ。

由来《ゆらい》

一度《いちど》、柳《やなぎ》の下《した》でどじょうをつかまえたからといって、いつもそこにどじょうがいるわけではないということから。

使《つか》い方《かた》

前《まえ》にここのくじ引《び》きをしたら一等《いっとう》の温泉旅行《おんせんりょこう》が当《あ》たったんだよ。それから毎回《まいかい》くじ引《び》きをするんだけど、ハズレばっかり。**柳《やなぎ》の下《した》にいつもどじょうはいない**だな。

バシィ
やった！止《と》めた！
ナイス！
次《つぎ》もたのむぜ！
おう！
よーし！次《つぎ》も必《かなら》ず止《と》めるぞ！
ズバーン
あれ？あれ？
スカッスカッ
同《おな》じ方向《ほうこう》に飛《と》ぶな！柳《やなぎ》の下《した》にいつもどじょうはいないぞ！

まめちしき

似《に》た意味《いみ》の故事成語《こじせいご》「株《かぶ》を守《まも》りてうさぎを待《ま》つ」は、中国《ちゅうごく》の古《ふる》い言葉《ことば》です。昔《むかし》、中国《ちゅうごく》のお百姓《ひゃくしょう》さんが切《き》り株《かぶ》にぶつかって転《ころ》んだうさぎをつかまえました。それからお百姓《ひゃくしょう》さんは、またうさぎが手《て》に入《はい》らないかと、毎日《まいにち》切《き》り株《かぶ》を見《み》ていましたが、もちろんうさぎは手《て》に入《はい》らなかったという話《はなし》です。

●**似《に》た意味《いみ》の故事成語《こじせいご》**

・株《かぶ》を守《まも》りてうさぎを待《ま》つ

●**反対《はんたい》の意味《いみ》のことわざ**

・二度《にど》あることは三度《さんど》ある(195ページ)

問題《もんだい》126の答《こた》え 鼻《はな》くそ

藪《やぶ》をつついて蛇《へび》を出《だ》す

意味《いみ》

よけいなことをして、かえって面倒《めんどう》になることのたとえ。

由来《ゆらい》

つつく必要《ひつよう》のないやぶをつついたら、蛇《へび》が出《で》てきてしまったことから。

使い方《つかいかた》

やっとお母《かあ》さんのきげんがよくなったのに、お父《とう》さんがよけいなことを言《い》うから、またきげんが悪《わる》いよ。まったく**藪《やぶ》をつついて蛇《へび》を出《だ》す**だよ。

おばあちゃん
昔《むかし》は子《こ》どもが家《いえ》のお手伝《てつだ》いするのが当《あ》たり前《まえ》だったの！
あなたたちはもうちょっと手伝《てつだ》わないと！
ね、おばあちゃんからも何《なに》か言《い》って！
いまになって、おばあちゃんの気持《きも》ちがわかったかい
この子《こ》だって
あんたも昔《むかし》はお手伝《てつだ》いしなかったじゃないか
お説教《せっきょう》している間《あいだ》に逃《に》げていなくなっちゃってさあ
藪《やぶ》ヘビ…

まめちしき

「やぶへび」のように、ことわざを省略《しょうりゃく》して短《みじか》く言《い》うものはほかにもあります。「えびたい」=「えびで鯛《たい》を釣《つ》る」(53ページ)、「たなぼた」=「棚《たな》からぼた餅《もち》」(153ページ)、「どろなわ」=「どろぼうを捕《と》らえて縄《なわ》をなう」(173ページ)など、短《みじか》く4文字《もじ》にまとめられているものが多《おお》いですね。

●似《に》た意味《いみ》の慣用句《かんようく》

・寝《ね》た子《こ》を起《お》こす

問題《もんだい》127　□先《さき》に立《た》たず　□に入《はい》る言葉《ことば》は何《なに》？

病《やまい》は気《き》から

意味《いみ》

病気《びょうき》は、気《き》の持《も》ちようでよくなったり悪《わる》くなったりするということ。

覚《おぼ》え得《とく》！

「病《やまい》」には、気《き》がかりという意《い》味《み》もある。心《こころ》と体《からだ》はつながっているということ。

使《つか》い方《かた》

テストがある日《ひ》はなぜか具合《ぐあい》が悪《わる》くなるけど、今日《きょう》は先生《せんせい》が休《やす》みでテストがなくなったせいか、体《からだ》の調子《ちょうし》がいい。本《ほん》当《とう》に**病《やまい》は気《き》から**と言《い》ったもんだ。

顔色《かおいろ》悪《わる》いね だいじょうぶ？
えっ？
そういえば なんとなく おなかがいたい ような…
保健室《ほけんしつ》で 休《やす》んでくる…
今日《きょう》の給食《きゅうしょく》 カツカレーだって
保健室
ガバッ
いっただき ま～す！
病《やまい》は 気《き》から…

●病《やまい》にまつわることわざ

・風邪《かぜ》は万病《まんびょう》のもと（74ページ）

●病《やまい》にまつわる故事成語《こじせいご》

・同病相憐《どうびょうあいあわれ》む

まめちしき

病《やまい》がつくことわざは、「病上手《やまいじょうず》に死《し》に下手《べた》」（よく病気《びょうき》にかかるような人《ひと》は、かえって長《なが》生《い》きするということ）、故事成語《こじせいご》では、「病《やまい》は口《くち》より入《い》りわざわいは口《くち》より出《い》ず」（病気《びょうき》は飲《の》んだり食《た》べたりすることで口《くち》から入《はい》り、わざわいはよけいなことを口《くち》に出《だ》したために起《お》こる）などがあります。

来年《らいねん》のことを言《い》えば鬼《おに》が笑《わら》う

意味《いみ》

だれも未来《みらい》のことなどわからないということ。

覚《おぼ》え得《とく》!

鬼《おに》はこわい顔《かお》をして笑《わら》うことはない。しかし鬼《おに》が笑《わら》ってしまうほど、先《さき》のことを予測《よそく》するのはおろかだということ。

使《つか》い方《かた》

お姉《ねえ》ちゃんが、来年《らいねん》はまずテストで一番《いちばん》とって、生徒会長《せいとかいちょう》に立候補《りっこうほ》して当選《とうせん》すると言《い》っていたけど、**来年《らいねん》のことを言《い》えば鬼《おに》が笑《わら》う**よ。

京 京《きょう》いろはがるた

来年《らいねん》 クラスがえに なると みんなと はなれ ばなれに なってしまう のさみしくて…
勉強《べんきょう》についていけるか…
クラスのみんなと仲《なか》よくできるか…
そもそも世界《せかい》は平和《へいわ》なのだろうか…
なんだか いろいろ考《かんが》えていたら 不安《ふあん》になっちゃって…
将来《しょうらい》なんて わからないし いいほうに 変《か》わるかも しれないし
そういうのを 来年《らいねん》のことを 言《い》えば 鬼《おに》が笑《わら》う って言《い》うのよ

●似《に》た意味《いみ》のことわざ

・明日《あした》のことを言《い》えば鬼《おに》が笑《わら》う

まめちしき

「来年《らいねん》」や「明日《あした》」以外《いがい》にも「三日先《みっかさき》」「三年先《さんねんさき》」などに言《い》いかえたものもあります。また鬼《おに》のかわりにねずみと言《い》うものもあります。いずれにしても、明日《あした》のこともわからないのに、一年《いちねん》も先《さき》のことを言《い》っても仕方《しかた》がないということですね。

問題《もんだい》128 後《あと》は□となれ山《やま》となれ □に入《はい》る言葉《ことば》は何《なに》？

良《りょう》薬《やく》は口《くち》に苦《にが》し

学習塾《がくしゅうじゅく》
今日《きょう》から教《おし》えてくれる新《あたら》しい先生《せんせい》だ！
ウッス！「和留田《わるだ》」だ！ヨロシク！
なんだこりゃ！
文字《もじ》がきたない！
こんなこともわからないのか！
先生《せんせい》……
こわいです
うん
ワルダ先生《せんせい》もただ悪口《わるぐち》を言《い》っているわけじゃない
良薬《りょうやく》は口《くち》に苦《にが》し…と言《い》うだろう？役《やく》に立《た》つアドバイスと思《おも》って聞《き》くんだ！
先生《せんせい》の言《い》う通《とお》りだ！
がんばろう！

意味《いみ》
人《ひと》からの注意《ちゅうい》は聞《き》いていてつらいものだが、自分《じぶん》のためになるものだから、素直《すなお》に聞《き》いたほうがよいということ。

由来《ゆらい》
よく効《き》く薬《くすり》は苦《にが》くて飲《の》みにくいことから。

使《つか》い方《かた》
お母《かあ》さんは、箸《はし》の使《つか》い方《かた》や食《た》べ方《かた》にうるさいけど、**良薬《りょうやく》は口《くち》に苦《にが》し**と言《い》うし、大人《おとな》になってはずかしくないように、きちんと聞《き》こう。

江 江戸《えど》いろはがるた

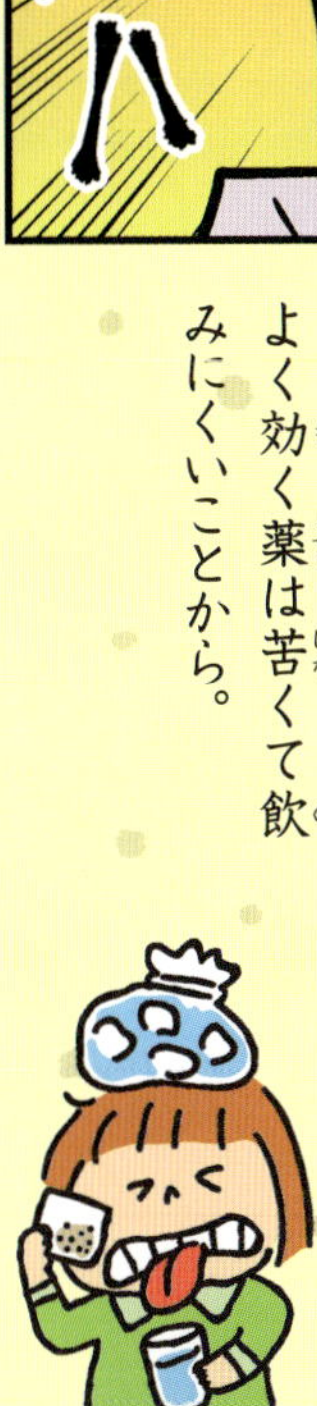

まめちしき

「良薬《りょうやく》は口《くち》に苦《にが》し、忠言耳《ちゅうげんみみ》に逆《さか》らう」と続《つづ》き、中国《ちゅうごく》の書物《しょもつ》にある言葉《ことば》です。「忠言耳《ちゅうげんみみ》に逆《さか》らう」は、忠告《ちゅうこく》は聞《き》くのがつらいという意味《いみ》です。江戸《えど》いろはがるたでは「れうやくは口《くち》に苦《にが》し」で、「れ」の札《ふだ》です。

●似《に》た意味《いみ》の故事成語《こじせいご》

・忠言耳《ちゅうげんみみ》に逆《さか》らう

問題《もんだい》129 学問《がくもん》に＿＿＿なし ＿＿＿に入《はい》る言葉《ことば》は何《なに》？

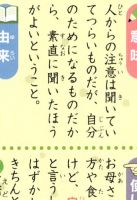

類《るい》は友《とも》を呼《よ》ぶ

類《るい》…似《に》た者同士《ものどうし》、仲間《なかま》

意味《いみ》 似《に》たところがある者《もの》は、自然《しぜん》に集《あつ》まるということ。

由来《ゆらい》 もとは中国《ちゅうごく》の「類《るい》をもって集《あつ》まる」から。

覚《おぼ》え得《とく》! いい意味《いみ》で使《つか》うことが多《おお》い。

使《つか》い方《かた》 **類《るい》は友《とも》を呼《よ》ぶ**と言《い》うけれど、お兄《にい》ちゃんの友《とも》だちはみんなスポーツマンだ。

英語《えいご》でことわざ

同《おな》じ意味《いみ》の英語《えいご》のことわざ

Birds of a feather flock together.

(同《おな》じ羽《はね》の鳥《とり》は集《あつ》まる)

類《るい》は友《とも》を呼《よ》ぶって言《い》うけど
わりと口数《くちかず》が少《すく》なめで優等生《ゆうとうせい》のソラ君《くん》と
やんちゃで勉強《べんきょう》ぎらいのフカシ君《くん》が仲《なか》よしなんて…
いや〜それほどでも〜
ボクたち冬《ふゆ》も校庭《こうてい》で遊《あそ》ぶのが大好《だいす》きな
似《に》た者同士《ものどうし》なんです!
だからって仲《なか》よくいたずらしちゃいけません!
何《なん》なの毛《け》虫《むし》袋《ぶくろ》って—!!
ごめんなさ〜い

●似《に》た意味《いみ》の故事成語《こじせいご》

・類《るい》をもって集《あつ》まる

ローマは一《いち》日《にち》にしてならず

意味《いみ》
立派《りっぱ》な成功《せいこう》は長《なが》い時間《じかん》と努力《どりょく》を重《かさ》ねなければならないということ。

由来《ゆらい》
昔《むかし》、栄《さか》えたローマ帝国《ていこく》は長《なが》い年月《ねんげつ》をかけて、大《おお》きな国《くに》となったことから。

使《つか》い方《かた》
ノーベル賞《しょう》を取《と》った人《ひと》たちは、何十年《なんじゅうねん》も同《おな》じことに取《と》り組《く》んだからこそ結果《けっか》を出《だ》し、世界《せかい》で評価《ひょうか》された。まさに**ローマは一日《いちにち》にしてならず**だ。

すごい！オリンピックで金《きん》メダルか！
おっお前《まえ》も何《なに》か始《はじ》めるか？
ローマは一日《いちにち》にしてならずと言《い》う通《とお》り
一流選手《いちりゅうせんしゅ》になるには毎日《まいにち》の努力《どりょく》が必要《ひつよう》なんだ
とにかくどのスポーツをやるか考《かんが》えるよ！
柔道《じゅうどう》かな？
六年後《ろくねんご》…
テニスかな？フェンシングかな？馬術《ばじゅつ》かな？
まだ考《かんが》えてるだけかい！

まめちしき

ローマ帝国《ていこく》は、イタリア半島《はんとう》に誕生《たんじょう》したヨーロッパの古代最大《こだいさいだい》の帝国《ていこく》です。何百年《なんびゃくねん》も残《のこ》った国《くに》で、土木《どぼく》や法律《ほうりつ》などの法整備《ほうせいび》、軍《ぐん》事《じ》などすぐれた技術《ぎじゅつ》を持《も》ち、その後《ご》の世界《せかい》に影響《えいきょう》を与《あた》えました。もとは“Roma was not built in a day.”(ローマは一日《いちにち》にして建《た》たず)という英語《えいご》のことわざです。

●似《に》た意味《いみ》の故事成語《こじせいご》
・雨垂《あまだ》れ石《いし》をうがつ

問題《もんだい》130　桃栗《ももくり》＿＿年《ねん》柿《かき》＿＿年《ねん》　＿＿に入《はい》る数字《すうじ》は？

論《ろん》語《ご》読《よ》みの論《ろん》語《ご》知《し》らず

論語《ろんご》…古《ふる》い中国《ちゅうごく》の本《ほん》

意味《いみ》
本《ほん》の内容《ないよう》は理解《りかい》しているが、それを実行《じっこう》することができないということ。

由来《ゆらい》
『論語《ろんご》』を読《よ》んでいるものの、その言葉《ことば》の真理《しんり》はわからず実行《じっこう》できないということから。

使《つか》い方《かた》
頭《あたま》はいいし、物知《ものし》りなんだけど、彼《かれ》は**論語《ろんご》読《よ》みの論語《ろんご》知《し》らず**だね。実際《じっさい》にやってみないとわからないことはたくさんあるんだ。

京 京《きょう》いろはがるた

生徒会長《せいとかいちょう》に立候補《りっこうほ》します
かぶとです
ぼくのマニフェストは
生徒《せいと》の服装《ふくそう》のオーソライズを
改革《かいかく》したく思《おも》っており…
かぶと君《くん》
もっとわかりやすく
言《い》ってください
え〜とですね…
え〜と…
我《わ》が校《こう》の…
せ、戦略《せんりゃく》だったかな?
はははははは…
なんだ、意味《いみ》知らないで言《い》っていたのか〜 論語《ろんご》読《よ》みの論語《ろんご》知らずだな…

まめちしき

『論語《ろんご》』とは、昔《むかし》の中国《ちゅうごく》の思想家《しそうか》であり哲学者《てつがくしゃ》でもある孔子《こうし》の言葉《ことば》や考《かんが》えを、孔子《こうし》の弟子《でし》たちがまとめた本《ほん》です。孔子《こうし》(紀元前《きげんぜん》551年《ねん》〜紀元前《きげんぜん》479年《ねん》)は、中国春秋時代《ちゅうごくしゅんじゅうじだい》に活躍《かつやく》した人物《じんぶつ》で、たくさんの弟子《でし》がいました。東京都文京区《とうきょうとぶんきょうく》の湯島聖堂《ゆしませいどう》は孔子《こうし》をまつっており、孔子像《こうしぞう》があります。

●似《に》た意味《いみ》のことわざ

・論語読《ろんごよ》みの論語読《ろんごよ》まず

論《ろん》より証《しょう》拠《こ》

意《い》味《み》

いろいろと議《ぎ》論《ろん》するよりも、具《ぐ》体《たい》的《てき》な証《しょう》拠《こ》を出《だ》すほうがものごとをはっきりさせるし、そのほうがてっとり早《ばや》いということ。

使《つか》い方《かた》

ぼくのアイスを食《た》べてないと言《い》いはるけど、ここは**論《ろん》より証《しょう》拠《こ》**だ。お姉《ねえ》ちゃんの部屋《へや》のごみ箱《ばこ》に、アイスのふくろと棒《ぼう》が捨《す》ててあったよ。

江 江戸《えど》いろはがるた

ABC 英語《えいご》でことわざ

似《に》ている意《い》味《み》の英《えい》語《ご》のことわざ
The proof of the pudding is in the eating.
（プディングの味《あじ》は食《た》べてみなければわからない）

●似《に》た意《い》味《み》の故《こ》事《じ》成《せい》語《ご》

・百聞《ひゃくぶん》は一見《いっけん》にしかず

問題《もんだい》131 壁《かべ》に□あり障子《しょうじ》に□あり　□に入《はい》る体《からだ》の部分《ぶぶん》は何《なに》？

若《わか》いときの苦《く》労《ろう》は買《か》ってでもせよ

意《い》味《み》

わかいときにする苦労《くろう》は自分《じぶん》をきたえ、後《あと》で必《かなら》ず役《やく》に立《た》つから、自分《じぶん》から進《すす》んで苦労《くろう》したほうがよいということ。

使《つか》い方《かた》

おじいちゃんは、よく「**若《わか》いときの苦労《くろう》は買《か》ってでもせよ**」と言《い》っていたけど、わかいときに乗《の》りこえたつらいことはいまの自信《じしん》につながっていると思《おも》う。

若《わか》いときの苦労《くろう》は買《か》ってでもせよってね
何《なに》それ？
わかいときの苦労《くろう》は後《あと》で役《やく》に立《た》つから自分《じぶん》で進《すす》んでしなさいって意味《いみ》よ
ママも進《すす》んで苦労《くろう》を買《か》ったの？
もちろん！
でもママが買《か》ったんなら安売《やすう》りだったでしょ？
バーゲンじゃなきゃ進《すす》んで買《か》わないもんね

●似《に》た意味《いみ》のことわざ

- かわいい子《こ》には旅《たび》させよ（85ページ）
- 艱難汝《かんなんなんじ》を玉《たま》にす
- 若《わか》いときの辛労《しんろう》は買《こ》うてもせよ

まめちしき

似《に》た意味《いみ》のことわざの「艱難汝《かんなんなんじ》を玉《たま》にす」の「艱難《かんなん》」は大変《たいへん》な苦《くる》しみや苦労《くろう》、「汝《なんじ》」はあなた、「玉《たま》にす」は立派《りっぱ》にする、美《うつく》しくするという意味《いみ》です。人《ひと》はつらく苦《くる》しい経験《けいけん》をして、立派《りっぱ》に成長《せいちょう》するということですね。もとは“Adversity makes a man wise.”（逆境《ぎゃっきょう》が人《ひと》をつくる）という英語《えいご》のことわざです。

問題《もんだい》131の答《こた》え　耳《みみ》、目《め》

渡《わた》る世間《せけん》に鬼《おに》はない

世間《せけん》…世《よ》の中《なか》
鬼《おに》…思《おも》いやりがない人《ひと》

意味《いみ》

世《よ》の中《なか》には冷《つめ》たい人《ひと》ばかりでなく、助《たす》けてくれるやさしい人《ひと》もいるということ。

覚《おぼ》え得《とく》！

「渡《わた》る世間《せけん》に鬼《おに》はなし」とも言《い》う。

使《つか》い方《かた》

引《ひ》っこしてはじめての場所《ばしょ》で不安《ふあん》もいっぱいだけど、**渡《わた》る世間《せけん》に鬼《おに》はない**と言《い》うし、自分《じぶん》から話《はな》しかけて、早《はや》くこの地《ち》に慣《な》れようと思《おも》う。

まめちしき

渡《わた》るとは、生《い》きていく、暮《く》らしていくという意味《いみ》です。世間《せけん》は社会《しゃかい》や世《よ》の中《なか》のことで、「世間《せけん》は広《ひろ》いようで狭《せま》い」(世《よ》の中《なか》は広《ひろ》く感《かん》じるが、思《おも》いがけないところで知《し》り合《あ》いにあったり、悪事《あくじ》がもれたりして案外《あんがい》せまい)など、世《よ》の中《なか》を表《あらわ》す言葉《ことば》として使《つか》うことがよくあります。

はじめてのお使《つか》い
おばちゃんこんにちは、お母《かあ》さんのお使《つか》いで来《き》たよ～
まあよく一人《ひとり》で来《こ》られたわね～
うん、いろんな人《ひと》に教《おし》えてもらいながらたどりついたよ
ああ、そこならあっち行《い》ってそっち行《い》って右《みぎ》に曲《ま》がればすぐだよ
駅《えき》はあっちだよ
渡《わた》る世間《せけん》に鬼《おに》はないって言《い》うからね
おばちゃんはちょっと鬼《おに》みたいだけどね…

●似《に》た意味《いみ》のことわざ

・捨《す》てる神《かみ》あれば拾《ひろ》う神《かみ》あり (134ページ)

●反対《はんたい》の意味《いみ》のことわざ

・人《ひと》を見《み》たらどろぼうと思《おも》え

問題《もんだい》132　□日《か》の菖蒲《あやめ》、□日《か》の菊《きく》　□に入《はい》る数字《すうじ》は？

笑《わら》う門《かど》には福《ふく》来《き》たる

来《き》たる…来《く》る
福《ふく》…幸《しあわ》せ
門《かど》…家《いえ》

あの子人気《こにんき》があるよね
いつも笑顔《えがお》だからだよ
笑《わら》う門《かど》には福来《ふくき》たると言《い》うからね
そうか…いつも笑顔《えがお》でいればあの子《こ》に好《す》かれるかな
ヒロシ君《くん》大好《だいす》き
これくらいの笑顔《えがお》な感《かん》じかな？
もっと心《こころ》の底《そこ》からわきでるような笑顔《えがお》でないとダメかな
これくらいの笑顔《えがお》な感《かん》じかな？
なかなか…どうして…
こうかしら？
あははは

問題《もんだい》132の答《こた》え　六《むい》、十《とお》

なんか
楽《たの》しそうね!

本当《ほんとう》だ!
笑《わら》う門《かど》には
福《ふく》が来《く》るんだ!!

あはははははははは

意味《いみ》

いつも笑顔《えがお》で生活《せいかつ》している人《ひと》の家《いえ》には、幸《しあわ》せがやってくるものだということ。

覚《おぼ》え得《とく》!

門《かど》を「もん」と読《よ》まないように注意《ちゅうい》。昔《むかし》のかるたでは、七福神《しちふくじん》の大黒《だいこく》様《さま》がえがかれていた。

使《つか》い方《かた》

うちの家族《かぞく》は、いつもみんなが笑《わら》っているから、笑《わら》い声《ごえ》がいつも聞《き》こえて楽《たの》しいよ。**笑《わら》う門《かど》には福《ふく》来《き》たる**と言《い》うのは本《ほん》当《とう》だね。

京 京《きょう》いろはがるた

まめちしき

いつもにこにこしている人《ひと》は、見《み》ているほうも幸《しあわ》せになります。いやなことがあってもついてないときでも意識《いしき》して笑顔《えがお》でいると、人《ひと》が寄《よ》ってきて不思議《ふしぎ》と運《うん》が開《ひら》けるかもしれません。また、笑《わら》うことで免疫力《めんえきりょく》が上《あ》がり、健康《けんこう》にもよいと言《い》われています。

●似《に》た意味《いみ》のことわざ

・祝《いわ》う門《かど》に福来《ふくき》たる
・和気財《わきざい》を生《しょう》ず

やってみよう 8

オリジナルことわざを作《つく》ろう

●下《した》のマンガの［　　　］に、オリジナルのことわざを作《つく》って入《い》れてみよう。

仏作《ほとけつく》って魂入《たましいい》れず

お、春野《はるの》!
最高《さいこう》傑作《けっさく》です!
名前《なまえ》がないぞ 仏作《ほとけつく》って魂入《たましいい》れず だな
あはは
しまったー

亀《かめ》の甲《こう》より年《とし》の功《こう》

なんでも知《し》ってるね!
…えーと こういうのことわざでなんて言《い》うんだっけ?
「亀《かめ》の甲《こう》より年《とし》の功《こう》」!
パチパチ
それだ!
さすが!

下手《へた》の考《かんが》え休《やす》むに似《に》たり

うう〜ん うう〜ん
下手《へた》の考《かんが》え休《やす》むに似《に》たり 長《なが》く考《かんが》えてもムダだよ
負《ま》けをみとめなよ父《とう》さん
むっ!

オリジナルことわざの作《つく》り方《かた》

もとのことわざ	仏作《ほとけつく》って魂入《たましいい》れず（237ページ）	亀《かめ》の甲《こう》より年《とし》の功《こう》（82ページ）	下手《へた》の考《かんが》え休《やす》むに似《に》たり（234ページ）
意味《いみ》	かんじんのところができていないこと。	年長者《ねんちょうしゃ》の経験《けいけん》は貴《とうと》いということ。	長《なが》く考《かんが》えてもむだだということ。
穴埋《あなう》めしてみよう	■作《つく》って魂入《たましいい》れず 例《れい》）お守《まも》り作《つく》って魂入《たましいい》れず	■より年《とし》の功《こう》 例《れい》）ゲームのレベルより年《とし》の功《こう》	■休《やす》むに似《に》たり 例《れい》）まちがった筋《きん》トレ休《やす》むに似《に》たり
全部《ぜんぶ》オリジナルで作《つく》ってみよう	［　　　］ 例《れい》）ラブレターに名前忘《なまえわす》れる	［　　　］ 例《れい》）スマホより祖父母《そふぼ》	［　　　］ 例《れい》）下手《へた》な化粧《けしょう》ならしないほうがまし

・自分《じぶん》の生活《せいかつ》にある言葉《ことば》をはめこむ
例《れい》：サッカー、フィギュアスケート、野球《やきゅう》、ゲーム、服《ふく》
・はじめは1こ、次《つぎ》に2こ言葉《ことば》を変《か》えてみる
・208ページの「〜より〜」「〜に〜」などの形《かたち》をまねする

やってみよう　答《こた》え

全部《ぜんぶ》
できたかな？

p64-65

❶ ①蛙《かわず》　②馬《うま》　③えび　④亀《かめ》　⑤猫《ねこ》　⑥豚《ぶた》　⑦鴨《かも》
❷ ①手《て》　②目《め》　③口《くち》　④腹《はら》　⑤爪《つめ》　⑥頭《あたま》
❸ ①二《に》　②七《なな》　③三《さん》　④一《いっ》　⑤三《さん》　⑥七十五《しちじゅうご》　⑦三《さん》、八《はち》
❹ ①稲穂《いなほ》　②柳《やなぎ》　③花《はな》　④わら　⑤苔《こけ》　⑥どんぐり

p112-113

①－④人《ひと》の口《くち》には戸《と》は立《た》てられぬ、②－⑭二兎《にと》を追《お》う者《もの》は一兎《いっと》をも得《え》ず、③－⑮灯台下暗《とうだいもとくら》し、④－⑪鵜《う》のまねをする烏《からす》、⑤－⑥壁《かべ》に耳《みみ》あり障子《しょうじ》に目《め》あり、⑥－⑬捕《と》らぬ狸《たぬき》の皮算用《かわざんよう》、⑦－②月《つき》とすっぽん、⑧－⑨蛙《かえる》の面《つら》に水《みず》、⑨－⑫船頭多《せんどうおお》くして船山《ふねやま》に上《のぼ》る、⑩－⑩藪《やぶ》をつついて蛇《へび》を出《だ》す、⑪－③花《はな》より団子《だんご》、⑫－⑤頭《あたま》かくして尻《しり》かくさず、⑬－①鬼《おに》に金棒《かなぼう》、⑭－⑦仏《ほとけ》の顔《かお》も三度《さんど》、⑮－⑧雨降《あめふ》って地固《じかた》まる

p144-145

❶－③泣《な》き面《つら》に蜂《はち》、❷－②棚《たな》からぼた餅《もち》、❸－①石橋《いしばし》をたたいて渡《わた》る、❹－④終《お》わりよければすべてよし、❺－②山椒《さんしょう》は小粒《こつぶ》でもぴりりと辛《から》い、❻－④船頭多《せんどうおお》くして船山《ふねやま》に上《のぼ》る

p208-209

グループⒶ－①身《み》から出《で》た錆《さび》、⑪ひょうたんから駒《こま》、⑫嘘《うそ》から出《で》たまこと、⑮二階《にかい》から目薬《めぐすり》、㉔猿《さる》も木《き》から落《お》ちる

グループⒷ－④釈迦《しゃか》に説法《せっぽう》、⑤蛙《かえる》の面《つら》に水《みず》、⑥猫《ねこ》に小判《こばん》、⑧糠《ぬか》に釘《くぎ》、㉒さわらぬ神《かみ》に祟《たた》りなし

グループⒸ－⑬習《なら》うより慣《な》れよ、⑱遠《とお》くの親類《しんるい》より近《ちか》くの他人《たにん》、㉑案《あん》ずるより産《う》むが易《やす》し、㉓ペンは剣《けん》よりも強《つよ》し、㉕亀《かめ》の甲《こう》より年《とし》の功《こう》

グループⒹ－②転《ころ》ばぬ先《さき》の杖《つえ》、③下手《へた》の横好《よこず》き、⑨目《め》の上《うえ》のたんこぶ、⑩捕《と》らぬ狸《たぬき》の皮算用《かわざんよう》、⑭縁《えん》の下《した》の力持《ちからも》ち

グループⒺ－⑦住《す》めば都《みやこ》、⑯窮《きゅう》すれば通《つう》ず、⑰捨《す》てる神《かみ》あれば拾《ひろ》う神《かみ》あり、⑲喉元過《のどもとす》ぎれば熱《あつ》さを忘《わす》れる、⑳三人寄《さんにんよ》れば文殊《もんじゅ》の知恵《ちえ》

p240

❶－塵《ちり》も積《つ》もれば山《やま》となる
❷－雨降《あめふ》って地固《じかた》まる
❸－三度目《さんどめ》の正直《しょうじき》
❹－ミイラ取《と》りがミイラになる
❺－まかぬ種《たね》は生《は》えぬ
❻－石橋《いしばし》をたたいて渡《わた》る

p241

❶－A犬《いぬ》も歩《ある》けば棒《ぼう》に当《あ》たる
B二兎《にと》を追《お》う者《もの》は一兎《いっと》をも得《え》ず

❷－A類《るい》は友《とも》を呼《よ》ぶ
B泣《な》き面《つら》に蜂《はち》

ことわざっておもしろい！

しょうたの家《いえ》
わぁぁ お母《かあ》さん ちこくするよ カバン カバン
あなた 急《いそ》いで！
お父《とう》さん「急《せ》いては事《こと》を仕損《しそん》じる」だよ
おまえも のんびり していると ちこくするぞ
わっ
ステテン
あ こけたね
ズ〜
いつまで 食《た》べてるの
「腹《はら》が 減《へ》っては 戦《いくさ》ができぬ」だもん
ごちそうさま いってきまーす
この子《こ》も 成長《せいちょう》したのね「長《なが》い目《め》で見《み》て」きてよかったわ

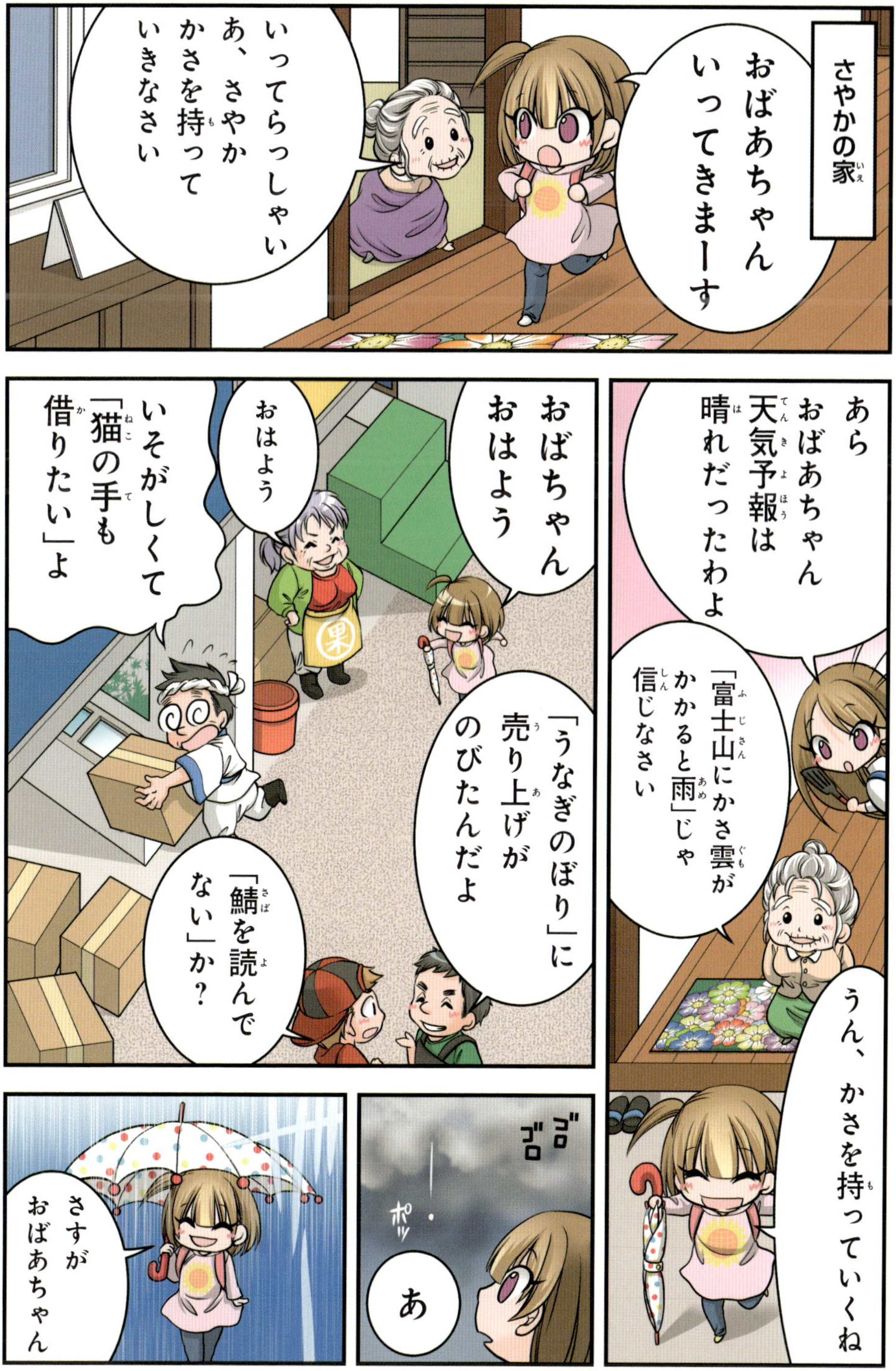
さやかの家《いえ》
おばあちゃん いってきまーす
いってらっしゃい あ、さやか かさを持《も》って いきなさい
あら おばあちゃん 天気予報《てんきよほう》は 晴《は》れだったわよ
「富士山《ふじさん》にかさ雲《ぐも》が かかると雨《あめ》」じゃ 信《しん》じなさい
うん、かさを持《も》っていくね
おばちゃん おはよう
おはよう
いそがしくて 「猫《ねこ》の手《て》も 借《か》りたい」よ
「うなぎのぼり」に 売《う》り上《あ》げが のびたんだよ
「鯖《さば》を読《よ》んで ない」か？
ゴロ ゴロ
ポツ
あ
さすが おばあちゃん

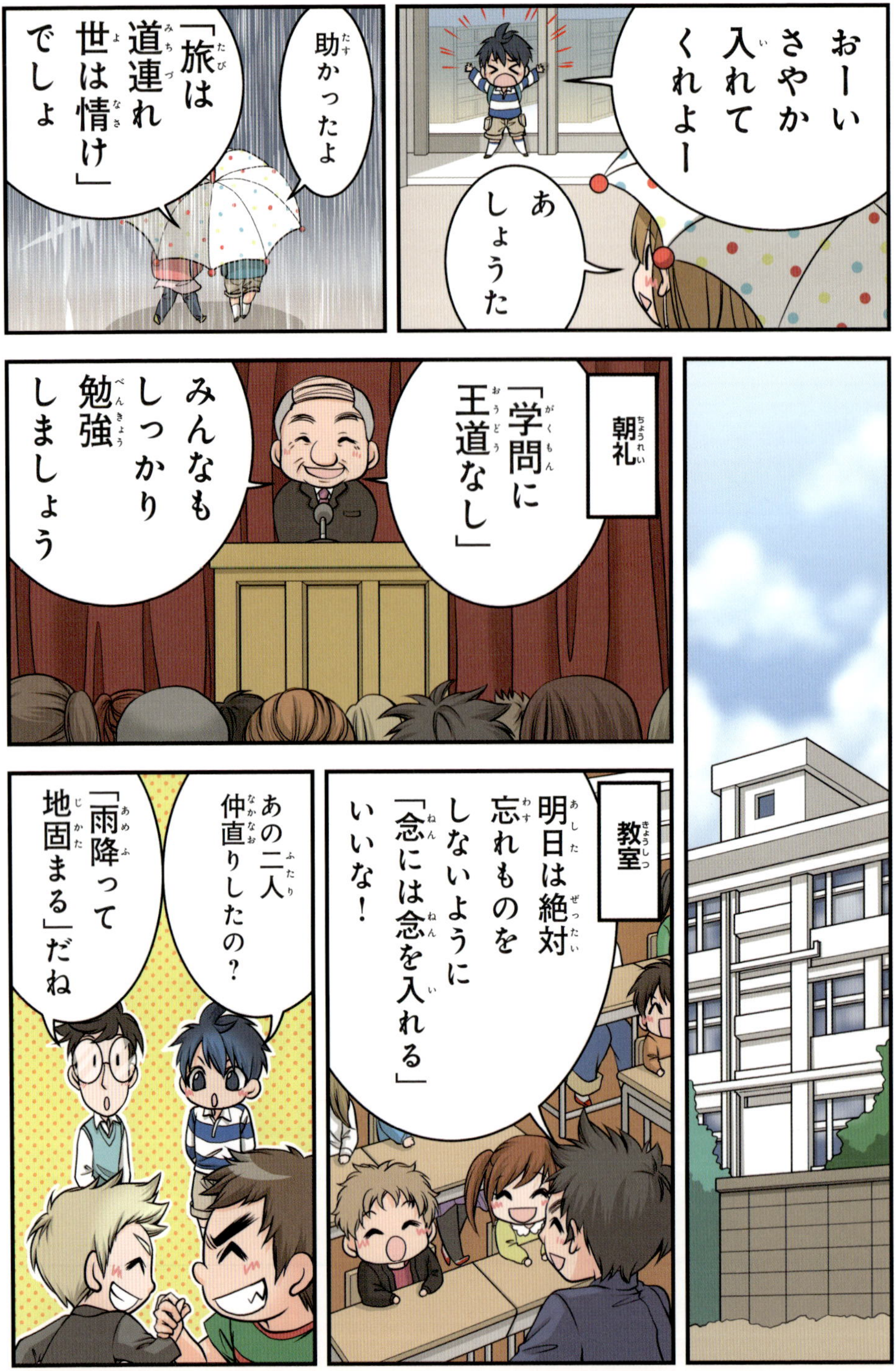
おーい さやか 入《い》れて くれよー
あ しょうた
助《たす》かったよ
「旅《たび》は道《みち》連《づ》れ世《よ》は情《なさ》け」でしょ
朝礼《ちょうれい》
「学問《がくもん》に王道《おうどう》なし」
みんなもしっかり勉強《べんきょう》しましょう
教室《きょうしつ》
明日《あした》は絶対《ぜったい》忘《わす》れものをしないように「念《ねん》には念《ねん》を入《い》れる」いいな！
あの二人《ふたり》仲直《なかなお》りしたの？
「雨降《あめふ》って地固《じかた》まる」だね

みんなふつうにことわざや慣用句《かんようく》を使《つか》っていたんだなあ
気《き》がつかなかったね
仙人《せんにん》に出会《であ》えたおかげでことわざのおもしろさがわかったよ
いまごろ、ことわざ仙人《せんにん》はどこにいるのかな
ウッホン何《なに》を勝手《かって》にひたっているんじゃ
これからもいっぱいことわざを教《おし》えてやるぞ
わあいやったあ!!
ことわざ最高《さいこう》!!

さくいん

ことわざ

あ

か

弘法にも筆の誤り …… 118
弘法筆を選ばず …… 105
高木は風に折らる …… 161
紺屋の白袴 …… 29
木っ端を拾うて材木を流す …… 93
子どもげんかが親げんか …… 106
子どものけんか親かまわず …… 106
子どものけんかに親が出る …… 106
子に過ぎたる宝なし …… 214
子にまさる宝なし …… 214
子の心親知らず …… 62
子は縁つなぎ …… 107
子はかすがい …… 107
転がる石に苔は生えない …… 108
転ばぬ先の杖 …… 109
衣ばかりで和尚はできぬ …… 249
コロンブスの卵 …… 110
子を育てて知る親の恩 …… 111
子を持って知る親の恩 …… 111

さ

災害は忘れたころにやってくる …… 162
細工は流々、仕上げをご覧じろ …… 63
雑魚で鯛釣る …… 53
寒さの果ても彼岸まで …… 22
猿に木登り …… 127
猿も木から落ちる …… 118
さわらぬ神に祟りなし …… 119
山椒は小粒でもぴりりと辛い …… 120
三度目の正直 …… 121
三度目は定の目 …… 121
三人寄れば文殊の知恵 …… 122
鹿を追う者は山を見ず …… 93
地獄の沙汰も金次第 …… 78
地獄もすみか …… 135
獅子の子落とし …… 85
地震雷火事親父 …… 124
地蔵の顔も三度まで …… 238
親しき中に垣をせよ …… 125
親しき仲にも礼儀あり …… 125
失敗は成功の母 …… 126
失敗は成功のもと …… 126
渋柿の長持ち …… 194
釈迦に説法 …… 127
杓子は耳かきにならず …… 59
柔よく剛を制す …… 221
朱に交われば赤くなる …… 128
正直は一生の宝 …… 47
上手の手から水がもる …… 118
じょうだんから駒 …… 45
少年よ大志を抱け …… 277
勝敗は時の運 …… 221
初心忘るべからず …… 129
知らぬが仏 …… 130
知らぬ神に祟りなし …… 119
心頭を滅却すれば火もまた涼し …… 131
好きこそものの上手なれ …… 132
好きは上手のもと …… 133
木菟引きが木菟に引かれる …… 253
雀百まで踊り忘れず …… 256
捨てる神あれば助ける神あり …… 134
捨てる神あれば拾う神あり …… 134
住めば都 …… 135
住めば都の風がふく …… 135
急いては事を仕損じる …… 136
世間の口に戸は立てられぬ …… 225
背に腹はかえられぬ …… 137
背より腹 …… 137
善悪は友による …… 128
栴檀は双葉より芳し …… 138
船頭多くして船山に上る …… 139
善は急げ …… 140
そしれば影がさす …… 52
袖すり合うも他生の縁 …… 142
袖振り合うも多生の縁 …… 142
備えあれば憂いなし …… 143
損して得取る …… 248

た

大山鳴動してねずみ一匹 …… 150
大事の前の小事 …… 137
大は小をかなえる …… 151
大は小を兼ねる …… 151
鷹は飢えても穂を摘まず …… 231
立つ鳥跡を濁さず …… 152
棚からぼた餅 …… 153
旅は情け人は心 …… 154
旅は道連れ世は情け …… 154
便りがないのはよい便り …… 155
短気は損気 …… 156
近くて見えぬはまつ毛 …… 165
血は水よりも濃い …… 167
茶わんを投げたら綿でかかえよ …… 147
提灯に釣り鐘 …… 159
塵も積もれば山となる …… 158
沈黙は金、雄弁は銀 …… 42
月とすっぽん …… 159
つまずく石も縁の端 …… 142
釣り落とした魚は大きい …… 193
鉄は熱いうちに打て …… 160
出る杭は打たれる …… 161
出る釘は打たれる …… 161
天災は忘れたころにやってくる …… 162
天井から目薬 …… 192
転石苔むさず …… 108
転石苔を生せず …… 108
天は二物を与えず …… 163
天は自ら助くる者を助く …… 164
灯台下暗し …… 165
問うは当座の恥聞かぬは末代の恥 …… 89
とうふにかすがい …… 198
遠い親戚より近くの他人 …… 167
遠くの親類より近くの他人 …… 166
時は金なり …… 168
所変われば品変わる …… 169
となりの芝生は青い …… 170
となりの花は赤い …… 170
とびが孔雀を生む …… 171
とびが鷹を生む …… 171
飛ぶ鳥跡を濁さず …… 152
飛ぶ鳥の献立 …… 172
捕らぬ狸の皮算用 …… 172
鳥なき里のこうもり …… 245
どろぼうを捕らえて縄をなう …… 173
どんぐりの背比べ …… 174
とんびに油あげをさらわれる …… 117

な

長いものには巻かれろ …… 182
泣き面に蜂 …… 183
泣く子と地頭には勝てぬ …… 184
なくて七癖 …… 185
情けが仇 …… 187
情けは人のためならず …… 186
なせば成る …… 188
名は体を表す …… 189
なまけ者の節句働き …… 216
生兵法は大けがのもと …… 190
生物識り川へはまる …… 190
生物識り堀へはまる …… 190
なめくじにも角 …… 37
習うより慣れよ …… 191
習わぬ経は読めぬ …… 271
二階から目薬 …… 192
逃がした魚は大きい …… 193
憎い憎いはかわいいの裏 …… 86
憎まれっ子世にはばかる …… 194
肉を切らせて骨を断つ …… 258
逃げるが勝ち …… 221
二度あることは三度ある …… 195
二兎を追う者は一兎をも得ず …… 196
糠に釘 …… 198
濡れ手で粟 …… 199
根がなくても花は咲く …… 229
猫にかつお …… 200
猫にかつおぶし …… 200
猫にかつおぶしの番 …… 200
猫に小判 …… 201
猫に魚の番 …… 200
猫を追うより魚をのけよ …… 202
念には念を入れる …… 203
能ある鷹は爪をかくす …… 204
能書筆を選ばず …… 105
残りものには福がある …… 206
喉元過ぎれば熱さを忘れる …… 207
のれんに腕押し …… 198

は

灰ふきから蛇が出る …… 230
はえば立て立てば歩めの親心 …… 214
白紙も信心から …… 41
箸にも棒にもかからない …… 215
始めが大事 …… 129
始め半分 …… 129

働かざる者食うべからず……216
八卦の八つ当たり……20
話し上手の聞き下手……217
話し上手は聞き上手……217
花に嵐……263
花の下より鼻の下……219
花より団子……218
早起きは三文の得……220
腹が減っては戦ができぬ……221
腹八分に医者いらず……69
針の穴から天をのぞく……222
春の日は暮れそうで暮れぬ……14
必要は発明の母……223
人あかは身につかぬ……15
人に一癖……185
人の噂も七十五日……224
人の口には戸は立てられぬ……225
人の振り見て我が振り直せ……226
人は見かけによらぬもの……49
人まねすれば過ちする……48
一人の文殊より三人のたくらだ……123
人を呪わば穴二つ……228
人を見たらどろぼうと思え……147
火のないところに煙は立たぬ……229
ひょうたんから駒……230
無沙汰は無事の便り……155
富士山にかさ雲がかかると雨……181
武士は食わねど高楊枝……231
豚に真珠……201
冬来たりなば春遠からじ……277
ふんどしには短し手ぬぐいには長し……59
文は武に勝る……236
下手な鍛冶屋も一度は名剣……233
下手な思案は休むに同じ……234
下手な鉄砲も数撃ちゃ当たる……232
下手の考え休むに似たり……234
下手の道具立て……147
下手の物好き……235
下手の横好き……235
蛇が出そうで蚊も出ぬ……150
弁慶になぎなた……55
ペンは剣よりも強し……236
坊主憎けりゃ袈裟まで憎い……24
細くても針はのめぬ……120
仏作って魂入れず……237
仏の顔も三度……238
骨折り損のくたびれもうけ……239
ほれた欲目……24

ま

まかぬ種は生えぬ……246
負けて勝つ……248
負けるが勝ち……248
馬子にも衣装……249
馬子にも衣装髪かたち……249
松かさより年かさ……82
待てば海路の日和あり……250
丸い卵も切りようで四角……251
ミイラ取りがミイラになる……252
身から出た錆……254
見ざる聞かざる言わざる……255
三つ子の魂百まで……256
見ての極楽、住んでの地獄……87
見ぬが極楽、知らぬは仏……130
見ぬが仏、聞かぬが花……130
見ぬもの清し……130
実のなる木は花から知れる……138
実る稲穂は頭を垂れる……257
実るほど頭の下がる稲穂かな……257
見ると聞くとは大違い……87
身を捨ててこそ浮かぶ瀬もあれ……258
六日の菖蒲、十日の菊……259
昔千里も今一里……260
昔取った杵柄……260
麦飯で鯉を釣る……53
無理が通れば道理が引っ込む……261
目くそ鼻くそを笑う……262
目の上のこぶ……263
目の上のたんこぶ……263
目は口ほどにものを言う……264
もうけぬ前の胸算用……172
餅は餅屋……266
元の木阿弥……267
元の木庵……267
元の木椀……267
もの言えば唇寒し秋の風……268
ものは言いなし事は聞きなし……251
ものも言いようで角が立つ……269
桃栗三年柿八年……270
門前の小僧習わぬ経を読む……271

や

安物買いの銭失い……278
やせ腕にも骨……37
柳の下にいつもどじょうはいない……280
やぶれても小袖……95
やぶれりゃ固まる……25
藪をつついて蛇を出す……281
病治りて医師忘る……207
病は気から……282
夕立は馬の背を分ける……181
善きも悪しきも七十五日……224
よしの髄から天井をのぞく……222
呼ぶよりそしれ……52
寄らば大樹の陰……149

ら

来年のことを言えば鬼が笑う……283
楽あれば苦あり……94
楽は苦の種、苦は楽の種……277
落花情あれども流水意なし……43
良薬は口に苦し……284
類は友を呼ぶ……286
礼も過ぎれば無礼となる……125
労多くして功少なし……212
ローマは一日にしてならず……287
論語読みの論語知らず……288
論語読みの論語読まず……288
論より証拠……289

わ

若いときの苦労は買ってでもせよ……290
若いときの辛労は買うてもせよ……290
和気財を生ず……293
わざわいも三年たてば用に立つ……277
渡る世間に鬼はない……291
笑う門には福来たる……292
わらにもすがる……60
わらをもつかむ……60

慣用句

あ

青菜に塩……117
揚げ足を取る……69
朝飯前……117
足を引っ張る……68
頭をかかえる……68
後の祭り……101
危ない橋を渡る……28
生き馬の目を抜く……244
痛しかゆし……21
痛む上に塩をぬる……33
雨後のたけのこ……117
うどの大木……120
うなぎのぼり……297
売り言葉に買い言葉……147
おどろき桃の木山椒の木……117
親のすねをかじる……213
親の七光……213

か

顔から火が出る……68
堪忍袋の緒が切れる……238
傷口に塩……33
肝が小さい……245
くさいものにはふたをする……244
口がかたい……68
口も八丁手も八丁……243
首を長くする……68
犬猿の仲……117
心が狭い……244
心が広い……244
腰が低い……257
ごまをする……117

さ

鯖を読む……297
猿芝居……255
猿の尻笑い……262
猿まね……255
蛇の道は蛇……117
雀の涙……117

た

宝の持ちぐされ…………244
竹を割ったよう…………244
たで食う虫も好き好き…213
狸寝入り…………………117
鶴の一声…………………117
手を焼く…………………68
毒にも薬にもならない…245

な

内助の功…………………54
長い目で見る……………296
七転び八起き……………243
名を捨てて実をとる……219
煮ても焼いても食えない…215
二の足を踏む……………228
二の舞を演じる…………228
猫の手も借りたい………297
猫の額……………………117
寝た子を起こす…………281
寝耳に水…………………69
根も葉もない……………270
喉から手が出る…………69

は

歯が立たない……………68
破竹のいきおい…………117
鼻が高い…………………68
早い者勝ち………………147
腹が黒い…………………244
腹が立つ…………………68
ひざを打つ………………68
踏んだりけったり………183
へそで茶をわかす………69
ほおが落ちる……………68

ま

身の程知らず……………48
耳が痛い…………………68
胸がおどる………………69
胸を打つ…………………68
目から鼻へぬける………69
目を丸くする……………68
ものは言いよう…………251

や

焼け石に水………………192
安いものは高いもの……279
安かろう悪かろう………279
藪から棒…………………117
弱り目に祟り目…………69

ら

両手に花…………………117

四字熟語

あ

異口同音…………………69
一攫千金…………………199
一挙両得…………………197
一石二鳥…………………149
因果応報…………………254
乳母日傘…………………213

か

夏炉冬扇…………………259
疑心暗鬼…………………131
牛飲馬食…………………117
器用貧乏…………………245
厚顔無恥…………………245
小春日和…………………181
五風十雨…………………181

さ

才色兼備…………………163
三寒四温…………………181
自業自得…………………254
七転八起…………………277

た

大器晩成…………………277
大同小異…………………175
抽薪止沸…………………202
亭主関白…………………213

は

馬耳東風…………………51
八方美人…………………245
抜本塞源…………………202
平身低頭…………………69
平平凡凡…………………245
抱腹絶倒…………………69

ま

名詮自性…………………189
無芸大食…………………117
名実一体…………………189

や

夜郎自大…………………40
油断大敵…………………77

ら

良妻賢母…………………213

故事成語

あ

雨垂れ石をうがつ………27
雲泥の差…………………159

か

渇しても盗泉の水を飲まず…231
禍福はあざなえる縄のごとし…277
株を守りてうさぎを待つ…280
画竜点睛を欠く…………237
漁夫の利…………………199
義を見てせざるは勇なきなり…149
鶏口となるも牛後となるなかれ…149
虎穴に入らずんば虎子を得ず…149
五十歩百歩………………175

さ

歳月人を待たず…………100
先んずれば人を制す……31
ささやき千里……………80
知りて知らざれ…………205
人事を尽くして天命を待つ…276
精神一到何事か成らざらん…277
積善の家には必ず余慶あり…187
前門の虎、後門の狼……33
千里の道も一歩より始まる…276

た

他山の石…………………227
忠言耳に逆らう…………285
同病相憐む………………282
虎に翼……………………55
虎の威を借るきつね……245

な

人間万事塞翁が馬………94

は

杯中の蛇影………………131
人こそ人の鏡……………227
百聞は一見にしかず……289
覆水盆に返らず…………101

ま

水は方円の器にしたがう…128
目は心の鏡………………265

や

病は口より入りわざわいは口より出ず…90

ら

李下に冠を正さず………270
類をもって集まる………286

わ

わざわいを転じて福となす…277

監修

青山由紀(あおやまゆき)

東京生まれ。私立聖心女子学院初等科を経て、現在筑波大学附属小学校教諭。

主な著書に 『こくごの図鑑』(小学館)、『子どもを国語好きにする授業アイデア』(学事出版)、『まんがで学ぶ　ことわざ』(国土社)などがある。

日本国語教育学会常任理事、全国国語授業研究会常任理事、光村図書·教科書編集委員。

ストーリーマンガ

構成　嵩瀬ひろし
画　　MAKO.

マンガ

いとうみつる
おがたたかはる
おぎのひとし
齊藤 恵
嶋津 蓮

イラスト

アキワシンヤ
オフィスシバチャン
TICTOC

スタッフ

本文デザイン／株式会社クラップス(中富竜人)
校正／文字工房 燦光
編集協力／みっとめるへん社
編集担当／柳沢裕子(ナツメ出版企画)

ナツメ社Webサイト
http://www.natsume.co.jp
書籍の最新情報(正誤情報を含む)は
ナツメ社Webサイトをご覧ください。

オールカラー
マンガで身《み》につく！ ことわざ辞典《じてん》

2016年7月4日　初版発行

監修者　青山《あおやま》由《ゆ》紀《き》

発行者　田村正隆

発行所　株式会社ナツメ社
東京都千代田区神田神保町1-52　ナツメ社ビル１Ｆ(〒101-0051)
電話 03(3291)1257 (代表) FAX 03(3291)5761
振替 00130-1-58661

制　作　ナツメ出版企画株式会社
東京都千代田区神田神保町1-52　ナツメ社ビル３Ｆ(〒101-0051)
電話 03(3295)3921(代表)

印刷所　株式会社リーブルテック

ISBN978-4-8163-6063-3